Utsa Patnaik:
Unbequeme Wahrheiten

Utsa Patnaik

Unbequeme Wahrheiten

Hunger und Armut in Indien

Draupadi Verlag

Utsa Patnaik:
Unbequeme Wahrheiten. Hunger und Armut in Indien.
Aus dem Englischen übertragen von Annemarie Hafner.
Heidelberg: Draupadi Verlag, 2009

ISBN 978-3-937603-37-7

Draupadi Verlag
Dossenheimer Landstr. 103
69121 Heidelberg

info@draupadi-verlag.de
www.draupadi-verlag.de

© für die englische Übersetzung (The Republic of Hunger, 2007):
Three Essays Collective
© für die deutsche Übersetzung (2009): Draupadi Verlag

Satz: Thordis Taag

Cover: Reinhard Sick / Claudia Hüfner

Inhalt

Zu diesem Buch 7

Einführung Ujjaini Halim
Recht auf Nahrung in Indien:
Zu viel versprochen – zu wenig gehalten 9

Lebensmittelreserven und Hunger –
Ursachen der landwirtschaftlichen Misere 21

Die Hungerrepublik 45

Die Wirtschaftsreformen – Wurzeln der Krise 91

Theoretische Überlegungen zu Ernährungssicherheit
und Armut in der Ära ökonomischer Reformen 99

Die Agrarkrise in der Zeit des neuen
Imperialismus und die Rolle bäuerlichen Widerstands 161

Es ist Zeit, dass Kumbhakarna aufwacht 195

Neoliberale Ursachen 201

Kein Mechanismus, um die Armen zu schützen 215

Was steckt hinter der dreifachen globalen Krise? 227

Anmerkungen des Herausgebers 233

Biografische Angaben 239

Zu diesem Buch

Im Jahre 2007 veröffentlichte der Verlag Three Essays Collective (Neu-Delhi) eine Anthologie mit Aufsätzen von Utsa Patnaik zum Problem des zunehmenden Hungers und der sich verschärfenden Armut, seitdem sich weltweit eine neoliberale Wirtschaftspolitik durchgesetzt hat. Dieses Buch erregte Aufsehen, nicht nur in Indien, sondern weit darüber hinaus, und regte Wirtschaftswissenschaftler, Entwicklungsexperten und Mitarbeiter von Hilfsorganisationen zu Diskussionen an. Aus ihm haben wir die Beiträge neueren Datums (geschrieben nach 2000) und solche übernommen, die sich vor allem auf Indien beziehen. Hinzugefügt haben wir einige in den letzten Jahren in Zeitungen und Zeitschriften erschienene Artikel Utsa Patnaiks sowie Interviews mit der Autorin.

Wir danken vor allem Annemarie Hafner für die sorgfältige Übersetzung und Bianka Schorr für das gründliche Lektorieren. Unser Dank geht auch an Durdana Förster, Gerlinde Wientgen und Sandra Ludwig.

Heidelberg, im Juli 2009

Draupadi Verlag

Einführung
Recht auf Nahrung in Indien:
Zu viel versprochen – zu wenig gehalten

Von Ujjaini Halim

Indien verfügt über ein sich seit Beginn der 1990er Jahre neu formierendes Wirtschaftssystem und strebt danach, in naher Zukunft einen dominierenden Platz in der globalen Machtstruktur einzunehmen. Indien ist ein Land, dessen Bruttosozialprodukt/BSP in den fünf Jahren vor 2008, d. h. bis zur weltweiten Finanz- und Wirtschaftskrise, jeweils um etwa 9 Prozent wuchs, ein Erfolg, der die Ergebnisse vieler reicher Länder in den Schatten stellte. Das ist jedoch nur die eine Seite der Medaille. Extreme Gegensätze prägen weiterhin das ökonomische und soziale Erscheinungsbild des Landes. Die Hochwachstumsphase der letzten Jahre hat die regionalen Entwicklungsunterschiede auf dem Subkontinent und vor allem das zunehmende Einkommensgefälle zwischen der expandierenden städtischen Mittelschicht und der überwiegend armen Bevölkerung auf dem Lande, wo noch knapp 70 Prozent aller Inder leben, schärfer hervortreten lassen. Dort stagnieren die Realeinkommen bestenfalls. So sind in Indien Armut, Hunger und Unterernährung nach wie vor weit verbreitet, und, wie viele Sozial- und Wirtschaftswissenschaftler – unter ihnen auch Utsa Patnaik – meinen, nimmt die Armut sogar zu und zieht immer mehr Familien in Mitleidenschaft. Die Weltbank schätzt, dass gegenwärtig 456 Millionen Inder (das sind 42 Prozent der Bevölkerung Indiens) unter der globalen Armutsgrenze von 1,25 US-Dollar täglich leben. Die indische Planungskommission geht im Gegensatz dazu von eigenen Kriterien aus und ist der Ansicht, dass sich etwa 28,6 Prozent der Menschen in Indien unterhalb der Armutsgrenze befinden. Weiterhin weisen die Daten des National

Sample Survey/NSS aus, dass 57 Millionen Kinder im Land unterernährt sind, davon sind 47 Prozent weniger als 5 Jahre alt.

Im Problem Armut spiegeln sich verschiedene Arten von Diskriminierung wider. Benachteiligungen gibt es auf Grund von Klasse, Kaste, Geschlecht, Ethnizität, Religion usw. So ist jede dritte Frau in Indien untergewichtig, und Unterernährung tritt häufig bei Mädchen auf, was auf Geschlechterdiskriminierung auch in Familien schließen lässt. Armut hat aber vor allem ländlichen Charakter, wie Utsa Patnaiks ökonomische Analysen überzeugend deutlich machen. Zunehmende Verdrängung vom Land und Zwangsumsiedlungen im Namen von „Entwicklung"[1] haben das Hungerszenario neuerdings verschärft. NSS-Daten bestätigen, dass zwischen 1951-1990 die Gesamtzahl vertriebener Personen in Indien 21,3 Millionen betrug, und aus einer anderen Statistik geht hervor, dass weniger als 1 Prozent dieser Menschen wirksam entschädigt bzw. wieder eingegliedert wurde.

Obwohl Hunger und Armut in Indien erdrückende Tatsachen darstellen, gibt es genau genommen keinen Mangel an Nahrung im Land. Die Nahrungsproduktion hat seit der Unabhängigkeit erheblich zugenommen. Einer Schätzung zufolge lag sie 1950-51 bei 50 Millionen Tonnen verglichen mit 211 Millionen Tonnen 2001-02, genug, um jeden im Lande zu ernähren. Dennoch bleibt die Tatsache bestehen, dass selbst heute ein Drittel der indischen Bevölkerung nur 1.700 Kalorien zu sich nimmt, d. h. viel weniger an Nahrung erhält, als die weithin empfohlene Tagesdosis von 2.100 Kalorien. Utsa Patnaik beweist anhand von NSS-Daten, dass zwischen 1999-2000 etwa 70 Prozent der indischen Bevölkerung an, beziehungsweise unterhalb der Armutsgrenze lebten, der von der Planungskommission 1979 2.400 Kalorien zugrunde gelegt worden waren. Deshalb ist es

---

[1] Millionen von Menschen vor allem aus den armen Bevölkerungsschichten wurden durch neue Bergwerke, Staudämme, Kraftwerke, Autobahnen und städtische Infrastrukturprojekte von ihrem Land vertrieben. In jüngster Zeit begehren immer mehr Volksbewegungen gegen diese massive Vertreibungswelle auf, doch auch „alte" Bewegungen wie die im zentralindischen Narmada-Tal setzen sich zu Wehr.

unbedingt nötig, die Politik und die Rahmenbedingungen zu untersuchen, die den Zugang der Menschen zu Nahrung und zu nahrungsproduzierenden Ressourcen in Indien steuern, mit dem Ziel, deren Mängel herauszufinden und wirksame Strategien zu entwickeln, um das vordringliche Problem des Hungers zu bekämpfen. Mit direktem Bezug zur globalen Nahrungsmittelkrise und der drückenden Sorge im Hinblick auf den Klimawandel bietet die Notlage der Armen und an den Rand der Gesellschaft gedrängten Schichten in Indien ein alarmierendes Bild. Es sei denn, der Staat würde seine gegenwärtige Handlungsweise und seine Strategien drastisch korrigieren, die zurzeit zu Armut und Hunger beitragen und in der nahen Zukunft die Hunger- und Armutssituation im Lande intensivieren und folglich verschlimmern werden.

Lücken im gesetzlichen und politischen Bezugssystem des Rechtes auf Nahrung in Indien

Indien ist als bevölkerungsreichstes Land mit einer parlamentarisch-demokratischen Ordnung an den meisten internationalen Menschenrechtsvereinbarungen und -prozessen beteiligt und hat auf nationaler Ebene zahlreiche Gesetze erlassen und Rahmensysteme geschaffen, um das Problem der Armut anzupacken. Während diese Strategien und Programme versuchen, das sich verschärfende Hungerszenario anzugehen und zu mildern, gelingt es ihnen in den meisten Fällen jedoch nicht, zu den Wurzeln vorzudringen, die Armut und Hunger verursachen.

Zunächst und vor allem ist der indische Staat als Vertragsbeteiligter des International Covenant on Economic, Social and Cultural Rights/ICESCR (Internationaler Pakt über wirtschaftliche, soziale und kulturelle Rechte), kurz UN-Sozialpakt genannt, gebunden, die Verpflichtungen bezüglich des Rechts auf Nahrung[2]

---

[2] Das Recht auf Nahrung, oder zutreffender, das Recht auf angemessene Ernährung, ist als Menschenrecht im Artikel 11 des Sozialpakts der UNO

zu respektieren, zu schützen und zu erfüllen. Darüber hinaus garantiert die indische Verfassung das Recht auf Leben, Lebensunterhalt und Nahrung. Maßnahmen wie das Targeted Public Distribution System/TPDS (das auf Zielgruppen gerichtete Öffentliche Verteilungssystem), das Projekt Mid-Day Meal/MDM (Mittagessen für jedes Schulkind) und das Programm Antyodaya Anna Yojana/AAY (Programm zur Versorgung Armer mit Nahrungsgetreide) usw. dienen als Mittel, auf der Mikroebene Armen den Zugang zu Nahrung zu verschaffen. Andere Schritte wie der National Rural Employment Guarantee Act/NREGA (das nationale Gesetz zur Gewährleistung von Beschäftigung auf dem Lande), Mindestlohnregelungen, Arbeitsgesetze, Witwenrentenversicherung usw. zielen darauf ab, Arme zu befähigen, Arbeit zu finden bzw. Armen ein für das Überleben notwendiges Einkommen zu sichern. Es gibt Bodenreformstrategien, die vorsehen, landlosen dörflichen Haushalten in ihrem Bestreben zu helfen, auf Land zuzugreifen und sie in die Lage zu versetzen, daraus ihren Lebensunterhalt zu bestreiten.

Aber der Erfolg der obengenannten Maßnahmen wird durch andere, konterkarierende neoliberale Strategien blockiert, die den Handel freigeben, den freien Kapitalfluss erlauben, die einheimischen Märkte öffnen und zu Wettbewerbsverzerrungen führen, die Subventionen in der Landwirtschaft, im Gesundheitswesen und anderen elementaren Versorgungsleistungen reduzieren, die in neugeschaffen industriellen Zonen des Landes die Anwendung von Arbeitsgesetzen verhindern, die die Privatisierung von auf Gemein-

---

verankert. Das Recht auf „ausreichende Ernährung" findet sich dort in Absatz 1 als Teil des Rechts auf angemessenen Lebensstandard, sowie in Absatz 2 noch einmal hervorgehoben als „grundlegendes Recht eines jeden, vor Hunger geschützt zu sein". Mehrere Staaten haben das Recht auf angemessene Ernährung in ihren Verfassungen festgehalten.

Wie bei anderen Menschenrechten sind die aus dem völkerrechtlich verankerten Recht auf Nahrung erwachsenden Staatenpflichten noch in einem Prozess der Auslegung begriffen. Obwohl der Sozialpakt 1976 in Kraft trat, hat dieser Vorgang im Grunde erst nach den 1990er Jahren begonnen.

eigentum beruhenden Ressourcen fördern und die eine Änderung der Bodenbesitzbeschränkung vorschlagen, um der Zusammenlegung größerer Flächen in den Händen von Großinvestoren, sowohl transnationaler Konzerne wie nationaler Gesellschaften, stattzugeben. Offensichtlich führen diese Widersprüche zu Konflikten und zur Missachtung von Rechten. Wenn es allerdings zu einer Wahl kam, entweder die Rechte des Volkes zu schützen oder den auf Profit orientierten Unternehmensinteressen Rechnung zu tragen, hat sich der Staat bisher stets auf die Seite der Letzteren geschlagen. Kein Wunder, dass diese voreingenommene Haltung des Staates das Elend der Armen vertieft und die bereits Armen und am Rande der Gesellschaft befindlichen Schichten noch weiter entmachtet hat. Im Gegensatz zu der Richtschnur, die Normen der Mitbestimmung bei der Entwicklungsplanung auf allen Ebenen einzuhalten, ist der Staat immer dem Prinzip gefolgt, die Basis auszuschließen. Dementsprechend gingen die Strategien und Programme, die der Staat ausgestaltete, um Hunger und Armut auszumerzen, weitgehend an den Erwartungen des Volkes und der Beachtung der Menschenrechte vorbei. Außerdem mangelte es den herrschenden Parteien an politischem Willen, die Programme für die Armen zu verwirklichen. Korruption und Bürokratie auf allen Ebenen haben die Situation zusätzlich erschwert.

Trotz der Tatsache, dass Indien schon vor langer Zeit den Internationalen Pakt über wirtschaftliche, soziale und kulturelle Rechte ratifiziert hat, wissen viele Regierungsbeamte nichts vom Recht auf Nahrung oder schenken ihm keine ausreichende Aufmerksamkeit. Der im Jahr 2008 stark verspätet vor dem Komitee für wirtschaftliche, soziale und kulturelle Rechte[3] in Genf vorgelegte

---

[3] Committee on Economic, Social and Cultural Rights; 40th session (28 April - 16 May 2008); The Committee on Economic, Social and Cultural Rights considered the second to the fifth periodic report of India on the implementation of the International Covenant on Economic, Social and Cultural Rights at its 14th, 15th and 16th meetings, held on 7 and 8 May 2008.

staatliche Bericht über das Recht auf Nahrung in Indien bestätigt diese Unkenntnis noch einmal. Der Umstand, dass das Recht auf Nahrung das Recht einschließt, Nahrung zu produzieren, oder in anderen Worten, das Recht, auf produktive Ressourcen zugreifen zu können, wird nicht genügend beachtet und in Maßnahmen, die sich auf das Recht auf Nahrung beziehen, in Rechnung gestellt. Das ist auch der Grund dafür, weshalb die Regierung leichtfertig ihre Verpflichtungen der International Conference on Agrarian Reform and Rural Development/ICARRD (Internationale Konferenz für Agrarreform und ländliche Entwicklung) gegenüber ignorierte, die Voluntary Guideline on Right to Food/VGRF (Freiwillige Richtlinie zum Recht auf Nahrung) nicht berücksichtigte und die eigene Verfassung missachtete, indem sie keine hinreichenden Maßnahmen in die Wege leitete, proaktiv Land und damit zusammenhängende produktive Ressourcen an Arme umzuverteilen. Die indische Regierung behauptet, dass sie das Recht auf Nahrung stufenweise verwirkliche und dass dieser Prozess bestimmter Ressourcen bedürfe. Deshalb sei das Ergebnis nicht wirklich zufriedenstellend. Die Grundprinzipien des Rechts auf Nahrung hingegen fordern, dass der Staat Sofortmaßnahmen ergreift, um den elementaren Mindeststandard in Bezug auf das Recht auf Nahrung zu gewährleisten. Und die Absicherung des elementaren Mindeststandards ist keine Sache der allmählichen Verwirklichung, sondern soll umgehend, mit oberster Priorität und durch die maximale Nutzung der vorhandenen Ressourcen in Angriff genommen werden. Während das Verteidigungsbudget in Indien ständig wächst, leidet

---

Unter Punkt 26 seiner Stellungnahme, schätzte das Komitee die Leistungen des indischen Staates bei der Armutsbekämpfung kritisch ein. Es schrieb u. a.: „Das Komitee war tief betroffen, dass trotz des rapiden wirtschaftlichen Wachstums während des 9. Plans (1997-2002) und des 10. Plans (2002-2007) im Lande weiterhin ein hohes Armutsniveau und eine ernste Nahrungsunsicherheit und -unterversorgung fortbestehen, die die Bevölkerung in den ärmeren Bundesstaaten und in ländlichen Gebieten sowie sozial benachteiligte und marginalisierte Gruppen unverhältnismäßig in Mitleidenschaft ziehen."

der Sozialbereich unter Haushaltskürzungen. Das lässt uns zusätzlich am „echten politischen Willen" des Staates zweifeln, das Recht auf Nahrung schrittweise im Lande durchzusetzen.

Haupthindernisse bei der Verwirklichung des Rechtes auf Nahrung

Wie bereits erwähnt, gibt es in Indien verschiedene Strategien, um Armut und Hunger zu bekämpfen, ihre Wirkung ist jedoch insgesamt unzureichend. Die Armut einer Person oder eines Haushalts wird durch ihre oder seine sozialökonomische und kulturelle Stellung geprägt und ist oft durch Ausgrenzung und Ausbeutung gekennzeichnet. Die Geschlechterzugehörigkeit spielt eine Schlüsselrolle für die Anfälligkeit von Armut und Hunger. In der Ära der Liberalisierung und Globalisierung sind im Zusammenhang mit der Einführung liberaler Handels-, Industrie- und Agrarstrategien neue Bedrohungen entstanden, die das Recht auf Nahrung zusätzlich gefährden. Die folgenden Abschnitte werden sich mit diesen neuen Gefahren befassen und damit im Zusammenhang die Begrenztheit einiger der bestehenden Strategien und Programme in Bezug auf das Recht auf Nahrung in Indien kritisch beleuchten.

Die Special Economic Zone/SEZ (Sonderwirtschaftszone) ist eine neue Ergänzung der Industriepolitik des indischen Staates. Während die Regierung die SEZ als potentielle Quelle für Foreign Direct Investment/FDI (ausländische Vermögensanlagen) betrachtet, bezeichnet das Volk seinerseits diese Zone als „Special Exploitation Zone/SEZ" (Sonderausbeutungszone). SEZs können am besten als Freihandelszonen mit minimaler Bürokratie, bester Infrastruktur und uneingeschränkter zollfreier Produktion beschrieben werden. Entsprechend einer Unternehmenswebsite ist ein SEZ so etwas „wie ein ausländisches Territorium innerhalb eines Landes".

Die indische Regierung hat bislang angekündigt, 240 SEZs zu entwickeln, die etwa 64.222 Hektar Land, zu dem auch fruchtbares, vielfältige Feldfrüchte hervorbringendes Ackerland und in Gemeineigentum befindliche Ressourcen gehören, benötigen würden. Es ist offensichtlich, dass die SEZs den bekannten Prozess der Privatisierung von Ressourcen des Volkes intensivieren werden, aber dieses Mal mit der direkten Einmischung des Staates in den Erwerb von Land von Personen und die Übertragung desselben an private Gesellschaften. SEZs und ähnliche Projekte haben im ganzen Land Verdrängungen und Zwangsräumungen großen Umfangs vorangetrieben, und nur wenige Opfer haben irgendeine Entschädigung erhalten, während die Mehrheit ohne adäquate Ersatzleistung und Wiedergutmachung im Stich gelassen wurde. Die Zwangsräumungen und Verschiebungen haben die Binnenwanderung aus ländlichen Gebieten in städtische Slums verstärkt, in denen Arme, die von Heim und Herd vertrieben wurden, weiterhin unter dem Mangel an Nahrung, Arbeit und elementaren Versorgungseinrichtungen leiden. Schon wird von Großprotesten im ganzen Land berichtet, wo der Aufkauf von Land beabsichtigt oder eingeleitet wurde.

Die zweite große Bedrohung für die Ernährungssicherheit in Indien ist die Politik der Zentralregierung, in Zusammenarbeit mit internationalen Vertretungen den großflächigen Anbau von Pflanzen für die Biokraftstofferzeugung zu fördern. Diese Kampagne wurde als Anpassungsstrategie gerechtfertigt, die dazu dienen soll, den Klimawandel über einen längeren Zeitraum hinweg zu bekämpfen. Und diese Politik des Staates ignoriert abermals die Grundrealität von Nahrungsknappheit (Zugang und Bezahlbarkeit) im ländlichen Raum und die globale Nahrungsmittelkrise. Im Namen der Produktion von Biomasse für die Herstellung von Biokraftstoff führt der Staat erneut die alten Formen der Verkaufsernte ein, die die Nahrungsmittelerzeugung verdrängt. Über das Schicksal der kleinen und Kleinstbauern und darüber, auf welche Weise deren Haushalte von der Umstellung von Food Crops auf Cash Crops beeinträchtig werden, macht man sich nur wenig Gedanken. Etliche Publikationen haben sich ausführlich mit der Frage beschäftigt, wie der Anbau von Kulturen, die für den Markt bestimmt sind, die Fähigkeit der Haushalte schwächt, mit Hunger und Unterernährung fertig zu werden, und wie ein Wandel der Produktionsstruktur Frauen ihrer Autorität beraubt. Die indische Regierung ist jedoch nicht bereit, den Einsprüchen der Menschen nachzukommen. Ist sie bereit, aus den Erfahrungen lateinamerikanischer Länder zu lernen, wo die Einführung von landwirtschaftlichen Kulturen für die Herstellung von Biokraftstoff nur den Hunger und die Unterernährung verstärkt hat? Die Regierung Indiens steht in ihrem Bemühen, Biomasse für die Herstellung von Biokraftstoff zu erzeugen, nicht allein da. Sie arbeitet mit multilateralen Institutionen wie Weltbank und Welternährungsorganisation zusammen, die sie dabei aktiv unterstützen. Viele Menschenrechtsaktivisten aus Industrieländern sind der Ansicht, dass in naher Zukunft im Zusammenhang mit der Entwicklung von durch den „Norden" geförderten Kohlendioxid-senken (carbon sinks) in den „südlichen" Ländern wie Indien die Veräußerung von Grundbesitz der Armen zunehmen wird.

Ein dritter Bereich, der Sorgen bereitet, betrifft die Bodenreformen, oder besser, das Fehlen von Bodenreformen. Das ist nichts Neues und ein übergreifendes Thema. Die Landverteilung in Indien ist auf Grund historischer Faktoren und des kolonialen Erbes stark verzerrt. Anstatt sich mit den strukturellen Gründen für benachteiligende Grundbesitzstrukturen auseinander zu setzen, verstärkt der Staat gegenwärtig die diskriminierende Behandlung, indem er im Rahmen von Bodenreformen erlassene Maßnahmen verwirft, Bestimmungen zur Landbegrenzung abbaut und in einigen Fällen ungeniert Ackerbau betreibende Gemeinschaften enteignet. Die Pflichten zur Sicherung des Rechts auf Nahrung erfordern das proaktive staatliche Eingreifen, um die Durchführung von echten Bodenreformen zu sichern. Die Internationale Konferenz für Agrarreform und ländliche Entwicklung hat deshalb Richtlinien zur Umsetzung von Bodenreformen erarbeitet. Indien hat sich für beides ausgesprochen. Aber in der Wirklichkeit beherrschen Motive des Unternehmensgewinns die Szene und Strategien werden zu Gunsten erfolgreichen Landerwerbs auf nationaler und internationaler Ebene revidiert, wobei Menschenrechtsverpflichtungen verletzt werden.

Die vierte und wichtige Gefährdung geht von einer Minderleistung des Staates im Hinblick auf soziale Sicherung und Notfallmaßnahmen aus, die eigentlich ungeschützten Gruppen und sozial benachteiligten Menschen zu jeder Zeit den Zugang zu Nahrung ermöglichen und somit ihr Recht auf Nahrung verwirklichen sollen. Trotz Haushaltskürzungen in diesem Bereich erstaunt die Tatsache, dass die für diese Projekte bestimmten Mittel nicht ausgegeben werden. Das neu eingeführte Targeted Public Distribution System/TPDS (auf Zielgruppen orientiertes Öffentliches Verteilungssystem) hat das für alle Armen zugängliche Öffentliche Verteilungssystem ersetzt. Die Definition der Kategorie „unter der Armutsgrenze" ist schlecht durchdacht und gründet sich allein auf eine Kalorienberechnung. Deshalb werden Millionen von Armen von dem TPDS nicht berücksichtigt. Außerdem haben verbreitete Korruption und Bürokratie das Gelingen des TPDS behindert. Andere Programme wie das Nationale Gesetz zur Beschäftigungsgarantie auf dem Lande, das Mittagessen für Schulkinder usw. sind auch nur halbwegs erfolgreich, weil die übergreifende politische Strategie des Staates darin besteht, arme und sozial benachteiligte Gruppen von Entscheidungsprozessen an der Basis auszuschließen. Deshalb haben Mangel an Transparenz im Prozess der Durchführung, Vetternwirtschaft, Korruption und engstirnige Politik auf der unteren Ebene den nur eingeschränkten Erfolg der obengenannten Programme verursacht.

Schließlich haben die neoliberalen Strategien der Regierung in allen Bereichen Hunger und Armut verstärkt. In den vergangenen 10 Jahren haben mehr als 100.000 Bauern in Indien Selbstmord begangen, weil sie unlauterem Wettbewerb auf dem offenen Markt ausgesetzt und mit Schulden überlastet waren, auch wegen der Praktiken verschiedener transnationaler Konzerne, diesen unglückseligen Bauern landwirtschaftliche Pakete zu verkaufen, die genmanipuliertes Saatgut, Düngemittel und Pestizide einschlossen. Die Bauern in Indien verlieren zunehmend nicht nur den Zugang zum Land, sondern auch zu ihrem eigenen Saatgut und ihrem traditionellen Wissen. Kleinproduzenten im produzierenden Gewerbe haben gleichermaßen hohe Verluste erlitten, und Hunderte kleiner Unternehmen haben in den letzten 10 Jahren ihre Aktivitäten eingestellt und viele tausend Menschen ohne Arbeit zurückgelassen. Der Staat hat dabei versagt, den von Schließungen bedrohten oder schwachen Branchen irgendwelche Hilfe zukommen zu lassen. So wie der Staat auch nicht fähig war, in den vergangenen Jahren das Problem der zunehmenden Arbeitslosigkeit zu lösen. Die Arbeitslosigkeit nimmt überhand, und immer mehr Arme müssen eine Beschäftigung im nichtorganisierten Wirtschaftssektor suchen, wo sie keinerlei soziale Sicherung haben und oft genug nicht einmal den Mindestlohn erhalten. Ein typisches Beispiel dafür ist die Schließung mehrerer Teeplantagen, die den weltberühmten Darjeeling-Tee produzierten, was zu Hunderten Hungertoten unter Plantagenarbeitern im Norden von Westbengalen führte.

Man kann im Einzelnen über verschiedene Landesteile berichten, in denen in Indien gegenwärtig gehungert wird, über die Leiden von Stammesgruppen und sozial benachteiligter Gemeinschaften (Dalits), über die Misere landloser Bauern in Zeiten rückläufiger Bodenreformen, über die Vertreibung und die Migration Armer in die Städte, die dort in Slums weiterhin Elend ertragen müssen. Aber das wäre eine unendliche Geschichte. Deshalb und um zusammenzufassen, soll unterstrichen werden, dass das Recht auf Nahrung weit davon entfernt ist, im Lande verwirklicht zu werden. Und angesichts des bestehenden politischen Systems ist schwer nachzuvollziehen, wie dieses Recht auf Nahrung überhaupt schrittweise realisiert werden kann. Ein alarmierender Umstand, der hier jedoch noch hervorgehoben werden soll, ist die zunehmende staatliche Repression gegenüber Verteidigern der Menschenrechte im ganzen Land. In den vergangenen zwei Jahren mussten mehr als 300 Menschen ihr Leben lassen, als sie sich gegen die Verletzung des Rechts auf Nahrung wehrten und ihre Rechte verteidigten.

Lebensmittelreserven und Hunger – Ursachen der landwirtschaftlichen Misere

Der intellektuellen Apathie liegen irreführende Theorien zu Grunde

Im Jahr 2000-01, lange vor der Dürre, fiel die Verfügbarkeit von Getreide im Lande auf einen Rekordtiefstand von 141,4 Kilogramm pro Kopf, und die von Hülsenfrüchten sank ebenfalls auf unter 10 Kilogramm pro Kopf. Wenn man die beiden zusammenzählt, betrug die Verfügbarkeit von Nahrungsgetreide im Jahre 2001 151 Kilogramm, beinahe 26 Kilogramm weniger als zu Beginn der 1990er Jahre. Die letzten Male wurde ein solch entsetzlich niedriges Niveau zu Kolonialzeiten in den „Hungrigen Dreißigern" und im Zweiten Weltkrieg und noch einmal kurz für nur zwei Jahre während der Nahrungsmittelkrise Mitte der 1960er Jahre registriert. *Eine durchschnittliche Familie von vier Personen verbrauchte im Jahre 2001 verglichen mit den frühen 1990er Jahren mithin 104 Kilogramm weniger Nahrungsgetreide – ein wahrhaft gewaltiger Einbruch.* Ein bestimmter durchschnittlicher Rückgang schließt immer einen weit stärkeren Rückgang für die ärmere Mehrheit der Bevölkerung ein, weil für die oberen Einkommensgruppen der Nahrungsgetreideverbrauch gestiegen ist – erinnern wir uns, das bezieht sich nicht nur auf das direkt verzehrte Getreide, sondern auch auf das indirekt durch Umwandlung in tierische Produkte verbrauchte Getreide.

Und doch scheinen die Mehrheit der Wissenschaftler und viele Aktivisten in überheblicher Weise von dem Ausmaß des Hungers, der Indiens Stammesgebiete, Dörfer und städtische Slums heimsucht, nichts zu bemerken. Ihre Selbstgefälligkeit erwächst aus der Tatsache, dass die Krise vor mehr als vierzig Jahren von einem *Versorgungsmangel* verursacht wurde, was jeder verstehen konnte, wohingegen das Problem heute in erster Linie auf einer massiven *Nachfrageschwäche* beruht. Und die meisten Leute, so scheint es, können einfach nicht nachvollziehen, wie 40 Millionen Tonnen überschüssiger Lebensmittelvorräte mit zunehmendem Hunger vereinbar sind. Ihre Einsicht wird auch nicht durch die sowohl von offiziellen Regierungsveröffentlichungen wie von vielen Wirtschaftswissenschaftlern vertretenen, nach Wesen und Logik irreführenden Ausführungen befördert, in denen man die gegenwärtige anormale Situation lediglich mit einer „freiwilligen Entscheidung" von Verbrauchern und mit Attacken auf angeblich „administrativ zu hoch gewährte Preise" zu begründen sucht. Diese Begründungen sind falsch. In einigen Fällen liegt eine offen apologetische Absicht vor, in anderen werden wichtige Tatsachen nicht zur Kenntnis genommen, oder es werden einfach falsche Schlüsse aus bestimmten Prämissen gezogen.

Es gibt eine Reihe irreführender Auffassungen, um damit das beispiellose Anwachsen öffentlicher Reserven an Nahrungsgetreide im Lande, die im Juli 2002 mit 40 Millionen Tonnen über der für diese Jahreszeit revidierten Ausgleichsnorm lagen, zu erklären. Ein trügerisches Argument, das in offiziellen Schriften wie im *Economic Survey 2001-02* zu finden ist, nennt als Ursache der Überschussvorräte, dass der Mindeststützpreis für die Bauern „zu hoch" gewesen sei und trotz eines Sinkens der Getreideproduktion zu übermäßiger Bevorratung im Jahre 2001 geführt habe. Das wird durch eine ähnliche Meinung dahingehend ergänzt, dass die Überschussvorräte ein Mehr über die Menge hinaus darstellen, die die Menschen *freiwillig verzehren wollen.* Die Überschussreserven verkörpern ein „Überflussproblem", wie es der *Economic Survey 2001-02* ausdrückt. Er schreibt, dass die Wachstumsrate des höherwertigen Getreides infolge von für Reis und Weizen angeblich zu hoch gewährten Preisen über dem Bevölkerungswachstum lag und dass sich Vorräte aufgebaut haben, weil *alle Verbraucher freiwillig* bei steigendem Einkommen ihren Verzehr von Getreide zugunsten des Konsums von Obst, Gemüse und tierischen Produkten (Milch, Eier, Geflügel usw.) einschränken möchten. Es werden Verbrauchsdaten des National Sample Survey/NSS zitiert, um zu zeigen, dass bei fast allen Verbrauchergruppen (bei der niedrigsten Gruppe ist er gleichbleibend) im Laufe der Zeit der *prozentuale Anteil* des Getreides an den Ausgaben für Lebensmittel zurückgegangen und der Anteil anderer Nahrungsmittel gestiegen ist. Daher, so wird argumentiert, besteht ein Ungleichgewicht zwischen dem, was die Verbraucher wollen, und der derzeitigen Produktionsstruktur, weshalb es zu Überschussvorräten kommt (siehe *Economic Survey 2001-02*, S. 118-130).

Der Jahresbericht der Reserve Bank of India 2001-02 (S. 20-25) wiederholt diese These und behauptet, die angebliche Nichtübereinstimmung zwischen Angebot und Nachfrage ergäbe sich daraus, dass der gewährte Beschaffungspreis für Reis und Weizen im Gegensatz zum globalen Trend fallender Marktpreise ansteige, was zu falschen Preissignalen an die Bauern und folglich zu Überschussproduktion und -bevorratung dieser Feldfrüchte führe. Ein drittes Argument, von einigen wohlmeinenden, aber fehlgeleiteten Leuten vertreten, lautet, dass die Überschussreserven auf die Reduzierung des Verbrauchs seitens der Bevölkerungsmehrheit zurückgehen, daher sei der Überhang fiktiv. Während diese Aussage bis zu diesem Punkt richtig ist, heißt es dann weiter, dass zwei aufeinanderfolgende Dürrejahre die Reserven zum Verschwinden bringen würden. Es scheint fast, als ob sie Dürreperioden herbeisehnen, um das Problem zu beheben, und tatsächlich ist ihr Wunsch in Erfüllung gegangen, denn 2002-03 ist ein schlimmes Dürrejahr. Die letzte Meinung ist so unangebracht wie die beiden vorigen.

Alle diese Erklärungen sind nicht nur falsch, sondern höchst irreführend für die Politik. Die Behauptung, der Mindeststützpreis/ MSP sei 2001-02 „zu hoch" gewesen, ignoriert die Tatsache, dass sich die Vorräte bereits seit vier Jahren vor dem genannten Anstieg des MSP aufgebaut haben. Die Behauptung vernachlässigt andere bekannte Tendenzen, die die Getreideverkäufe beeinflussen, nämlich fallende Preise oder Zahlungsrückstände für Zuckerrohr oder Baumwolle, welche in Nordindien für den Markt produziert werden. Der hier begangene Denkfehler läuft auf einen logischen Fehlschluss nach Art „post hoc ergo propter hoc" (lat. „danach, also deswegen") hinaus, denn es wird eine zeitliche Folge mit einer ursächlichen Folge verwechselt. 2001 wurden der angeordnete MSP erhöht und ein Bonus gewährt. Dann gab es eine hohe Bevorratung in der Winterernte 2002, und es wird ohne Verweis auf andere Tatbestände fälschlicherweise geschlossen, dass der hohe MSP die hohe Einlagerung verursacht habe. Nach unserer eigenen Hypothese erhielt die im Vergleich zum Vorjahr um 5,3 Millionen Tonnen höhere Rekordbeschaffung von 2000-01 ihren anormalen Charakter dadurch, dass sie auf einer um fast 11 Millionen Tonnen niedrigeren Getreideproduktion beruhte. Das weist auf *Notverkäufe von Getreide* jener Bauern hin, die schon in den vorangegangenen fünf Jahren von einem Preissturz ihrer anderen für den Markt bestimmten Kulturen betroffen waren. Der typische Bauer im Punjab, in Haryana und Uttar Pradesh baut nicht nur Nahrungsgetreide an, sondern hat ein gemischtes Anbauschema, das auch nicht für den Verzehr bestimmte Feldfrüchte einschließt. 2001 lagen die Preise für Baumwolle und Zuckerrohr bei zwei Fünfteln bis zur Hälfte ihres Niveaus von 1996. Die Mindeststützpreise für diese Produkte waren zwar angeordnet worden, lagen jedoch tiefer als zuvor und wurden auch nicht restlos realisiert; überdies sind Zuckerfabriken verrufen wegen ihrer großen Zahlungsrückstände bei den Pflanzern. Nur die staatliche Getreidebeschaffung bot den Bauern eine gewisse Entlastung und veranlasste sie zu Verkäufen, die auf Kosten ihres eigenen Verbrauchs gingen, um die Verluste im Zusammenhang mit anderen Produkten auszugleichen. Wir glauben, dass die Bauern ohne den Bonus, der in jenem Jahr für Weizen gezahlt wurde, eine noch größere Menge verkauft hätten, weil sie sich schon auf der rückwärts geneigten Angebotskurve befanden.

Angesichts der Krise des Preisverfalls für Marktprodukte, der die Bauern derzeit gegenüberstehen, ist der Vorschlag, den MSP zu senken, verantwortungslos. In den Industrieländern, deren Regierungen ihre Landwirte in Anbetracht der weltweit sinkenden Agrarpreise unterstützen, sind während der letzten fünf Jahre die Subventionen für Landwirte gewaltig gestiegen, und unsere Bauern sind nach der Abschaffung quantitativer Beschränkungen gezwungen, mit diesen zunehmend stark subventionierten Auslandsprodukten zu konkurrieren. Sie können sicher darauf verzichten, dass sie von ihren eigenen Wirtschaftswissenschaftlern, die die Senkung des MSP empfehlen, angegriffen werden. Von Seiten der Regierung ist es erforderlich, dem Beispiel der Industriestaaten, besonders der USA, zu folgen und die Unterstützung der Bauern in der Stunde ihrer Not sowohl über den Etat zu erhöhen als auch den MSP beizubehalten.

Was zweitens den Hinweis angeht, dass *alle Bevölkerungsschichten* ihre Ernährungsweise freiwillig verändern – weg vom Getreide, hin zu Obst, Gemüse, Milch, Eier und Geflügel –, so kann er mit der Königin Marie Antoinette zugeschriebenen berüchtigten Bemerkung über die hungernden Armen von Paris, die in dem bitterkalten Winter des Jahres 1789 Brot forderten, verglichen werden: „Wenn sie kein Brot mehr haben, sollen sie doch Kuchen essen." Das war ein recht vernünftiger Rat, wenn er auf den Hochadel beschränkt blieb, der tatsächlich keine Schwierigkeiten hatte, Brot, das nicht zu erhalten war, durch Kuchen zu ersetzen, aber er bewies eine gefühllose Unkenntnis der Lage der Armen. Im Nachhinein können wir Marie Antoinette vielleicht ihre Ahnungslosigkeit verzeihen, weil sie in feudalem Überfluss aufgewachsen war und keinen Kontakt mit dem Volk hatte, und sie hat dafür bestimmt einen hohen Preis bezahlt, als die Guillotine ihr den Kopf vom Körper trennte. Aber was sollen wir über unsere eigenen Wirtschaftswissenschaftler mit ihrer Doktorwürde sagen, die von der gleichen Mutmaßung ausgehen, dass die freiwillige Veränderung der Ernährungsweise für alle Teile der Bevölkerung möglich sei? Die Bemerkung von Marie Antoinette und die Meinung derer, die den *Economic Survey* und die *Annual Reports* der Reserve Bank of India schreiben, enthalten den gleichen Irrtum – den Trugschluss der Verallgemeinerung. Dieser verbreitete Trugschluss in der angewandten Logik ist folgender: Eine Behauptung trifft auf einen Teil des Ganzen zu (Beispiel: Der Aufsatz A in einer Sammlung von Essays ist sehr gut), aber daraus wird die falsche Schlussfolgerung gezogen, dass diese Aussage für das Ganze zutrifft (die gesamte

Sammlung der Essays ist sehr gut).

Die These von der freiwilligen Diversifikation der Ernährung ignoriert die Tatsache, dass die Nahrungsmittelverteilung in unserer Gesellschaft wegen der stark verzerrten Einkommensverteilung ebenfalls stark verzerrt ist und dass diese Verzerrtheit im Laufe der Zeit eher zugenommen hat, weil der Reformkurs das rasche Wachstum des Einkommens bestimmter Oberschichten der Bevölkerung begünstigt und andere, ärmere Teile, die eine viel höhere Einkommenselastizität der Nachfrage nach Nahrungsgetreide haben, noch ärmer gemacht hat. Auf den höchsten Einkommensebenen, sozusagen beim oberen Zehntel der Bevölkerung, wo das verfügbare Pro-Kopf-Einkommen im letzten Jahrzehnt gestiegen ist, gibt es tatsächlich eine freiwillige Umstellung der Ernährungsweise hin zu einer hochwertigen Nahrung, die von einem verbesserten Ernährungsniveau begleitet wird. Für diejenigen mit unterdurchschnittlichen Einkommen (grob gesagt, die untersten sechs Zehntel) ist „Diversifikation" das Ergebnis eines verringerten Zugangs zu Grundnahrungsmitteln infolge einer Verquickung von sinkender Kaufkraft und der Verweigerung von Berechtigungsscheinen für „unter der Armutsgrenze" lebende Menschen, und diese Diversifikation ist folglich von einem pro Kopf fallenden Kalorienniveau und sich verschärfendem Hunger begleitet. Das durchschnittliche Bild des allumfassenden Rückgangs ist das Ergebnis diametral entgegengesetzter Trends für diese verschiedenen Teile der konsumierenden Bevölkerung – eine Zunahme für die Minderheit und ein großer Absturz für die Mehrheit. Was wir als Ergebnis vor uns haben, ist der gewichtete Mittelwert gegensätzlicher Trends.

Darüber hinaus ist „Diversifikation" (gemessen am fallenden durchschnittlichen Anteil des Nahrungsgetreides an den Gesamtausgaben, beziehungsweise am abnehmenden durchschnittlichen Anteil des Nahrungsgetreides an den gesamten Kalorien) eine notwendige, aber keine ausreichende Bedingung, um auf eine Verbesserung des materiellen Wohlstands zu schließen. Das ist so, weil Diversifikation ebenso die Folge geringeren Einkommens, sinkender durchschnittlicher Ernährung und daher der Verschlechterung des Lebensstandards, wie auch wachsenden Einkommens, steigender durchschnittlicher Ernährung und der Verbesserung des Wohlergehens sein kann. Es ist ein schwerer logischer Fehler zu glauben, dass größere Vielfalt der Ernährung mit Verbesserung identisch sei. Man kann gleichwohl denken, dass man auf einer Bergspitze steht, während man sich tatsächlich in einer Talsohle befindet, weil beide flach sind. Die einfache Rechnung, die hinter der Aussage steht, dass Diversifikation ein notwendiges Merkmal sowohl verminderten als auch ein unerlässliches Kennzeichen verbesserten Wohlergehens ist, wird gegen Ende des Aufsatzes dargelegt.

Während sie ihre rosige Meinung über eine freiwillige Veränderung der Kost seitens aller Schichten der Bevölkerung verbreiten, verdrängen die meisten Wirtschaftswissenschaftler hartnäckig die Tatsache, dass der NSS, die Quelle für den Anteil an den aufgewendeten Kosten, die eine „Diversifikation" ausweisen, gleichfalls zeigt, dass die tägliche gesamte Kalorienzufuhr pro Kopf („gesamt" im Sinne von „alle Lebensmittel") sowohl in ländlichen als auch in städtischen Gebieten von einem bereits unzulänglichen Ausgangsniveau weiter gefallen ist und dass sie in den 1990er Jahren noch viel schneller abnahm als vorher. Selbst die strittigen Daten der 55. Runde zeigen, dass die ländliche durchschnittliche Kalorienzufuhr zum ersten Mal unter das städtische Niveau gesunken ist. Diejenigen Wirtschaftswissenschaftler, die die Angaben zur sich verringernden Kalorienzufuhr immerhin erwähnen, neigen zu der Argumentation, dass es einen freiwilligen Austausch von einer niedrigeren Kalorienzufuhr zugunsten einer abwechslungsreicheren Kost gibt. Das ist schwerlich zu glauben, weil dieses abgesunkene Niveau des Getreideverzehrs und der Kalorienzufuhr, das in Indien selbst vor der Dürre 2001-02 vorherrschte, sogar niedriger als ein Jahrzehnt früher in Ländern des subsaharischen Afrika war und weil alle anderen Entwicklungsländer, die nicht einer deflationären Reformpolitik unterworfen waren, ihre durchschnittliche Kalorienzufuhr gesteigert haben, einige wie China ziemlich drastisch, während sich ihre Durchschnittskost abwechslungsreicher gestaltete (siehe die Angaben zu den einzelnen Ländern in den „Food Balance

Sheets", die von der Food and Agriculture Organization, Rom, regelmäßig errechnet werden).

Tabelle 1
Veränderung der durchschnittlichen Kalorienzufuhr pro Tag aus allen Lebensmitteln im ländlichen und städtischen Indien, 1983 bis 1998

Jahr	LÄNDLICH	Index	STÄDTISCH	Index
1983	2309	100,0	2010	100,0
1987-88	2285	99,0	2084	103,7
1993-94	2157	93,4	1998	99,4
1998	2011	87,1	1980	98,5
Veränderung				
1993-4 gegenüber 1983	- 152		-12	
1998 gegenüber 1993-94	- 146		-18	

Quelle: NSS Surveys on Consumer Expenditure bis 1998. Die Angaben der 55. Runde für 1999-2000 sind allem Anschein nach infolge der Veränderung der Abruffrist mit früheren Runden nicht vergleichbar. Man beachte, dass die durchschnittliche Kalorienzufuhr auf dem Lande auf Grund der körperlich anstrengenderen Arbeit immer höher war als in der Stadt.

„Diversifikation" ist von radikal entgegengesetzter Signifikanz, wenn sie mit sinkender durchschnittlicher Ernährung einhergeht, verglichen mit der, wenn sie von einer steigenden durchschnittlichen Ernährung begleitet wird. Aber diese Grundtatsache wird in der Literatur ignoriert. Die Tabelle 2 enthält die Daten zur zunehmenden Diversifikation für zwei südafrikanische Länder, Kenia und Tansania, als ihr Pro-Kopf-Einkommen abnahm. Vielleicht ist es die törichte und dogmatische Fixierung vieler Pro-Reform-Wirtschaftswissenschaftler auf die unhaltbare These, dass ökonomische Reformen zum Nutzen aller gewesen seien, die zu deren gegenwärtiger konzeptioneller Blindheit führt und zu der derzeitigen üblen Theorie, die zunehmenden Hunger und Hungersnot in grotesk apologetischer Weise als „freie Entscheidung" interpretiert.

Tabelle 2
Beispiele für die Veränderung der Kost und die Verschlechterung des Wohlergehens: KENIA und TANSANIA, 1974-76 bis 1992-94: Kalorienzufuhr pro Kopf pro Tag

KENIA	pflanzlichen Ursprungs	tierischen Ursprungs	Gesamt-kalorien	Gesamtkalorienzufuhr in %	
				pflanzlich	tierisch
1974-76	2003	217	2220	90,2	9,8
1982-84	1810	230	2040	88,7	11,3
1992-94	1672	245	1917	87,2	12,8
Veränderung 1992-94 gegenüber 1974-76	-331	+ 28	-303		
TANSANIA					
1974-1975	2009	150	2159	93,1	6,9
1982-84	2148	138	2286	94,0	6,0
1992-94	1906	147	2053	92,8	7,2
Veränderung, 1992-94 gegenüber 1974-76	-103	-3	-106		

Quelle: Food and Agriculture Organization/FAO Food Balance Sheets 1992-94, S. 236, 435.

Das dritte Argument, dass Dürreperioden die Lebensmittelvorräte schrumpfen lassen, klammert aus, was Dürren mit sich bringen: das Sinken des Einkommens von Bauern und Arbeitern, den zusätzlichen Verlust an Kaufkraft und das wachsende Elend. Es verkennt, dass bloßes Angebot nicht seine eigene Nachfrage schafft, das heißt, dass Says Gesetz nicht wirkt und dass Dürren allein, welchen Umfangs auch immer, nicht zu mehr Verkäufen aus dem Öffentlichen Verteilungssystem führen und die Vorräte nicht verringern, ohne dass einerseits der Abgabepreis gesenkt und andererseits die Massenkaufkraft durch groß angelegte „Nahrung-für-Arbeit"-Programme erhöht wird.

Während im von Dürre betroffenen Rajasthan tatsächlich etwa 5,6 Millionen Tonnen durch „Nahrung für Arbeit" verteilt wurden, die, obwohl unzureichend, eine höhere Sterblichkeit abgewendet haben, sieht die Geschichte in Andhra Pradesh anders aus, wo mehrere Distrikte 2002 von Dürre heimgesucht wurden. Binnen jenes Jahres registrierte die Polizei in den drei am stärksten beeinträchtigten Distrikten folgende Selbstmordzahlen von Bauern: 1.220 in Karimnagar, 903 in Warangal und 457 in Nizamabad; die Gesamtzahl beträgt 2.580 und ist dreimal höher als die Anzahl der Selbstmorde in allen Distrikten während der vorangegangenen fünf Jahre zusammengenommen. Selbstmorde haben sich in den übrigen Distrikten auch im Jahr 2002 und in den am schlimmsten in Mitleidenschaft gezogenen Gebieten im Sommer 2003 ereignet. Mehr als tausend arme Menschen starben in Andhra Pradesh zusätzlich im Mai und Juni 2003, angeblich infolge einer Hitzewelle, aber offensichtlich konnten die schon geschwächten Körper der Belastung nicht Stand halten. Eine Dürre, die auf fünf Jahre des Sinkens von Preisen und Beschäftigung folgt, hat eine wesentlich andere Wirkung als eine Dürre in normalen Zeiten.

Trotz der schweren Dürre von 2002-03 ist kein *allgemeines gesamtindisches Programm* auch nur entfernt in Sicht, das die Kaufkraft auf dem Lande im erforderlichen Maße anhebt und den während des letzten Jahres erlittenen Verlust von 27 Kilogramm pro Kopf beim Verbrauch von Nahrungsgetreide wieder gut macht, und die grundlegende Ursache dafür besteht darin, dass derzeit von all jenen Wirtschaftswissenschaftlern und politischen Entscheidungsträgern, die in der Lage sind, die Regierung zu beeinflussen, eine fehlerhafte Diagnose des Problems angeboten wird.

Alle die bisher ausführlich dargelegten Argumente übersehen die Hauptsache hinsichtlich dieser Vorräte, nämlich, dass sie das Ergebnis eines sehr starken Anwachsens der Ungleichheit beim Zugang zu Nahrung in der indischen Gesellschaft sind, insbesondere in den letzten fünf Jahren. Diese zunehmende Ungleichheit des

Zugangs wiederum ist das Ergebnis zweier Prozesse – absoluter Rückgang von Realeinkommen und folglich Kaufkraftverlust durch Arbeitslosigkeit und Einkommensverlust für einen erheblichen Teil der Bevölkerung sowie Kategorisierung des Öffentlichen Verteilungssystems/ÖVS. Der erste, die Reduzierung der Kaufkraft der ärmeren Mehrheit der Bevölkerung, insbesondere in den Dörfern, besteht selbst aus zwei Komponenten – der restriktiven, die öffentlichen Ausgaben drosselnden Politik der Wirtschaftsreformen in den 1990er Jahren, die zum Zusammenbruch des ländlichen Beschäftigungs- und folglich des Einkommenswachstums geführt hat, und den seit 1996-7 sowohl weltweit als auch lokal stark fallenden Erzeugerpreisen der für den Markt bestimmten Feldfrüchte, die ebenfalls die Einkommen verringert haben, denn das Ausmaß des Preisverfalls entspricht dem Ausmaß des Zusammenbruchs der Preise während der Jahre der Agrarkrise, die der Weltwirtschaftskrise vorangingen. Beide Prozesse werden in drei meiner neueren Aufsätze erörtert (Patnaik 2002, 2003a, b), und der an einer eingehenderen Analyse interessierte Leser wird darauf aufmerksam gemacht.

Die Verlangsamung der Wachstumsrate der Beschäftigung um jährlich 2 Prozent zwischen 1993 und 1998 – im Vergleich zu weniger als ein Drittel dieser Rate von 0,58 Prozent jährlich zwischen 1987 und 1993 – zeigt das Einbrechen der Beschäftigung im ländlichen Raum. Überdies offenbaren die Beschäftigungszahlen für 1999-2000 den erschreckenden Befund, dass die Beschäftigtenzahl in der Landwirtschaft im Vergleich zu 1993 um 5 Millionen abgenommen hat. Während dieser Periode war die Wachstumsrate der Beschäftigung negativ, und die Situation musste nach 1999 zwangsläufig schlimmer werden. Dieser totale Zusammenbruch der Beschäftigung ist hauptsächlich das Ergebnis der entgegengesetzten Multiplikatorwirkung des starken Rückgangs der Entwicklungsausgaben für ländliche Bereiche, der mit dem Reformkurs einherging. Von fast 4 Prozent des Nettosozialprodukts/NSP in der 7. Planperiode, ehe die Reformen einsetzten, haben sich die ländlichen Entwicklungsausgaben 2000-01 auf weniger als 2 Prozent des NSP halbiert. Die Apologeten der „Wirtschaftsreformen" weisen eilends darauf hin, dass der Anteil der Landwirtschaft am Bruttoinlandsprodukt ebenfalls zurückgegangen ist, deshalb spiele das keine Rolle – ein hübsches Beispiel für eine irreführende Argumentation, dafür, den Wagen vor das Pferd zu spannen. Denn natürlich nahm der Anteil der Landwirtschaft gerade auf Grund des Zusammenbruchs des Produktionswachstums in diesem Sektor ab, der direkt dem starken Rückgang an Entwicklungsausgaben geschuldet ist, was Mittel für die unbedingt notwendige Infrastruktur wie Bewässerung und Energie einschließt, abgesehen von Arbeitsplätze schaffenden Programmen. Die wohl bekannten Tendenzen der sinkenden Wachstumsraten der Ernteerträge sind im Einzelnen in Tabelle 3 des Aufsatzes „Theoretische Überlegungen zu Ernährungssicherheit und Armut in der Ära ökonomischer Reformen" enthalten.

Der zweite Prozess, der den Armen den Zugang zu Nahrung erschwerte, ist die Einführung von Zielgruppen für die Lebensmittelsubventionen, die sich als eine überaus verheerende Politik herausstellte. Der stärkste Einschnitt in die Massenkaufkraft ab 1997-8 (als zu Arbeitsplatzverlusten der Preisverfall hinzukam) war schon angelaufen, als die Regierung unter dem Druck, die Lebensmittelsubventionen zu „kategorisieren", den früher üblichen uneingeschränkten und allgemeinen Zugang der Haushalte zum Öffentlichen Verteilungssystem/ÖVS aufgab und infolge des seit 1997-98 geltenden, leider falsch konzipierten Systems von „unter der Armutsgrenze" und „über der Armutsgrenze" (BPL-APL) den Armen den Erwerb billiger Lebensmittel institutionell verwehrte. Das heißt, während in jedem anderen Bereich das Zulassungs- und Lizenz-System abgeschafft wurde, sind es nur noch die Armen, die jetzt einen neuen Berechtigungsschein vorweisen müssen. Ihnen muss der Status „unter der Armutsgrenze" lebend bestätigt werden, damit sie billige Lebensmittel kaufen können. Überdies ist die ihnen zustehende Menge auch noch gekürzt worden. Das Ergebnis ist ein drastischer Einbruch der Verkäufe aus dem ÖVS (eine nützliche Darlegung findet man in Swaminathan 2002). Die Verquickung all dieser Prozesse hat zur jetzigen Situation des zunehmenden Hungers geführt.

Wir wissen, dass die Pro-Kopf-Verfügbarkeit von Nahrungsgetreide im Lande 2001 die Niedrigmarke von nur 151 Kilogramm erreicht hatte, 26 Kilogramm weniger als in den 1990er Jahren. Nur die von Aids heimgesuchten subsaharischen Länder Afrikas und einige der ärmsten Entwicklungsländer liegen gegenwärtig auf einem noch niedrigeren Niveau. Das letzte Mal wurde eine solcher Stand im kolonialen Indien am Vorabend des Zweiten Weltkrieges beobachtet. Man erwartet 2002-03 eine Brutto-Nahrungsgetreideproduktion (nach der Dürre im Monsun 2002) von etwa 181,3 Millionen Tonnen, ein Siebenjahrestief, wohingegen die Bevölkerung um 265 Millionen gewachsen ist. Folglich kommt die Pro-Kopf-Nettoproduktion 2003 auf 149,5 Kilogramm, das zweitniedrigste Niveau, das im 20. Jahrhundert in Britisch-Indien während des Krieges registriert wurde. Zweifellos wird die Produktion 2003-04 höher ausfallen, wenn aber die Wahrnehmung der Dürre erst einmal vorüber ist, bleibt abzuwarten, was dann aus „Nahrung-für-Arbeit"-Programmen und einheimischem Verbrauch wird.

Von einigen rühmlichen Ausnahmen abgesehen, sind sich sogar fortschrittliche Wissenschaftler und Intellektuelle, die in der Lage sind, Einfluss auf die Politik zu nehmen, größtenteils nicht bewusst, wie ernst die Situation auf lange Sicht ist, weil falsche Theorien ihr Denken blockieren. Ihre Vorstellungen haben sie dem zunehmenden Hunger gegenüber blind gemacht, und sie tragen alle möglichen haltlosen Argumente vor, um die gegenwärtige Krise zu erklären (siehe die bereits zitierten offiziellen Erläuterungen des Berichts der Reserve Bank of India und des Economic Survey, die gar nichts zu dem drastischen Rückgang der Nahrungsverfügbarkeit sagen, selbst wenn sie positive Engel-Auswirkungen postulieren). Es ist falsch zu glauben, dass sich die Opfer dieser verhängnisvollen Wirtschaftspolitik auflehnen und ihr Elend unseren begriffsstutzigen Intellektuellen und politischen Entscheidungsträgern durch Agitieren oder Aufruhr vor Augen führen. Sie sind über Tausende von vereinzelten Dörfern, Stammesgebieten und städtischen Slums verstreut, und da sie mit wachsender Arbeitslosigkeit, Einkommensverlust und immer schlimmerer Unterernährung konfrontiert sind, kämpfen sie ums bloße Überleben. Ansteigende Kurven von Selbstmorden und Organverkäufen sind Anzeichen, dass sich die agrarische Misere vertieft. Hungersnot ist in vielen Stammesgemeinschaften bereits zur Realität geworden. Der zunehmende Aufschwung faschistischer Kräfte in Indien ist ein klassischer Prozess, in dem die Opfer des um sich greifenden wirtschaftlichen Elends (Stammesangehörige, *Dalits*, entlassene Textilarbeiter) in Gebieten, wo die fortschrittliche Bewegung schwach ist, leicht von kommunalistisch-faschistischen Kräften zu mobilisieren sind und ihre blinde Wut gegen Minderheiten gerichtet werden kann, die zu Sündenböcken für ihre Misere gemacht werden.

Warum steigendes Pro-Kopf-Einkommen, aber sinkender Pro-Kopf-Nahrungsgetreideverbrauch?

Wir wissen, dass sich in den 1990er Jahren die Wachstumsrate des Nahrungsgetreides merklich bis auf 1,7 Prozent jährlich verlangsamt hat und unter die 1,9 Prozent betragende Wachstumsrate der Bevölkerung gefallen ist, so dass die jährliche Netto-Pro-Kopf-Produktion von Nahrungsgetreide von einem Hoch von 181,6 Kilogramm Ende des Dreijahreszeitraums 1994-95 um etwa 4 Kilogramm auf 177,7 Kilogramm Ende der Dreijahresperiode 2000-01 abnahm. Weil das Pro-Kopf-Einkommen im Lande während dieser Zeit um wenigstens 3 Prozent jährlich gewachsen ist, wären in einer solchen Situation des Versorgungsdefizits normalerweise *Lebensmittelimporte* nötig gewesen, um den Bedarf zu befriedigen. Jährliche Nettoimporte von etwa 3 bis 4 Millionen Tonnen hätten ohne Veränderung der Vorratsbestände gerade das Verbrauchsniveau von Getreide der frühen 1990er Jahre aufrechterhalten können, und tatsächlich wären noch höhere Importe notwendig gewesen, weil das Wachstum des Pro-Kopf-Einkommens positiv verlief und der durchschnittliche Verbrauch hätte ansteigen müssen, wenn alles andere gleich geblieben wäre.

Es ist ein schwerer Fehler anzunehmen, dass der Getreideverbrauch pro Kopf bei steigendem Einkommen fällt. Im Gegenteil, das gesamte Beweismaterial zeigt, dass der Verbrauch von Nahrungsgetreide für alle Zwecke unter normalen Bedingungen immer zunimmt, wenn sich das Pro-Kopf-Einkommen erhöht (das schließt sowohl den direkten Verzehr wie die indirekte Nutzung durch die Umwandlung des Getreides als Futter in tierische Produkte ein). Kurzum, die Elastizität der Nachfrage nach Getreide für alle Zwecke verhält sich in Bezug auf das Einkommen positiv. Diese Zunahme des Nahrungsgetreideverbrauchs pro Kopf trifft im Querschnitt gesehen zu, wenn man Länder mit unterschiedlichem Einkommensniveau betrachtet: Verglichen mit weniger als 200 Kilogramm in Indien, verbrauchten die Chinesen um die Mitte der 1990er Jahre mit mehr als dem doppelten Pro-Kopf Einkommen Indiens 325 Kilogramm Getreide, Mexiko 375 Kilogramm, während das einkommensstarke Japan, Europa und Nordamerika mehr als das Vierfache im Vergleich zu Indien konsumierten, wobei die USA mit 850 Kilogramm pro Kopf jährlich zu Buche standen, wovon etwa 200 Kilogramm in den direkten Verzehr gingen und der Rest in tierische Produkte umgewandelt wurde.

Mit zunehmendem Getreideverbrauch wird ein immer größerer prozentualer Teil als Futter zur Erzeugung tierischer Produkte verwendet. Unnötig zu sagen, je höher der Getreideverbrauch, desto höher ist die gesamte Pro-Kopf-Kalorienzufuhr aus allen Lebensmitteln. (Zum Zweck des internationalen Vergleichs wenden wir dieselbe Definition für Nahrungsgetreide an, nämlich Zerealien außer Kartoffeln. Wir benutzen auch dieselbe Definition für Verfügbarkeit, nämlich Bruttoproduktion plus Nettoimporte minus Nettoergänzung der Reserven. Der Brutto- anstatt der Nettoproduktion wird der Vorzug gegeben, weil der Abzug für Saatgut, Futter und Verlust zwischen den Ländern variieren kann und wir keine Informationen darüber haben, um wie viel er abweicht.)

Die Zunahme des Nahrungsgetreideverbrauchs pro Kopf wird auch bestätigt, wenn wir einzelne Entwicklungsländer in einer zeitlichen Periode untersuchen, vorausgesetzt, das Pro-Kopf-Einkommen steigt. Brasilien und eine Menge anderer Wachstumsländer haben heute einen höheren Nahrungsgetreidekonsum als vor zehn Jahren, und sie haben pro Kopf auch eine höhere Gesamtkalorienzufuhr. Umgekehrt weisen die subsaharischen afrikanischen Länder mit einem pro Kopf fallenden Bruttoinlandsprodukt einen pro Kopf abnehmenden Nahrungsgetreideverbrauch und eine pro Kopf sinkende Kalorienzufuhr aus allen Lebensmitteln auf. Kurz gesagt, Entwicklung ist immer mit zunehmendem Nahrungsgetreideverzehr pro Kopf verbunden, und das wird mit sich verbessernder Ernährung, nämlich einer insgesamt ansteigenden Pro-Kopf-Kalorienzufuhr, assoziiert, während auf sinkendes Einkommen das Gegenteil zutrifft.

In Indien jedoch – trotz des Versorgungsdefizits bei fallender Pro-Kopf-Produktion und trotz eines insgesamt positiven Einkommenswachstums pro Kopf, und weit davon entfernt, importieren zu müssen – beobachten wir, wie bereits dargelegt, exakt den entgegengesetzten Sachverhalt, nämlich sowohl die Aufstockung staatlicher Lebensmittelvorräte als auch der Nettoexporte – gleichwertig dem drastischen Absturz des Nahrungsgetreideverbrauchs pro Kopf der Bevölkerung. Die Frage stellt sich, warum nimmt in Indien der durchschnittliche Nahrungsgetreidekonsum trotz eines wachsenden Durchschnittseinkommens ab? Nirgendwo auf der Welt ist unter normalen Umständen ein solches Phänomen beobachtet worden.

Darüber hinaus ist die tägliche Pro-Kopf-Kalorienzufuhr aus allen Lebensmitteln – nicht nur aus Nahrungsgetreide – laut NSS-Angaben langsam in städtischen Gebieten und schneller in Dörfern gesunken, und im Zeitraum zwischen 1983 und 1993-94 war in ländlichen Bereichen ein Rückgang von 156 Kalorien, von 2.309 auf 2.153 Kalorien, zu verzeichnen. Die einzige Ausnahme stellen die Bundesstaaten Kerala und Westbengalen dar, die laut desselben NSS-Materials in ausgesprochenem Kontrast zu allen anderen Bundesstaaten einen steigenden Getreideverbrauch pro Kopf verzeichneten und daher auch sowohl *in ländlichen wie in städtischen Gebieten* eine zunehmende Gesamtkalorienzufuhr pro Kopf verbuchen konnten. Die in diesen beiden Bundesstaaten auf die Armen ausgerichtete Politik hat geholfen, die Ernährungssicherheit zu verbessern. In allen anderen Bundesstaaten außer Kerala und Westbengalen war der Rückgang beider Variablen natürlich größer als der durchschnittliche gesamtindische Einbruch.

Die einzige Antwort liegt im drastischen Anwachsen der Ungleichheit der Einkommensverteilung einer besonderen Art in den 1990er Jahren, nämlich herbeigeführt durch eine einkommensvermindernde Politik, die das absolute Realeinkommen der Mehrheit der Bevölkerung verringert hat, sowie darin, dass den Armen seit 1997-98 der Zugang zu Getreide institutionell verweigert wird, und zwar auf der Grundlage eines schlecht durchdachten Zielgruppensystems, das eine große Anzahl wirklich Armer nicht als solche anerkennt und ihnen Berechtigungsscheine für den Erwerb billiger Nahrung aus dem Öffentlichen Verteilungssystem vorenthält.

Das Verhältnis der ländlichen Entwicklungsausgaben zum Nettosozialprodukt hat sich im Laufe der 1990er Jahre um die Hälfte auf 1,9 Prozent halbiert. Die Wachstumsrate der gesamten Erwerbstätigkeit ist in ländlichen Gebieten von über 2 Prozent jährlich zwischen 1987 bis 1993 auf nur 0,6 Prozent zwischen 1993 bis 1998 abgestürzt, und die Beschäftigung in der Landwirtschaft hat absolut abgenommen. Eine große Gruppe der Textilindustrie, besonders der mit Hand- und Maschinenwebstühlen in kleinem Umfang produzierende und unorganisierte Teil, musste Schließungen und Arbeitsplatzverluste hinnehmen. Die Krise der Textilindustrie wiederum ist die unmittelbare Folge der Handelsliberalisierung, die Rohbaumwoll- und Garnexporte nach sich zog, die Rohstoffkosten und die Strompreise in die Höhe trieb und eine Kreditdrosselung mit sich brachte.

Die Politik ökonomischer Reformen mit ihrer Ausgabenbeschränkung und ihrer Handelsliberalisierung hat einerseits zusammen mit der Kategorisierung einen Nachfragerückgang ausgelöst und andererseits die Armen institutionell vom Öffentlichen Verteilungssystem/ÖVS ausgeschlossen. Das hat vor unseren Augen ein funktionierendes ÖVS in einen Trümmerhaufen verwandelt und die geringe Ernährungssicherheit, die das Volk besaß, ernsthaft untergraben. Während sich das vom Einkommen her obere Achtel unserer Bevölkerung, das über mindestens fünfzig Prozent des Nationaleinkommens verfügt, zweifellos dem Lebensmittelkonsum der Industriestaaten annähert, was mit einem höheren Ernährungsniveau und einer abwechslungsreicheren Kost verbunden ist, werden die unteren sechs Zehntel mit weniger als einem Fünftel des Nationaleinkommens immer weiter in das Ghetto der Unterernährung gestoßen. Sie sind bereits zum subsaharischen Afrika in Indien geworden.

Die Kost kann sich verändern, wenn sich die durchschnittliche Ernährung verringert. Wie bereits ausgeführt, ist es ein schwerer logischer Fehler, Diversifikation nur mit Verbesserung in Verbindung zu bringen. Zum Beispiel ist in Kenia, wo das Pro-Kopf-Einkommen während der vergangenen zwei Jahrzehnte um fast 1 Prozent jährlich fiel, die durchschnittliche Kalorienzufuhr ebenfalls infolge einer drastisch geminderten Verfügbarkeit von Hauptnahrungsmitteln einschließlich Getreide und Knollen – genau wie in Indien in letzter Zeit – gesunken, während die Kalorienzufuhr über tierische Produkte nur sehr begrenzt zugenommen hat. Das führte zu einem erheblichen Nettoverlust von Kalorien pro Tag. Der durchschnittliche Kenianer wurde um die Mitte der 1990er Jahre infolge eines Nettoverlusts von 303 Kalorien verglichen mit den späten 1970er Jahren weit unter die Kalorienzufuhr der Armutsgrenze gedrückt. Aber prozentual gesehen ist der Kalorienanteil über Nahrungsgetreide zurückgegangen, und der Anteil über tierische Produkte ist gewachsen – also ist die Kost „abwechslungsreicher" geworden, und jemand, der nur die Tendenz des prozentualen Anteils betrachtet, ohne die Tendenz der absoluten Gesamtsumme in Betracht zu ziehen, könnte irregeführt werden (Tabelle 2).

Ebenso entsprach in Tansania um die Mitte der 1990er Jahre eine Kostveränderung dem Sinken des durchschnittlichen Ernährungsniveaus.

In der Tabelle 2 haben wir Beispiele für Nahrungsdiversifikation angeführt, die mit einer sich verschlechternden Ernährung einhergeht. Weil es immer der große Einbruch im Getreideverzehr ist – der größten Komponente der pflanzlichen Kalorienquellen –, der einen Ernährungsrückgang bewirkt, sinken im Allgemeinen der prozentuale Anteil des Getreides und der pflanzlichen Quellen ebenso, die Kost wird nämlich „breiter gefächert". Es ist ein einfacher logischer Sachverhalt, dass in einem gegebenen Verhältnis x/y, bei dem x<y, und eine konstante Kürzung von A sowohl vom Dividenden als auch vom Nenner stattfindet, das Verhältnis x-A/y-A immer kleiner ist als x/y. (Das Gegenteil trifft zu, wenn x>y, nämlich x-A/y-A>x/y.)

Wenn C(F)/C(T) der Anfangskalorienanteil aus Nahrungsgetreide an den gesamten Kalorien ist, dann bewirkt ein Abnehmen der Nahrungsgetreidekalorien der Menge A durch die Verminderung des Nenners um die dieselbe Menge den neuen Anteil (C(F)-A/C(T)-A), der immer geringer ist als der ursprüngliche Anteil C(F)/C(T). (Immer, weil C(F) notwendigerweise stets kleiner ist als C(T).) Auf der anderen Seite steigt der Kalorienanteil aus nichtpflanzlichen Quellen, nämlich C(T)-C(F)/C/T ist größer. Es ist offensichtlich, dass es nur eine sehr spezielle Situation gibt, in der die Anteile beim Abnehmen von C(F) gleich bleiben, nämlich wenn die Kalorien, die nicht aus Nahrungsgetreide kommen, ebenfalls in genau dem gleichen Verhältnis geringer werden.

Diversifikation ist eine notwendige, aber keine ausreichende Bedingung, um auf ein verbessertes Wohlergehen auf durchschnittlichem Niveau zu schließen. Wir müssen eine entscheidende zusätzliche Tatsache einbeziehen. Nimmt die gesamte Pro-Kopf-Kalorienzufuhr zu, dann verbessert sich die Ernährung, oder nimmt sie ab, dann verschlechtert sich die Ernährung und das Wohlergehen ebenfalls. Sowohl die Sohle eines Tals als auch die Spitze eines Berges sind flach, nämlich Flachheit ist eine notwendige Bedingung sowohl für ein Maximum als auch für ein Minimum. Wir brauchen eine zusätzliche, entscheidende Tatsache, um zu wissen, wo wir uns befinden, und das ist, ob wir hoch geklettert oder abgerutscht sind. Diese Bedingung zweiter Ordnung muss auch bekannt sein, bevor wir die Frage richtig beantworten können, ob wir uns oben auf dem

Berg oder unten im Tal befinden. Vielleicht ist es kein Zufall, dass diejenigen, die so eifrig behaupten, Engels Gesetz funktioniere für die ganze Bevölkerung vorteilhaft, unter Amnesie leiden, wenn es zu dieser entscheidenden zusätzlichen Tatsache der abnehmenden Pro-Kopf-Kalorienzufuhr aus allen Lebensmitteln kommt, und sich nicht einmal die Mühe machen, das zu erwähnen.

Unsere Wirtschaftswissenschaftler dürfen sich von der Tatsache gar nicht so verwirren lassen, dass der durchschnittliche Getreideverbrauch und die Kalorienzufuhr aus allen Lebensmitteln sinken, obwohl das Pro-Kopf-Einkommen wächst. *Die Antwort liegt in der sich deutlich verschlechternden Einkommensverteilung plus der institutionellen Verweigerung des Zugangs zu Nahrungsmitteln für die Armen auf Grund der Zielgruppenauswahl.* Diese These wird von den Schätzungen in der Studie von Radhakrishna und Ravi (2002) unterstützt, die erkennen lässt, dass die untersten drei Zehntel der konsumierenden Bevölkerung in ländlichen wie auch in städtischen Gebieten einen drastischen Rückgang der gesamten Kalorienzufuhr pro Kopf auf etwa 1.300 im Jahre 1998 hinnehmen mussten.

Der Nadir der Nahrungsverfügbarkeit lag in Britisch-Indien während der Jahre 1945-46 bei 136 Kilogramm pro Kopf. Die gegenwärtige Regierung tut mit ihrer Passivität ihr Möglichstes, um an diesen Tiefstpunkt noch einmal heranzukommen. Es reicht nicht aus, den Abgabepreis für die „unter der Armutsgrenze" lebenden Menschen wie gehabt einfach ein wenig zu senken, denn hinter der Maßnahme steht unausgesprochen die Annahme, dass sich die Bevölkerung noch auf der gleichen Nachfragekurve befinde wie früher. Die Tatsache, dass sich die Nachfragekurve selbst für einen großen Teil der Bevölkerung, einschließlich der früher wohlhabenden Bauern, auf Grund erheblicher Einkommensdrosselung deutlich nach unten bewegt, wird theoretisch immer noch nicht zur Kenntnis genommen. Folglich bleibt die Prognose bezüglich eines korrigierenden gesamtwirtschaftlichen Eingreifens sehr düster. Ohne entschlossene Maßnahmen, die Kaufkraft mit einer expansiven finanzpolitischen Einstellung durch die Steigerung der Entwicklungsausgaben in ländlichen Bereichen anzuheben, wird die Gefahr einer anhaltenden Einkommensminderung und einer noch mehr um sich greifenden Hungersnot zur Realität werden. Aber eine solche expansive Politik ist weit und breit nicht in Sicht.

Die Aussage über eine Hungersnot wird nicht leichtfertig gemacht. Ernährungssicherheitssysteme können bei einer falschen Politik sehr schnell zusammenbrechen, das System ist schon stark ausgehöhlt worden, und in einem noch immer armen Land ist eine massenhafte Hungersnot nur um Haaresbreite entfernt. Prinzipiell ist an dem Öffentlichen Verteilungssystem und seinem Verteilungsmechanismus nichts falsch, und trotz all seiner Probleme lief es während der drei Jahrzehnte von 1967 bis 1997 einigermaßen gut. Der Grund, warum es seit 1998 nicht mehr richtig funktioniert und jetzt seinen kritischen Punkt erreicht hat, besteht darin, dass die Kaufkraft besonders in den Dörfern im Ergebnis der restriktiven Finanzpolitik der Regierung und der Auswirkungen weltweit fallender Agrarpreise, da die Schutzmaßnahmen abgebaut wurden, zusammengebrochen ist und dass die Armen durch eine schlecht durchdachte Zielgruppenbestimmung der Lebensmittelsubventionen vom ÖVS ausgeschlossen wurden.

Es ist unmittelbar und dringend erforderlich, das unheilvolle Vorgehen, die Lebensmittelsubventionen zu kategorisieren, aufzugeben und zu dem früheren allgemeingültigen System zurückzukehren, Berechtigungsscheine an alle auszugeben, die sie wollen, und Nahrungsgetreide für Preise zur Verfügung zu stellen, wie sie gegenwärtig für Menschen der Kategorie „unter der Armutsgrenze" lebend festgelegt sind. Der Report on Long-Term Grain Policy (Bericht zur langfristigen Getreidepolitik) des A.-Sen-Komitees (August 2002) hat zwei ausgezeichnete Empfehlungen unterbreitet – die Kategorisierung fallen zu lassen und den allgemeinen Zugang zum ÖVS wiederherzustellen sowie „Nahrung-für-Arbeit"-Programme in großem Ausmaß, nicht nur in von Dürre betroffenen Gebieten, sondern auch anderswo, umzusetzen. Die Verlängerung von „Nahrung-für-Arbeit" über das absehbare Ende der Dürre hinaus würde die Verkäufe aus dem ÖVS um wenigstens 8 bis 10 Millionen

Tonnen pro Jahr erhöhen, und dennoch blieben Überschussvorräte erhalten.

Längerfristige Strategien für die Wiederherstellung der Kaufkraft müssen nachdrücklich in die Wege geleitet werden, und die Ausweitung der „Nahrung-für-Arbeit"-Programme, um jeden Staat, ob von Dürre betroffen oder nicht, damit zu überziehen, sowie vermehrte Entwicklungsausgaben für lebenswichtige Infrastrukturleistungen – Bewässerung und Energie – bilden die nahe liegende Antwort. Shetty (2001) hat darauf hingewiesen, dass bei einem Bankensystem mit überquellender Liquidität einer in der Rezession befindlichen Industrie gefahrlos jährlich 160 Milliarden Rupien für die Entwicklung der Infrastruktur mobilisiert werden können. Wir möchten hinzufügen, dass angesichts der ungenutzten überschüssigen Lebensmittelvorräte nur hartherzige Neoliberale zögern können, ein riesiges „Nahrung-für-Arbeit"-Programm anzustoßen, die Massenkaufkraft wieder herzustellen und gleichzeitig die infrastrukturelle und soziale Entwicklung in ländlichen Gebieten zu sichern. Es gibt keine objektive Grundlage, wie etwa eine begründete Furcht vor Inflation, die möglicherweise den sinnlosen Deflationismus erklären kann, der von der Regierung immer noch trotz Rezession, ungenutzter Ressourcen und Massenhunger verfolgt wird. Indien hat nie eine Periode der Überinflation wie in Deutschland nach dem Ersten Weltkrieg durchgemacht, die als Grund für eine deflationäre Stimmung in der Weimarer Republik selbst bei steigender Arbeitslosigkeit angeführt wird, noch hat es jemals solche hohen Inflationsraten erlebt, wie sie in vielen lateinamerikanischen Ländern in der jüngeren Vergangenheit aufgetreten sind. Der einzige Grund für die ständige Weigerung der indischen Regierung, eine expansive Finanzpolitik zu betreiben, ist die Unterwürfigkeit gegenüber den aktuellen deflationistischen Dogmen der Bretton-Woods-Institutionen – derselbe „humbug of finance"[1], der heute die materiellen Sektoren der globalen Wirtschaft erfolgreich in die Rezession treibt, auf

---

1   Joan Robinson, Economic Philosophy, C.A.Watts and Co., London, 1962, S. 95.

dieselbe Weise, wie die kapitalistische Welt vor siebzig Jahren schließlich in die Depression getrieben wurde (siehe P. Patnaik 1998, U. Patnaik 2003a).

Bauern- und Agro-Business-Interessen in den Industriestaaten haben sich angesichts sinkender Weltmarktpreise für ihre Exporte von Getreide und Molkereiprodukten von ihren Regierungen enorme Subventionssteigerungen verschafft. Zwischen 1998 und 2002 überwiesen die USA 30,8 Milliarden Dollar über ihren Standard von 84 Milliarden Dollar von 1998 hinaus an die Landwirte. Das ist noch nicht alles. Im November 2002 erließen die USA ein Gesetz, das zusätzliche Subventionen von über 56 Milliarden Dollar vorsieht, die im Laufe der nächsten sechs Jahre schrittweise ausgegeben werden. Im Vergleich zu der früheren Dekade wird im Jahre 2007 eine *Zunahme* von über 100 Milliarden Dollar an Überweisungen für die Landwirtschaft Realität sein. Schon jetzt beträgt der Subventionsanteil am Weizenpreis pro Tonne in den USA mehr als 70 Prozent. Die Europäische Union hat ebenfalls schnell ihre Agrarsubventionen erhöht. Vor diesem Hintergrund einer zunehmend unfairen Konkurrenz missachten indische Wirtschaftswissenschaftler und die Regierung die Interessen ihrer eigenen Bauern und die Interessen der ärmeren Mehrheit der Verbraucher, indem sie sich weigern, eine expansive Finanzpolitik zu betreiben; das wird weitreichende Auswirkungen haben und die Ausbreitung der stark einkommensdämpfenden Tendenzen, die in der Wirtschaft bereits sichtbar sind, überall durchsetzen. Der damit einhergehende Prozess politischer Destabilisierung durch den Aufstieg kommunalistisch-faschistischer Kräfte zeichnet sich schon ab.

Gekürzte Fassung der gleichnamigen Abhandlung, veröffentlicht in *Social Scientist*, Juli - August 2003

Literaturhinweise

Food and Agriculture Organization, *Food Balance Sheets, 1992-94* (Rome 1996).

Ministry of Finance, Government of India, *Economic Survey* for the years 2000-01, 2001-02 und 2002-03.

P. Patnaik, The Humbug of Finance, *Chintan Memorial Lecture*, 1998, nachgedruckt in: P. Patnaik, *The Retreat to Unfreedom* (Delhi 2004).

U. Patnaik 2002, Deflation and Deja-Vu, in: V. K. Ramchandran/M. Swaminathan (Hg.), *Agrarian Studies – Essays on Agrarian Relations in Less Developed Countries* (Delhi 2002).

— —2003a, Global Capitalism, Deflation and Agrarian Crisis in Developing Countries, in: *Journal of Agrarian Change*, Bd. 3, Nr. 1-2, Januar und April, 2003.

— —2003b, Food and Land Use: Sustainable Development in India in the Context of Global Consumption Demands in: R. Sengupta/A. Sinha (Hg.), *Challenge of Sustainable Development – the Indian Dynamics* (Kolkata 2003).

Reserve Bank of India, *Annual Report, 2001-02* (Mumbai 2002).

M. Swaminathan, Excluding the Needy: the Public Provisioning of Food in India, in: *Social Scientist*, Bd. 30, Nr. 3-4, März-April, 2002.

Die Hungerrepublik

Einleitung

Zwischen 1998 und 2003 ist der Pro-Kopf-Verbrauch von Nahrungsgetreide der Bevölkerung der Republik Indien deutlich gesunken. In einzelnen Jahren ist er so tief abgerutscht, wie seit dem letzten halben Jahrhundert nicht mehr. Seit den frühen 1990er Jahren, als die Wirtschaftsreformen einsetzten bis heute, ist der jährliche Pro-Kopf-Verbrauch von Nahrungsgetreide – bezogen jeweils auf einen Dreijahresdurchschnitt – von 177 auf 155 Kilogramm gefallen. Beobachtet wurde ein so niedriges Verbrauchsniveau zuletzt während der Anfangsjahre des Zweiten Weltkriegs, wonach es noch weiter zurückging. Nun ist, nach einer gewissen Erholung, das durchschnittliche Verbrauchsniveau während der ersten Jahre nach dem Erlangen der Unabhängigkeit vor einem halben Jahrhundert und der Nahrungsmittelkrise in der Mitte der 1960er Jahre mit dem gegenwärtigen wiederum vergleichbar.

Über vier Fünftel des gesamten Rückgangs vollzogen sich allein in den letzten fünf Jahren, von 174 Kilogramm in den drei Jahren bis Ende 1998 auf 155 Kilogramm bezogen auf den Zweijahresdurchschnitt vor der Dürre. Dieser jähe und beispiellose Rückgang des Verbrauchs von Nahrungsgetreide ließ die Zahl der hungernden Menschen besonders in ländlichen Gebieten stark ansteigen, und für sehr viele bedeutete dies den Hungertod. Die Abwärtsbewegung ist ihrerseits das Ergebnis divergierender Trends – der Verbrauch von Nahrungsgetreide wächst rasch bei den (hauptsächlich städtischen) Wohlhabenden, und bleibt entweder gleich oder fällt schneller als im Durchschnitt bei der Masse der (hauptsächlich ländlichen) Bevölkerung.

Die zunehmende Anzahl unter Hunger Leidender kann anhand höchst gesicherter und zuverlässiger Angaben (zu Ertrag, Handel und Vorräten) aus offiziellen Datenquellen als auch praxisnaher Sachkenntnis einzelner Forscher und Organisationen, die in ländlichen Gebieten arbeiten, bewiesen werden. Diese Erscheinung steht in keinerlei Zusammenhang mit der jüngst vergangenen Dürreperiode, und in der Tat wurde das niedrigste Niveau des Verbrauchs von Nahrungsgetreide zwei Jahre *vor* der schweren Dürre von 2002-03 registriert.

Die Einschätzung der Regierung und der Mehrheit der Wissenschaftler unterscheidet sich allerdings von der oben formulierten. Sie bewerten diesen Verlauf als nichts Ungewöhnliches, und viele sehen ihn sogar als eine positive Entwicklung, die auf einen freiwillig gewählten, abwechslungsreicheren Warenkorb für alle Bevölkerungsschichten einschließlich der Armen hindeutet. Wenn Hunger als Grundrealität vermehrt auftritt, ist bei denen, die regieren, sowie bei denen, die während der betreffenden Periode Politik machen oder beeinflussen, ein „Leugnungsverhalten" üblich und zu erwarten. Aber im vorliegenden Fall ist die Diskrepanz zwischen der Realität des zunehmenden Hungers und der verbreiteten banalen Rechtfertigung des Phänomens als positiv so krass und augenfällig, dass diese Diskrepanz selbst wohl einer theoretischen Erklärung bedarf. Niemals zuvor haben wir seit der Unabhängigkeit unseres Landes diese Art von pauschaler Leugnung eines negativen Trends und dessen Verpackung und Präsentation als eine positive Entwicklung erlebt wie gegenwärtig. Mehr noch, die Verpackung und die Rechtfertigungen werden nicht nur von der rechtsstehenden politischen Klasse vorgenommen, die durch ihre politischen Maßnahmen für das gegenwärtige Debakel verantwortlich ist. Dass die jetzige Regierung und die herrschende Klasse in diesem Land bestrebt sind, den zutiefst inhumanen und negativen Trend des zunehmenden Hungers von missfälligen Aspekten reinzuwaschen und zu rechtfertigen, ist zu erwarten. Beunruhigend ist, dass eine große Anzahl bisher liberaler Wissenschaftler diese Rechtfertigungen anhand verschiedener Theorien, die – unnötig zu sagen – ziemlich irrig sind, ebenfalls vorbringt.

Der internationale Kontext der Diskussion

Ehe wir zu den Einzelheiten der Sachlage in Indien kommen, wollen wir diesen Gegenstand in den breiteren Zusammenhang der früheren internationalen Betrachtungsweise von Hunger und Hungersnot stellen. Dafür greife ich zwei Fälle auf – die angebliche massive Hungersnot in China während des Großen Sprungs 1958-61 und die international nicht wahrgenommene Hungersnot in Russland in der ersten Hälfte der 1990er Jahre. Wenn wir uns diese Fälle ansehen, wird klar, dass die Diskussion von Hunger und Hungersnot hochgradig ideologisch verläuft und regelmäßig durch die Preisgabe auch der mindesten wissenschaftlichen Kriterien in Bezug auf Beweise und Einschätzung gekennzeichnet ist.

Lassen Sie uns zuerst die Behauptung erwägen, dass in China während der Periode des Großen Sprungs 27 bis 30 Millionen Menschen gestorben seien. Diese Behauptung ist in den Büchern von zwei amerikanischen Demographen Ansley J. Coale (1984) und Judith Banister (1987) enthalten. Nur wenige in der Entwicklungswelt hätten sich die Mühe gemacht, die in einem Fachjargon geschriebenen Erörterungen dieser Demographen zu lesen. Derjenige, der die Schlussfolgerungen dieser Demographen hauptsächlich bekannt gemacht und in unkritischer Weise leidenschaftlich unterstützt hat, war Amartya K. Sen. Sens Schriften, zuerst in der *New York Review of Books* und dann in seinen Vorträgen und Büchern einschließlich der Publikation *Development as Freedom* (1999), haben die Welt und die Leserschaft in diesem Land darüber informiert, dass sich zwischen 1958 und 1961 „in China die höchstwahrscheinlich größte in der Geschichte verzeichnete Hungerkatastrophe ereignet hat (als dreißig Millionen Menschen während einer Hungersnot starben, die auf den Großen Sprung nach vorn folgte), wohingegen es in Indien seit der Unabhängigkeit 1947 keine Hungersnot gab"

(Sen 1999, 43). Diese 30 Millionen sind zur weitverbreiteten Folklore geworden. Eine Untersuchung, wie es dazu gekommen ist, zeigt jedoch, dass diese Schätzung jeder wissenschaftlichen Grundlage entbehrt.

Die Tatsachen sind, dass es drei aufeinander folgende Missernten gab und dass 1960 in China die Nahrungsgetreideproduktion um 30 Prozent steil abfiel, während sich das Beschaffungsaufkommen der Regierung aus den Dörfern nicht änderte, was die Verfügbarkeit pro Kopf senkte. Die offizielle Sterblichkeitsrate, die auf Grund öffentlicher Volksgesundheits- und Hygienemaßnahmen bis 1958 gesunken war, stieg auf 25,4 pro Tausend im Jahre 1960 an. (Diese Spitze der „Hungersnot"-Sterblichkeitsziffer in China unterschied sich allerdings nur wenig von Indiens realer, „normaler" Sterblichkeitsrate von 24,6 pro Tausend im selben Jahr). Die Geburtenziffer ging 1958 ebenfalls stark zurück hauptsächlich infolge der Arbeitskräftemobilisierung für kollektive Projekte.

Zwei alternative Wege wurden beschritten, um die Zahl der „Hungertoten" zu schätzen, beide von sehr zweifelhafter Stichhaltigkeit. Die erste Methode hat die in der Bevölkerungspyramide zwischen 1958 und 1961 „fehlenden Millionen", die 27 Millionen ausmachten, als Opfer der Hungersnot identifiziert. Das Problem dabei ist, dass nicht nur die Menschen, die tatsächlich gelebt haben und über die normale Anzahl hinaus gestorben waren, in die fehlenden Millionen einbezogen wurden, sondern auch all jene hypothetischen Personen, die niemals geboren wurden, aber hätten geboren werden „sollen", wenn die Geburtenrate nicht gefallen wäre. Das ist weder eine vernünftige noch eine logische Definition von Verhungerten. Denn, um in einer Hungersnot zu „sterben", ist die primäre Voraussetzung, überhaupt geboren worden zu sein. Die Chinesen sind ein hoch begabtes Volk, aber selbst sie können die Meisterleistung nicht vollbringen zu sterben, ohne geboren worden zu sein! Wenn jemandem gesagt wird, dass 30 Millionen Menschen gestorben sind, dann würde jeder wohl ziemlich richtig schlussfolgern, dass diese 30 Millionen gelebt haben und dann starben. Die Tatsache, dass 19 Millionen von ihnen nicht existiert haben, weil sie

Die Hungerrepublik 49

niemals geboren wurden, wird in dieser Formulierung nicht vermittelt. Deswegen ist Unaufrichtigkeit im Spiel, wenn gesagt wird, dass 30 Millionen Menschen „starben". Es ist eine unwahre Behauptung.

Die zweite Methode, die die Demographen Coale und Banister anwandten, ist wohl noch fragwürdiger. Sie halten die Gesamtbevölkerungszahlen, wie sie von den offiziellen Volkszählungen 1953 und 1964 in China erbracht wurden, für zutreffend, bestreiten aber die offizielle Fertilitätsrate, obwohl diese auf einer durchaus beträchtlichen Stichprobe von 30 Millionen oder 5 Prozent der damaligen Bevölkerung beruhte, die speziell zusammen mit dem Zensus von 1953 erfragt wurde, wie Nai-Ruenn Chen (1966) mitgeteilt hat. Stattdessen benutzten sie die Studie des viel späteren Zensus von 1982, um sehr hohe Fertilitätsraten in die Vergangenheit zurückzuprojizieren, und konstruierten auf diese Weise vollkommen hypothetische größere Gesamtgeburtenzahlen für die Jahre zwischen 1953 und 1964.

Wenn mehr Menschen in der Zeit zwischen den Zensus von 1953 und 1964 geboren wurden, müssen sie auch innerhalb einer gleichen Periode gestorben sein. Während beide Autoren jede offizielle Vitalrate zurückweisen, offenbaren sie einen äußerst rührenden Glauben an die absoluten Gesamtbevölkerungszahlen des Zensus zu diesen beiden Zeitpunkten. Infolgedessen wird das offizielle Bevölkerungswachstum unverändert beibehalten, was sie dazu befähigt, so viele zusätzliche Sterbefälle wie zusätzliche Geburten zu vermuten. Mit diesem Verfahren wurde die offizielle Gesamtzahl der im Zeitraum zwischen den Zensus von 1953 bis 1964 Verstorbenen um stattliche 60 Prozent angehoben. Beide Autoren legten dann die vermuteten höheren Verstorbenenzahlen beliebig auf die einzelnen Jahre zwischen den Zensus um. Dabei unterstellten sie unterschiedliche Raten angeblich „unterberichteter" Todesfälle in jedem dieser Jahre. Kurzum, es hing völlig von dem Demographen ab, wie viele zusätzliche Todesfälle er oder sie den Jahren des Großen Sprungs zuteilte. Für den völlig willkürlichen Charakter des Verfahrens spricht der Fakt, dass Coale die Sterblichkeitsrate von

1960 auf fast 39 pro Tausend anhob, während Banister sie auf 44,6 erhöhte (verglichen mit der offiziellen Rate von 25,4). Für keine der Zahlen gibt es eine vernünftige Grundlage.

Aber das ist nicht alles. Beide passten den Todeszahlen, die von einer Variablen abgeleitet waren – die Sterblichkeitsrate verläuft immer nichtlinear – einen linearen Zeittrend an, und die Größe, mit der die (willkürlich konstruierte) Sterblichkeitsrate diesen abnehmenden Trend überschritt, wurde benutzt, um eine Gesamtzahl von „Überschusstoten" abzuleiten, die bei Coale 27 Millionen und bei Banister 30 Millionen beträgt. Wir wissen, dass die Sterbefälle einer Bevölkerung nie auf Null fallen können, deswegen hat es keinen Sinn, lineare Trends anzulegen. Das lineare Trendverfahren impliziert, dass die chinesische Bevölkerung keine Todesfälle mehr haben und in ein paar Jahren die Unsterblichkeit erlangt haben würde – wirklich eine bemerkenswerte Errungenschaft, eine unmögliche Leistung außerhalb der unsinnigen statistischen Verfahren, denen die amerikanischen Demographen folgten.

Es ist ein Hohn auf die Normen wissenschaftlicher Integrität, dass gröblich übertriebene Schätzungen von „Verhungerten", die auf so willkürliche Art hergeleitet wurden, unkritisch zitiert und verbreitet wurden und sich solch großen Umlaufs erfreuen. In meiner ausführlichen kritischen Abhandlung (Patnaik 2002) habe ich die Unvereinbarkeit der von Coale und Banister konstruierten Spitzen-Sterblichkeitsraten mit der Nahrungsmittelproduktion und -verfügbarkeit in China in Zusammenhang gebracht. Meine Berechnungen zeigen auch, dass die niedrigst möglichen Verfügbarkeitszahlen, die wir unter Berücksichtigung der staatlichen Beschaffungspolitik in China erhalten können, immer noch höher sind als in Indien. Und es ist ein Rätsel, warum, angesichts einer viel stärker auf Gleichheit ausgerichteten Verteilung, die Sterblichkeitsrate selbst auf das offiziell erklärte Niveau hätte ansteigen sollen. Weil die internen politischen Entwicklungen in China nach 1978 darauf Richtung nahmen, den maoistischen Egalitarismus und das System der Kommunen zu attackieren, findet sich keine Zurückweisungen der amerikanischen Schätzungen von Seiten chinesischer Quellen.

In deutlichem Kontrast zu der zurückschauenden, offenkundig ideologischen Konstruktion großer Opferzahlen einer Hungersnot während Chinas Periode des Großen Sprungs und ihrer Veröffentlichung, stellen wir fest, dass dieselben Wissenschaftler den demographischen Zusammenbruch in Russland während der ersten Hälfte der 1990er Jahre mit absolutem Stillschweigen quittierten. Die Beurteilungsmethoden, die sie im Falle Chinas anwandten, galten nicht für Russland. Tatsache ist, dass die sogenannte „Schocktherapie", den Kapitalismus einzuführen, mit westlichen Experten als Beratern, zwischen 1990 und 1996 in den früheren sozialistischen Staaten einen katastrophalen Zusammenbruch des Bruttoinlandsprodukts/BIP heraufbeschwor. Wie die Tabelle 1 zeigt, die Datenmaterial der Vereinten Nationen zusammenfasst, betrug das BIP 1996 in Russland und der Ukraine die Hälfte oder weniger im Vergleich zu zehn Jahren vorher und brach in Georgien, das am schlimmsten betroffen war, auf nur ein Fünftel des Niveaus im Vergleich zur Mitte der 1980er Jahre ein. Niemals zuvor wurde in Friedenszeiten eine so umfassende Zerstörung von Produktionskapazitäten und -leistungen beobachtet, die allein der falschen gesamtwirtschaftlichen Politik geschuldet war, die von ausländischen Experten empfohlen und von örtlichen Entscheidungsträgern befolgt wurde. Die Auswirkungen auf die Menschen waren verheerend, die jahrzehntelange Verbesserung aller ökonomischen und menschlichen Entwicklungsindikatoren schlug in ihr Gegenteil um. Die Säuglingssterblichkeit nahm zu, und die Sterblichkeitsrate unter den Leistungsfähigen stieg – wenn man 1992 mit 1990 vergleicht – von etwa 49 (pro Tausend der Gruppe) auf 58 an, und wuchs bis zum Jahre 1994 weiter auf 84.[1] In Russland verringerte sich die Lebenserwartungen der Männer um fast 6 Jahre. Durch die steile Zunahme der Sterblichkeitsrate weist die Gesamtbevölkerung

---

[1] Diese Angaben wurden in einer Abhandlung über Armut in Russland von Prof. P. Gregory auf dem internationalen Workshop zu Länderstudien über Armut vorgelegt, der am UNDP, New York, am 11. September 1997 stattfand und an dem die Autorin teilnahm.

Russlands einen absoluten Rückgang auf – auch das wiederum eine beispiellose Situation in Friedenszeiten.

Tabelle 1
Der Rückgang des realen Bruttoinlandprodukts und die männliche Lebenserwartung in den Ländern der ehemaligen Sowjetunion, 1985-1995

Land	Reales BIP 1995, Prozent unter dem Niveau des realen BIP, 1985	Veränderung der männlichen Lebenserwartung, Jahre
Armenien	-62	-1,1
Weißrussland	-39	-2,9
Georgien	-82	-
Kasachstan	-55	-
Kirgistan	-50	-3,2
Russische Föderation	-45	-3,9
Tadschikistan	-60	-1,0
Turkmenistan	-40	-0,2
Ukraine	-54	-2,4
Usbekistan	-17	0,0

Quelle: UNDP Poverty Report 1998, New York; and UNDP Poverty Report 2000, New York.

Wo waren jene Wissenschaftler, die bekunden, sich mit Hunger und Hungersnot zu beschäftigen, als es darum ging, den ökonomischen und demographischen Zusammenbruch in Russland zu analysieren? Es kann kaum behauptet werden, dass Journalisten und Medien nach 1990 keinen Zugang zum Land gehabt hätten. Ich habe bereits gesagt, dass es nicht sinnvoll ist, den Effekt des Sinkens der Geburtenziffer – so weit vorhanden – zu berechnen, um die Zahl von „Todesfällen infolge Hungersnot" zu schätzen. Wenn wir eine vernünftige Methode anwenden und einfach die Sterblichkeitsrate des Jahres 1990 in Russland als Bezugspunkt nehmen und die kumulierten zusätzlichen Todesfälle bis 1996 ermitteln, die sich aus dem beobachteten Anstieg der Sterblichkeitsrate ergeben, erhalten wir ein Zuviel von 4 Millionen Toten. Ins Verhältnis zur Bevölkerung Russlands gesetzt, war diese Hungersnot dreimal größer als die große bengalische Hungersnot 1943-44 und doppelt so groß wie das chinesische Zuviel an Sterblichkeit – ausgehend von den offiziellen Zahlen – während der Jahre des Großen Sprungs. Dass Russland sich im Übergang zum Kapitalismus befand und dass es dieser Prozess war, der die Hungersnot zur Folge hatte, war der triftige Grund, aus welchem die russische Hungersnot international weder zugegeben noch publik gemacht wurde. Jene, die den Sozialismus unbedingt, selbst um den Preis unhaltbarer statistischer Verfahren, diskreditieren wollen, schienen weniger als geneigt, das Vorhandensein der Hungersnot anzuerkennen oder Hungertote in einer „Übergangs"-Gesellschaft wie Russland zu veranschlagen, obgleich der Fall zeitnah und gut dokumentiert ist.

Der Rückgang des indischen Nahrungsmittelverbrauchs im Lichte historischer Trends

Wir haben in Indien noch nicht den Tiefpunkt des durchschnittlichen Verbrauchs an Nahrungsgetreide wie im subsaharischen Afrika infolge ökonomischer Reformen und der Liberalisierung des Handels erreicht, wo er von 139 Kilogramm pro Kopf im Jahr 1980 auf unter 125 Kilogramm um die Mitte der 1990er Jahre sank und die Menschen ständig kurz davor sind, in eine Hungersnot zu geraten, sobald sich eine Dürre ereignet. In den sechs am dichtesten bevölkerten Ländern des subsaharischen Afrika, in denen 60 Prozent der Bevölkerung der gesamten Region leben, ist die Kalorienzufuhr pro Tag gesunken, weil die rückläufige Nahrungsmittelhilfe die verminderte einheimische Nahrungsmittelproduktion nicht ausgleichen kann.

Ein großer Teil der ländlichen Massen in Indien, der viel weniger Nahrungsgetreide verbraucht als der Durchschnitt, befindet sich jedoch bereits auf dem Ernährungsniveau des subsaharischen

Afrika. Ausgehend von NSS-Daten über die Kalorienzufuhr für 1999-2000 schätze ich, dass auf etwa 40 Prozent der ländlichen Bevölkerung der durchschnittliche niedrige Verbrauch des subsaharischen Afrika zutraf. Es ist kaum dem Zutun der indischen Regierung zuzuschreiben, dass die Situation nicht noch schlimmer ist. Wenn die gegenwärtige falsche Politik, den um sich greifenden Hunger offiziell zu dementieren, das Fehlen einer expansiven Entwicklungsstrategie und die offizielle Förderung einer exportorientierten unternehmerischen Landwirtschaft fortdauern, könnte das gesamte ländliche Indien bereits in den nächsten fünf Jahren auf das gegenwärtige durchschnittliche Ernährungsniveau des subsaharischen Afrika abgesackt sein.

Man kann sich kaum eine drastischere Abkehr von dem Ziel, die Ernährung zu sichern, vorstellen, wie sie in den letzten fünf Jahren stattgefunden hat. Während der fünfzig Jahre einer sterbenden Kolonialherrschaft hatte sich bis zur Unabhängigkeit die jährliche Verfügbarkeit von Nahrungsgetreide pro Kopf der Bevölkerung um ein Viertel verringert, nämlich von 199 auf 148,5 Kilogramm, wenn man einen Fünfjahresdurchschnitt zu Grunde legt und die einzelnen Nachkriegsjahre beiseite lässt, in denen sie noch niedriger war (siehe Tabelle 2). Die schreckliche bengalische Hungersnot, die mindestens 3 Millionen Opfer kostete, fiel in die Kriegsjahre. Ich habe (Patnaik 1999) an anderer Stelle dargelegt, dass die tatsächliche Verlustziffer der bengalischen Hungersnot ohne die vorangegangenen drei Jahrzehnte einer sich kontinuierlich verknappenden Ernährung, als zwischen 1911 und 1947 der Pro-Kopf-Verbrauch an Nahrungsgetreide in Bengalen weit stärker als im Durchschnitt um fast 40 Prozent fiel, nicht so groß gewesen wäre, obwohl die unmittelbare Ursache der Hungersnot in der inflationären Bürde der Finanzierung des Krieges lag, mit der Indien ungerechterweise belastet wurde.

Tabelle 2
Britisch-Indien, 1897 bis 1946: Nettoproduktion, Import und die Verfügbarkeit von Nahrungsgetreide (Fünfjahresdurchschnitt außer dem letzten Jahr)

Periode	Nettoproduktion von Nahrungsgetreide	Nettoimport von Nahrungsgetreide	Nettoverfügbarkeit an Nahrungsgetreide	Bevölkerung	Pro-Kopf-Produktion	Verfügbarkeit
	Mio. t	Mio. t	Mio. t	Mio.	kg	kg
1897-1902	44.196,84	-475,00	43.721,84	219,74	201,1	199,0
1903-1908	41.135,94	-1.105,83	40.030,11	225,79	182,2	177,3
1909-1914	47.292,59	-1.662,83	45.629,76	231,30	204,5	197,3
1915-1920	45.298,31	-336,00	44.962,31	232,81	194,6	193,1
1921-1926	44.607,21	-203,67	44.403,54	239,18	186,5	185,6
1927-1932	43.338,46	858,83	44.197,29	253,26	171,1	174,5
1933-1938	41.786,79	1.374,67	43.161,46	270,98	154,2	159,3
1939-1944	42.702,91	521,83	43.224,74	291,03	146,7	148,5
Einzeljahr						
1945-46	41.397,13	596,00	41.993,13	307,00	134,80	136,80

Quelle: Die Nettoproduktion wurde aus den Daten zur Bruttoproduktion in G. Blyn (1966) *Agricultural Trends in India 1891-1949* erhalten, indem der gegenwärtigen Methode gefolgt und ein Achtel von der Bruttoproduktion abgezogen wird, das Saatgut, Futter und Schwund in Rechnung stellt. Die Netto-Importzahlen stammen aus derselben Quelle. Die letzten beiden Spalten sind ungefähr mit heutigen Konzepten der Pro-Kopf-Produktion und der Verfügbarkeit (detailliert in den Tabellen 4 und 5) vergleichbar.

Viele, die die bengalische Hungersnot mit eigenen Augen gesehen hatten, wie insbesondere P. C. Mahalanobis, spielten eine wichtige Rolle bei der Formulierung der Politik nach der Unabhängigkeit. Vorrang wurde dem Ziel gegeben, die Ernährung – wenigstens im eingeschränkten Sinn einer Autarkie bei Nahrungsgetreide – sicher zu stellen. Und die Verfügbarkeit von Nahrungsgetreide von 152 Kilogramm pro Kopf zwischen 1950-55 auf 177 Kilogramm bis 1989-91 (siehe Tabellen 3 und 4) nahm – wenn auch schmerzhaft langsam – zu. Obwohl der neuen Landwirtschaftsstrategie und der Grünen

Revolution zweifellos viele Nachteile in Bezug auf die Verteilungsgerechtigkeit anhafteten, sollte die durchschnittliche Erhöhung der Pro-Kopf-Produktion und -Verfügbarkeit als Haupterrungenschaft nicht unterbewertet werden.

Die Bemühungen von vierzig Jahren gingen im vergangenen Jahrzehnt der neoliberalen Wirtschaftsreformen verloren, und über vier Fünftel des Verlustes fielen allein in die letzten fünf Jahre. Das bemerkenswerteste und verhängnisvollste Merkmal der vergangenen fünf Jahre der NDA-Herrschaft in Indien war der Rückfall auf das niedrige Niveau eines Nahrungsmittelverbrauchs von 151 Kilogramm pro Kopf in ländlichen Gebieten im Jahre 2001, ein Niveau, das es seit fünfzig Jahren nicht mehr gegeben hatte. Berichte über Mangel an Nahrungsmitteln, Selbstmorde von Bauern und um sich greifenden Hunger überraschen wenig, wenn wir die neuesten Trends der offiziellen Angaben zur Nahrungsgetreideproduktion und -verfügbarkeit ins Auge fassen. Wenn wir das anormale Dürrejahr 2002-03 außer Acht lassen und die durchschnittliche Produktion der vorangegangenen beiden Jahre betrachten, stellen wir fest, dass die Nettonahrungsgetreideproduktion pro Kopf im Vergleich zu den frühen 1990er Jahren auf Grund eines sich verringernden Produktionswachstums um etwa 5,5 Kilogramm gefallen ist. Dieser Rückgang der Pro-Kopf-Produktion war von der Autorin erwartet worden (Patnaik 1996). Da die Landwirtschaft dem Sog globaler Nachfrage geöffnet wurde, sind 8 Millionen Hektar Land, auf dem Nahrungsgetreide angebaut wurde, zwischen 1991 und 2001 auf exportfähige Kulturen umgestellt worden. Um das zu kompensieren, hat der Ernteertrag nicht genug zugenommen. Dies führte zu einem scharfen Rückgang des jährlichen Produktionswachstums, das unter das Bevölkerungswachstum gefallen ist (obwohl letzteres selbst abgenommen hat). Daher beobachten wir eine Verminderung der Pro-Kopf-Produktion.

Tabelle 3
Jährliche Pro-Kopf-Produktion, Importe und Verfügbarkeit von Nahrungsgetreide 1950-1 bis 1989 in Kilogramm (Fünfjahresdurchschnitt)

Periode	Netto-getreide-produktion	Netto-import	Ver-änderung der Reserven	Jährliche Nettoverfügbarkeit an Nahrungsgetreide pro Kopf			
				Ge-treide	Hülsen-früchte	Gesamt	*Hülsen-früchte gesamt, %*
1951-55	122,74	6,06	-0,33	129,13	23,59	152,72	*15,4*
1956-60	121,81	8,30	-5,82	135,93	24,84	160,77	*15,5*
1961-65	135,02	10,99	-0,31	146,32	22,12	168,44	*13,1*
1966-70	129,83	12,45	1,34	140,94	17,78	158,72	*11,2*
1971-75	135,48	6,17	1,11	140,54	15,47	156,01	*9,9*
1976-80	147,13	-0,77	0,57	145,79	15,63	161,42	*9,7*
1981-85	153,19	2,30	3,54	151,95	14,34	166,29	*8,6*
1986-90	155,95	0,65	-1,56	158,16	14,61	172,77	*8,5*

Veränderungen der Pro-Kopf-Verfügbarkeit, %	
1951-55 bis 1971-75	2,15
1971-75 bis 1986-90	10,74
Gesamtveränderung, 1951-55 bis 1986-90	13,12

Quelle: Berechnet nach Nettoproduktions und -verfügbarkeitsangaben in Ministry of Finance, *Economic Survey* für verschiedene Jahre, ergänzt durch Reserve Bank of India, *Report on Currency and Finance* für verschiedene Jahre.

Noch beachtlicher als die Verringerung der Produktion ist jedoch die Abnahme der Verfügbarkeit von Nahrungsgetreide oder des Pro-Kopf-Verbrauchs während der gleichen Periode. Die Verfügbarkeit (die als Nettoproduktion plus Nettoimporte minus Nettoergänzung der öffentlichen Reserven definiert wird) ist viermal stärker zurückgegangen als die Produktion, bzw. um 22 Kilogramm, wie die Tabelle 4 zeigt.

Tabelle 4
Zusammenfassung der jährlichen *Pro-Kopf*-Nahrungsgetreideproduktion und -verfügbarkeit in Indien während der neunziger Jahre (Dreijahresdurchschnitt)

Dreijahresperiode	Durchschnitt Bevölkerung	Nettoproduktion pro Kopf		Nettoverfügbarkeit pro Kopf			
		Zerealien	Nahrungsgetreide	Zerealien	Hülsenfrüchte	Nahrungsgetreide	
Ende	Mio.	Kg	kg	kg	kg	kg/Jahr	g/Jahr
1991-92	850,70	163,43	178,77	162,8	14,2	177,0	485
1994-95	901,02	166,74	181,59	160,8	13,5	174,3	478
1997-98	953,07	162,98	176,81	161,6	12,6	174,2	477
2000-01	1008,14	164,84	177,71	151,7	11,5	163,2	447
Einzeljahr							
2000-01	1.027,03	157,79	167,43	141,42	9,64	151,06	414
2001-02	1.046,44	165,40	177,01	146,76	11,61	158,37	434
2002-03*	1.066,22	140,54	150,09	148,14	9,55	157,69	427
Durchschnitt der Jahre							
2000-01	1.036,74	161,63	173,30	144,51	10,64	155,15	425

Veränderung der Pro-Kopf-Verfügbarkeit an Nahrungsgetreide, %	
Triennium Ende 1991-92 bis Triennium Ende 1997-98	-1,6
Triennium Ende 1997-98 bis Biennium Ende 2001-02	-10,9
Gesamtveränderung, 1991-92 bis 2001-02	-12,3

Quelle für Tabelle 4: Wie Tabelle 3. Die Wachstumsrate der Bevölkerung von 1,98 Prozent wurde auf der Grundlage der Gesamtbevölkerungszahlen der Zensus von 1991 und 2001 berechnet. Die oben angegebene Bevölkerungszahl für 2001 ist die Zensusgesamtzahl von 1,027 Milliarden von März 2001, die um 6 Millionen geringer ist, als die Zahl Mitte 2001 von 1,0333 Milliarden, wie sie im *Economic Survey*, 2002-03 in der Tabelle S-21 angegeben wird. Die Bevölkerung für die Jahre 2002 und 2003 in der vorstehenden Tabelle ergab sich bei Anwenden der Wachstumsrate von 1,89 Prozent auf diese Zahl vom März des Zensus 2001. Die Bevölkerung wurde von uns absichtlich unterbewertet. Der Leser kann nachprüfen, dass die wirkliche Pro-Kopf-Verfügbarkeit in jedem Jahr ab 2001 um etwa 1 Kilogramm geringer wäre, wenn man die offiziellen Bevölkerungszahlen benutzt.

Die Hungerrepublik 59

Man beachte, dass die für 2002-03 veranschlagte Verfügbarkeit vorläufig ist und auf der Annahme beruht, dass die Angaben zu einzelnen Positionen wie Bevorratung, Absatz und Export in den Monaten von 2002-03, wie in Reserve Bank of India, *Report on Currency and Finance* 2002-03, Tabelle 2.13 auf S. 12 angegeben, korrekt sind. Es sei angemerkt, dass die Anfangs- und Endzahlen der Vorräte in derselben Tabelle nicht mit dem beschriebenen Wandel in Einzelpositionen übereinstimmen – etwa 13 Millionen Tonnen Nahrungsgetreide wurden nicht berücksichtigt.

Zuletzt wurde eine große Lücke zwischen der Pro- Kopf-Produktion und der -Verfügbarkeit während der Nahrungsmittelkrise um die Mitte der 1960er Jahre beobachtet, allerdings in entgegengesetzter Richtung. Weil die Produktion sank, wurden damals über zwei Jahre 19 Millionen Tonnen Nahrungsgetreide importiert, um die einheimische Verfügbarkeit zu sichern, außerdem wurden zum selben Zweck die vorhandenen Reserven in Anspruch genommen. Im Gegensatz dazu sind in den letzten Jahren, obwohl die Pro-Kopf-Produktion gefallen ist, sowohl den Vorräten große Mengen hinzugefügt als auch massive Nahrungsmittelexporte durchgeführt worden, woraus eine beträchtliche Abnahme der Verfügbarkeit resultierte.

Verfügbarkeit bedeutet das gleiche wie der reale Verbrauch von Nahrungsgetreide, und die beiden Begriffe werden synonym verwendet. Zwischen 1991-92 und 1997-8 verminderte sich der Verbrauch von Nahrungsgetreide pro Kopf der Bevölkerung des Landes langsam. Danach stürzte er sehr steil ab von einem durchschnittlichen Jahreswert von 174,3 Kilogramm in der Dreijahresperiode mit Ende 1997-98 auf nur 151 Kilogramm bis 2000-1, dem Jahr vor der Dürre, ein entsetzlich niedriges Niveau, wie es zuletzt während der frühen Jahre des Zweiten Weltkriegs beobachtet wurde, in die auch die schreckliche bengalische Hungersnot fiel. So hat im Jahr 2000-1, verglichen mit nur vier Jahren davor, die durchschnittliche vierköpfige Familie 93 Kilogramm Nahrungsgetreide weniger verzehrt – ein massiver und beispielloser Rückgang, der eine Verringerung des durchschnittlichen Tagesverbrauchs um 64 Gramm pro Kopf bedeutete, oder eine Abnahme von wenigstens 225 Kalorien aus Nahrungsgetreide, das etwa 65 bis 70 Prozent des Ernährungsbudgets der Armen ausmacht. Eine ausreichende Energiezufuhr durch Getreide stellt normalerweise eine entsprechende Proteinaufnahme sicher und umgekehrt, wie der NNMB-Bericht aussagt.[2] Da das reichste Sechstel bis ein Fünftel der Bevölkerung, das meist städtisch ist, über eine verbesserte und diversifizierte Ernährungsweise verfügt, war die ernährungsmäßige Verschlechterung für die ärmeren drei Fünftel, die hauptsächlich auf dem Lande leben, viel größer, als der durchschnittliche Rückgang erkennen lässt.

Die schwere Dürre des letzten Jahres (2003) hat trotz sehr niedriger Erträge bewirkt, „Nahrung für Arbeit" genannte Aktivitäten in den von Dürre betroffenen Gebieten in Gang zu setzen, und führte deshalb verglichen mit 2000-1 zu einer etwas verbesserten Pro-Kopf-Verfügbarkeit, obwohl diese unter dem 158-Kilogramm-Niveau des vergangenen Jahres 2001-02 lag, das die bisher höchste Nahrungsgetreideproduktion von 212 Millionen Tonnen verzeichnete. Dennoch betrug der durchschnittliche jährliche Verbrauch von Getreide in den drei Jahren mit Ende 2002-03 nur 146 Kilogramm, und von Getreide zusätzlich der Hülsenfrüchte oder der gesamte Nahrungsgetreideverzehr nur 155 Kilogramm pro Kopf, ein absolut unzureichendes Niveau angesichts der großen Ungleichheit der Verteilung.

Häufig wird das Argument vorgebracht, es sei zu erwarten, dass Menschen, weil das Pro-Kopf-Einkommen steigt, weniger Getreide und Hülsenfrüchte konsumieren würden, die als minderwertige Artikel gelten, und mehr hochwertige Nahrung zu sich nehmen, kurzum, dass Menschen ihre Kost abwechslungsreicher gestalten.

---

[2] Das National Nutrition Monitoring Bureau schreibt in „25 Years of NNMB" (Delhi 1997) auf Seite 3: „Das NNMB hat in aufeinanderfolgenden Umfragen durchweg bestätigt, dass der hauptsächliche Engpass in der Kost selbst der ärmsten Teile der indischen Bevölkerung die Energie und nicht das Eiweiß ist, wie man bisher glaubte ... Die Unterlagen zeigen auch, dass die konsumierte Menge an Getreide stellvertretend für die gesamte Energiezufuhr stehen kann. Diese Beobachtung ist von beträchtlicher Bedeutung, da sie hilft, rasche, wenngleich annähernde, Schätzungen der Energiezufuhr auf der Ebene der Haushalte zu ermitteln."

Ein geringer Getreideanteil am Verbraucherbudget bei einem steigenden Einkommen ist als Engel'sches Gesetz bekannt. Deshalb, so wird gefolgert, sei es nicht schlecht, wenn wir das Sinken von Verfügbarkeit/Verbrauch von Nahrungsgetreide pro Kopf verzeichnen. Das ist eine absolut falsche Auffassung des Engel'schen Gesetzes, und sie scheint zu den fehlerhaften offiziellen Erklärungen beigetragen zu haben, dass große Reserven aus „Überproduktion" entstehen, was später erörtert wird. Es ist deshalb eine irrige Vorstellung, weil Engel sich auf das Sinken am Anteil der Ausgaben für Nahrung für den direkten Verzehr von Getreide bei wachsendem Einkommen bezog, und nicht auf den gesamten Verbrauch von Getreide, der beides enthält, sowohl den direkten als auch den indirekten Einsatz als Futter für den Viehbestand (um Milch, Eier, Fleisch und so weiter zu produzieren), sowie als industriellen Rohstoff. Der Pro-Kopf-Verbrauch von Nahrungsgetreide nimmt immer zu und sinkt nicht, wenn sich das Durchschnittseinkommen des Konsumenten erhöht. Die Zahlen zur Verfügbarkeit, die wir angegeben haben, genauso wie die offiziellen Zahlen zur Verfügbarkeit, beziehen sich auf den Verbrauch *von Gramm für alle Zwecke*. (Man beachte, dass Verfügbarkeitszahlen keine Verbrauchsdaten erfordern, sondern direkt nach Produktionsangaben berechnet werden, die die sichersten Angaben sind, die zur Verfügung stehen, und diese werden nur an den Handel und die Vorräte angepasst, somit müssen sie definitionsgemäß alle möglichen Endverwendungen abdecken.)

Folglich schließt die Verfügbarkeit von Nahrungsgetreide nicht nur den direkten Verbrauch ein (als Fladenbrot, gekochten Reis usw.), sondern auch den in tierische Produkte umgewandelten Teil, der als kommerzielles Futtergetreide verbraucht wird, und derzeit wird ein Teil dieser tierischen Produkte exportiert. (Die Umwandlungskoeffizienten sind ziemlich hoch, zum Beispiel können 3 bis 4 Kilogramm Futtergetreide erforderlich sein, um 1 Kilogramm Hammelfleisch zu erzeugen). Die Verfügbarkeit enthält auch den Teil des Getreides, der zu Industrieerzeugnissen wie Stärke und Alkohol und zu veredelten Lebensmitteln wie Cornflakes und Nudeln für den städtischen Markt verarbeitet wird. Die Verfügbarkeit (oder der Verbrauch) von Nahrungsgetreide pro Kopf *nimmt immer zu, wenn das Pro-Kopf-Einkommen einer Nation ansteigt, weil sie alle Zwecke umfasst.* Das ist eine bekannte Tatsache und wird durch eine umfangreiche Literatur über das Reagieren der Nachfrage nach Getreide auf steigende Einkommen und durch Nahrungsbilanzen der Food and Agriculture Organization/FAO (Ernährungs- und Landwirtschaftsorganisation der Vereinten Nationen) gestützt, die praktisch für jedes Land im Verlaufe der Zeit Angaben zu Produktion, Handel und Vorräten für einzelne Feldfrüchte zur Verfügung stellt.

China, mit ungefähr dem doppelten Pro-Kopf-Einkommen Indiens, verbrauchte um die Mitte der 1990er Jahre 325 Kilogramm Nahrungsgetreide pro Kopf (Knollen nicht inbegriffen) verglichen mit Indiens weniger als 200 Kilogramm zu jener Zeit. Mexiko verbrauchte pro Kopf 375 Kilogramm, und das einkommensstarke Europa verbrauchte über 650 Kilogramm pro Kopf. Die USA verbrauchten das Maximum, nämlich 850 Kilogramm pro Kopf, wovon weniger als ein Viertel direkt konsumiert und der Rest zu tierischen Produkten umgewandelt, weiterverarbeitet oder der industriellen Nutzung zugeführt wurde (von der Autorin nach der Nahrungsbilanz der FAO von 1992-94 berechnet).

Die neue Tendenz in diesem Land, der zufolge der Verzehr von Nahrungsgetreide pro Kopf deutlich abnimmt, während das durchschnittliche Pro-Kopf-Einkommen angestiegen ist, ist demnach äußerst anormal, nicht nur im Licht internationaler Erfahrung, sondern auch im Vergleich mit unserem eigenen früheren Erleben – wir haben in der Vergangenheit in Indien immer beobachtet, dass der Getreideverbrauch pro Kopf zunahm, wenn sich das Durchschnittseinkommen erhöhte. Zwischen 1950 und 1991 stieg der Pro-Kopf-Verbrauch langsam von 152 auf 177 Kilogramm, ebenso zog das Pro-Kopf-Einkommen an.

Wie bereits gesagt, wurden diese Zugewinne von vier Jahrzehnten in einer einzigen Dekade ökonomischer Reformen zunichte gemacht. Während die Verfügbarkeit um 3 Kilogramm pro

Kopf in den sieben Jahren bis 1998 abnahm, fielen über acht Zehntel des gesamten Rückgangs, nämlich der Absturz von 19 Kilogramm, allein in die fünf Jahre der NDA-Herrschaft (von 174 Kilogramm im Durchschnitt in den drei Jahren mit Ende 1998 auf 155 Kilogramm im Durchschnitt in den drei Jahren mit Ende 2002-03).

Was verbirgt sich hinter dem abnehmenden Verbrauch von Nahrungsgetreide? Die mit dem Jahr 1998 verglichene gegenwärtige massive Verringerung ist das Ergebnis eines beispiellosen Kaufkraftverlustes in ländlichen Gebieten, das direkt aus einer Reihe deflationärer Maßnahmen auf makroökonomischer Ebene resultiert und mit dem internationalen Preisrückgang für größere Mengen an exportierten Feldfrüchten infolge der Handelsliberalisierung einhergeht. Beides, deflationäre Politik und Das-sich-dem-Handel-Öffnen, sind integrierende Bestandteile neoliberaler Wirtschaftsreformen. Dies führte zu einer Abschwächung der effektiven Nachfrage, so weit es die Masse der ländlichen Bevölkerung betraf.

Die Kaufkraft ließ kontinuierlich nach, und deshalb sank der Verbrauch von Nahrungsgetreide für den direkten Verzehr; infolgedessen ging der Getreideverkauf über das Öffentliche Verteilungssystem/ÖVS immer mehr zurück. Das wiederum spiegelt sich seit 1998 Jahr für Jahr in steten und steigenden Zuführungen zu öffentlichen Lebensmittelvorräten wider, deren Gesamtbestand Ende Juli 2002 63,1 Millionen Tonnen betrug. Das überstieg die Norm der Reserve um fast 40 Millionen Tonnen – und dies trotz der pro Kopf abnehmenden Nahrungsgetreideproduktion und eines Getreideexports von 2 bis 4 Millionen Tonnen jährlich bis zum Juni 2002. Danach haben die von der Regierung getätigten Exporte noch nie da gewesene Höhen erreicht.

Im letzten Jahr, dem schlimmsten Dürrejahr seit zwei Jahrzehnten, exportierte die NDA-Regierung zwischen Juni 2002 und Juni 2003 die Rekordmenge von 12 Millionen Tonnen Nahrungsgetreide aus der Reserve und dann weiterhin monatlich eine Million Tonnen. Damit brachte sie bis zum November 2003 den angegebenen Gesamtexport auf 17 Millionen Tonnen. Niemals zuvor hatte es im unabhängigen Indien so riesige Getreideexporte gegeben.

Und dies war nur durch immer mehr hungrige Mägen in den vorangegangenen Jahren möglich geworden. Die meisten Exporte wurden als Futtergetreide für europäische Rinder und japanische Schweine genutzt. Es ist ein absoluter Skandal und eine Schande, dass es die Regierung vorzog, zur selben Zeit, als Millionen Arme auf dem Land zu hungern begannen, und jene, die bereits hungerten, dem Verhungern preisgegeben wurden, anstatt ausgedehnte „Nahrung-für-Arbeit"-Programme zu organisieren, über den Export von Nahrungsgetreide Ausländer und ihr Vieh zu füttern. Dabei setzte sie erhebliche Subventionen von über 40 Milliarden Rupien ein, um die niedrigen Weltmarktpreise zu schlagen. Der Frei-Schiff-Exportpreis war niedriger als der Inlandspreis für die unter der Armutsgrenze lebenden Verbraucher. Das zuständige Ministerium hatte die Frechheit, im März als Bestandteil der Wahlkampagne der Regierung unter dem Motto „Strahlendes Indien" ganzseitige Anzeigen in Zeitungen zu veröffentlichen und unter anderem ihre Exporteinnahmen zu feiern.

Seitdem die Dürre nun nicht mehr wahrgenommen wird, die „Nahrung-für-Arbeit"-Projekte abgewickelt und die Medien voll sind von Nachrichten über den guten Monsun und einen zu erwartenden Rekord-Getreideertrag für 2003-04, bleibt die Prognose, dass sich das Verbrauchsniveau erholen und dem von 1998 annähern könnte, eher düster. Erinnern wir uns, dass mehr Millionen als vorher auf dem Verbrauchsniveau von nur 158 Kilogramm in dem Jahr mit der bis heute höchsten Ernte – 212 Millionen Tonnen bzw. 177 Kilogramm Durchschnittsertrag im Jahr 2001-02 – hungerten. Die Differenz von fast 20 Kilogramm zwischen Produktion und Verzehr wurde der mit wachsendem Aufwand gelagerten Reserve und dem Export zugeführt.

Wenn ein Blick auf die Tabelle 3 auch zeigt, dass die schwierigen späten 1960er und frühen 1970er Jahre eine ziemlich niedrige Verfügbarkeit aufwiesen, die nur ein bisschen höher war als gegenwärtig, muss man eingestehen, dass die Lage für die Armen auf dem Land heutzutage verglichen mit damals schlechter ist, weil ein größerer Teil des gesunkenen Verbrauchs heute in tierische

Produkte (deren Konsum sich in hohem Maße auf die Wohlhabenden konzentriert) und Verkäufe auf dem freien Markt zur weiteren Verarbeitung eingeht. Während im letzten Dürrejahr 2002-03 insgesamt 33 Millionen Tonnen Getreide beschafft wurden, betrug der Absatz über das Öffentliche Verteilungssystem und Sonderprogramme für Bedürftige 35 Millionen Tonnen. Das besagt, dass die gewaltigen Vorräte von 63 Millionen Tonnen aus diesem Grund nur um geringfügige 2 Millionen Tonnen reduziert wurden.

Es wurde also keine umfassende Politik betrieben, Vorräte durch groß angelegte „Nahrung-für-Arbeit"-Programme abzubauen, die in allen ländlichen Gebieten Arbeit beschaffen und die Kaufkraft auf früherem Niveau wieder herstellen sollten, wie progressive Bewegungen weithin vorgeschlagen hatten. Größere Mengen Nahrungsgetreide für Notstandsarbeiten allein in von Dürre betroffenen Gebieten bereitzustellen, das war alles, was getan wurde. Es waren die enormen 12 Millionen Tonnen Exporte plus 6 Millionen Tonnen Verkäufe auf dem freien Markt, die die Vorräte bis Juli 2003 abgebaut haben. Und das kam natürlich nicht den Armen zugute. Schon die Tatsache, dass äußerst beachtliche 33 Millionen Tonnen in einem schweren Dürrejahr beschafft werden konnten, weist auf Notverkäufe durch Bauern hin (siehe für diese Zahlen RBI, *Report on Currency and Finance 2002-03*).[3]

---

[3] Wir nehmen hier an, dass die einzelnen Größen, die für jeden Monat in der Tabelle 2.13 auf Seite 12 des Report on Currency and Finance 2002-03 der RBI vorgelegt werden, richtig sind. Diese einzelnen Größen schließen Beschaffung, Abnahme (gesondert auf Grund von Verkäufen des ÖVS aufgeführt), Kontingente für Projekte für ärmere Schichten, Verkäufe auf dem freien Markt und Exporte) ein. Zweifel erwächst, weil die Zahlen für die Eröffnungs- und Schluss-Bestände in der Tabelle nicht mit der Gesamtsumme der einzelnen Größen übereinstimmen, denn die Schlussbestände scheinen in vielen Monaten unterbewertet zu sein. Der letzte Schlussbestand vom Oktober 2003 wird mit 22,1 Millionen Tonnen angegeben, aber es sollten 35 Millionen Tonnen sein, wenn wir die einzelnen Größen zusammenzählen. Demnach bleiben 13 Millionen Tonnen Nahrungsgetreide ungeklärt! Sind sie verrottet oder wurden sie zerstört? Das ist die Frage.

Weder die Regierung noch ihre politischen Entscheidungsträger sind bereit zuzugeben, dass die sinkende Verfügbarkeit eine Schrumpfung der effektiven Nachfrage widerspiegelt. Im Gegenteil, die Erklärung, die in offiziellen Veröffentlichungen des Finanzministeriums und der Reserve Bank of India/RBI vorgebracht und von den meisten Wirtschaftswissenschaftlern verbreitet wird, geht genau in die entgegengesetzte Richtung, nämlich, dass es eine „Überproduktion" gebe. Der *Economic Survey 2001-02* (S. 118-130) behauptete, dass überschüssige Vorräte ein Mehrbetrag über die Menge hinaus seien, die die Menschen freiwillig verbrauchen wollen, und ein „Problem des Überflusses" darstellten. Es wurden Daten des NSS über den sinkenden Anteil von Getreide an den Nahrungsmittelausgaben zitiert, um zu beweisen, dass nicht nur die Wohlhabenden, sondern alle Schichten der Bevölkerung freiwillig ihr Nahrungsspektrum vom Getreide weg in Richtung auf hochwertige Kost verändern. Man schrieb, dass die Mindeststützpreise/MSP für Bauern „zu hoch" gewesen seien und eine übermäßige Produktion und Beschaffung zur Folge hatten. Der *Annual Report 2001-02* (S. 20-25) der RBI wiederholte dieses Argument und legte dar, dass sich das angebliche Missverhältnis von Angebot und Nachfrage aus den steigenden gewährten Aufkaufpreisen für Reis und Weizen gegenüber dem weltweiten Trend fallender Marktpreise ergeben und zu „falschen" Preissignalen an die Bauern und infolgedessen zu einer „Überschuss"-Produktion und -Beschaffung dieser Kulturen geführt habe.

Offensichtlich haben die Urheber dieser Argumente niemals vom Unterschied zwischen dem direkten Verzehr von Getreide und dem Verbrauch von Getreide für alle Zwecke – sowohl direkte als auch indirekte – gehört, der bereits erläutert wurde. Wenn sie davon gehört hätten, dann hätten sie nicht die obengenannten Argumente anführen oder von Überproduktion sprechen können, insbesondere angesichts der Tatsache, dass genau dieselben Berichte das massive Fallen der Verfügbarkeit pro Kopf aufzeigen. Ihre Aussagen wären vielleicht etwas überzeugender gewesen, wenn die ländlichen Wachstumsraten, Beschäftigung und Einkommen gestiegen wären.

Aber alle NSS- und offiziellen Angaben weisen aus, dass das genaue Gegenteil zutrifft. Für ein Land, das in den 1990er Jahren eine hochgradige Verlangsamung des landwirtschaftlichen Wachstums, eine sinkende Pro-Kopf-Nahrungsgetreideproduktion und eine stark zunehmende ländliche Arbeitslosigkeit erlebt hat, sind diese Debatten über eine freiwillige Veränderung der Ernährung seitens aller ländlicher Bevölkerungsschichten unlogisch bis töricht. Wir wissen jetzt, warum die Zentralregierung letztes Jahr in einer Situation schroff abnehmender Nahrungsmittelverfügbarkeit und trotz der schweren Dürre massive Lebensmittelexporte vornahm. Alles wurde damit gerechtfertigt und begründet, dass – in grotesker Verzerrung der Wirklichkeit – sich verschärfender Hunger und Hungersnot als „freiwillige Entscheidung" und ein Verbrauch weit unterhalb des Normalen als Überproduktion ausgelegt wurden.

J. Maynard Keynes hat einmal die Bemerkung gemacht, dass kaum etwas anderes die Welt beherrscht als Ideen. Und das gesellschaftlich irrationale Ergebnis von wachsendem Hunger inmitten relativen Reichtums, das wir vor unseren Augen haben, veranschaulicht schonungslos, welche Auswirkungen irrige Theorien und aus ihnen resultierende falsche Politik, indem sie den Lebensstandard großer Bevölkerungsschichten senken, haben können. Der mit der offiziellen Sicht verbundene Irrtum ist ein *Irrtum der Synthese;* wenn aus einer Erklärung, die für einen *Teil* des Ganzen richtig ist, fälschlich auf das Ganze geschlussfolgert wird. Einhergehend mit der Einkommensverteilung, die sich deutlich zu seinen Gunsten verschiebt, hat das Sechstel an der Spitze der Bevölkerung bestimmt freiwillig seine Ernährungsgewohnheiten abwechslungsreicher gestaltet, aber die ärmere Mehrheit der Bevölkerung kann sich das nicht leisten, genauso wenig, wie die hungrigen Armen von Paris, die nach Brot riefen, dem Rat der Königin Marie Antoinette folgen konnten, Kuchen zu essen.

Es scheint, dass das Problem der effektiven Nachfrage und der *Dämpfung der Nachfrage* von den meisten einfach nicht verstanden wird. Während jeder zum Beispiel eine durch Dürre hervorgerufene Nahrungsmittelknappheit begreift, nämlich als materiellen Produktionsausfall, der das *Angebot* einschränkt, scheint es viele zu verwirren, dass es noch schwerwiegendere Folgen haben kann, wenn die *effektive Nachfrage*, die Massenkaufkraft, abnimmt, so dass Menschen verhungern oder dem Hunger anheimfallen, weil sie nicht imstande sind, Nahrungsmittel zu kaufen oder an Nahrungsmittel heranzukommen, obwohl das materielle Angebot an Nahrungsgetreide vorhanden ist.

Es gibt viele Gründe für das Abnehmen der effektiven Nachfrage der ländlichen Massen während der neunziger Jahre bis heute, und sie hängen alle mit den deflationären neoliberalen Reformen im Verbund mit der Liberalisierung des Handels zusammen. Sie werden hier nur kurz resümiert, da sie an anderer Stelle ausführlich erörtert worden sind (Patnaik 2003). Erstens, öffentliche Ausgaben für die ländliche Entwicklung, einschließlich der Infrastruktur, die zwischen 1985 und 1990, vor den Reformen, durchschnittlich 11 Prozent des Nettosozialprodukts betrugen, wurden in den frühen neunziger Jahren als Bestandteil der deflationären Politik, wie von den Bretton-Woods-Institutionen/BWI empfohlen, auf 8 Prozent des Bruttoinlandsprodukts/BIP gesenkt. Seit 1998 wurden sie weiter reduziert und fielen durchschnittlich auf weniger als 6 Prozent des BIP und in einigen Jahren auf weniger als 5 Prozent. Effektiv machte das verglichen mit der Periode vor den Reformen in den letzten fünf Jahren im Durchschnitt jährlich eine Kürzung von etwa 300 Milliarden Rupien für Entwicklungsausgaben aus. Wenn wir von einem annehmbaren Wert zwischen 4 und 5 für den keynesianischen Multiplikator ausgehen, bedeutet das jährlich eine Senkung des Einkommens in der Landwirtschaft in der Höhe zwischen 1.200 bis 1.500 Milliarden Rupien – wahrlich eine enorme Schrumpfung. Diese Größenordnung des Einkommensverfalls gemeinsam mit der Verminderung des Realeinkommens, die anderen Gründen geschuldet ist und später ausführlich behandelt wird, stimmt weitgehend mit dem beobachten Rückgang des Beitrags der Landwirtschaft zum BIP während der 1990er Jahre von etwa einem Drittel bis wenig über einem Fünftel gegenwärtig überein.

Erinnern wir uns, dass ländliche Entwicklungsausgaben alle

Programme für die Schaffung von Arbeitsplätzen, Programme für besondere Gebiete, Dorfindustrie, Bewässerung und Hochwasserregulierung, Energie und Transport abgesehen von Landwirtschaft und ländlicher Entwicklung einschließen. Überdies haben in den 1990er Jahren auch die staatlichen Anlageinvestitionen in der Landwirtschaft ihre Talfahrt noch stärker fortgesetzt. Es überrascht kaum, dass sich das Tempo des landwirtschaftlichen Wachstums in den 1990er Jahren drastisch verlangsamt hat und zum ersten Mal seit dreißig Jahren unter das Bevölkerungswachstum gefallen ist, und dass die Arbeitsmarktuntersuchungen des NSS einen beunruhigenden Zusammenbruch des ländlichen Beschäftigungswachstums auf unter 0,6 Prozent jährlich zwischen 1993-4 bis 1999-2000 verglichen mit 2 Prozent jährlich während 1987-8 bis 1993-4 anzeigen. Arbeitsplatzverluste auf dem Land spiegeln sich in einer niedrigeren Erwerbsquote, höherer offener Arbeitslosigkeit und einer absoluten Abnahme der Zahl der Beschäftigten in der Landwirtschaft wider.

Ungeachtet all ihrer neuesten lautstarken Reden von Entwicklung und der kostspieligen Medienreklame für jedes Projekt, ist es in Wirklichkeit so, dass keine Regierung systematischer eine Anti-Entwicklungspolitik verfolgt hat als die NDA während der letzten fünf Jahre. (Es muss daran erinnert werden, dass eine Zunahme des Haushaltsdefizits an sich kein Indikator für eine sich ausweitende Wirkung auf die materielle Produktion ist, wenn die Zunahme einer Verminderung des Steuer-BIP-Verhältnisses und wachsender Zinszahlungen an die Wohlhabenden geschuldet ist, wie es bei der Reformpolitik der Fall war.) Über die mangelnde Nachfrage nach einfachen Konsumgütern wie nach gewerblichen Leistungen hat der Rückgang der ländlichen Kaufkraft auch beträchtlich zur industriellen Rezession beigetragen. Die Wirtschaft hat eine Deindustrialisierung mit einem fallenden Beitrag der Industrie zum BIP, der in den 1980er Jahren gewachsen war, von 28 Prozent auf wenig über 25 Prozent im Laufe der 1990er Jahre erlebt, und im organisierten Sektor haben große Nettoarbeitsplatzverluste stattgefunden. Der einzige Sektor, der schnell gewachsen ist, ist der Dienstleistungssektor, der sich auf Kosten der materiell produktiven

Sektoren aufgebläht hat. Weil sich die Einkommensverteilung zugunsten der städtischen Eliten verschoben hat, bildet sich eine moderne Version der mittelalterlichen Mogul-Wirtschaft mit Dutzenden von Dienstleistungsanbietern für jeden einzelnen reichen Haushalt heraus. Nur ein kleiner Teil des Dienstleistungssektors erbringt hochbezahlte, mit der Informationstechnik verbundene Leistungen. Die hauptsächliche Erweiterung stammt aus niedrig bezahlten Diensten.

Zweitens, zu derselben Zeit, als die Arbeitslosigkeit wuchs und das Realeinkommen der ländlichen Massen infolge der deflationären Politik sank, hat die Regierung dem Druck der Industriestaaten nachgegeben und alle mengenmäßigen Handelsbeschränkungen zum April 2001 aufgehoben, Jahre bevor sie von der Welthandelsorganisation/WHO dazu aufgefordert wurde. Damit hat sie unsere Bauern unfairem Handel, globalen Preisschwankungen und von der Rezession betroffenen Außenmärkten ausgesetzt. Während die globalen Preise für landwirtschaftliche Produkte bis 1996 stiegen, gerieten sie danach – zwischen 1995 und 2001 – in eine anhaltende Talfahrt mit einem Rückgang des Dollarpreises pro Einheit von 40 bis 50 Prozent (Getreide, Baumwolle, Zucker, Jute) bis 85 Prozent (einige Speiseöle). Die Preise einiger Waren wie Tee und Kaffee fallen für Pflanzer immer noch, und andere sind in den letzten beiden Jahren nur um 10 bis 15 Prozent aus dem Tief herausgekommen. Es ist eine Sache, die Wirtschaft für den Handel zu öffnen, wenn die Märkte expandieren, und eine ganz andere, wenn sich die kapitalistische Weltwirtschaft in einer Rezession befindet.

Jeder, der über Grundkenntnisse darüber verfügt, wie sich die globalen Rohstoffmärkte in der Vergangenheit verhalten haben, hätte den Preisverfall nach dem steilen Anstieg in den frühen 1990er Jahren vorhersagen können, sowie die Tatsache, dass die Industriestaaten sofort ihre Subventionen erhöhen würden, wie sie das immer getan haben (vor beidem hatte die Autorin in einem Aufsatz 1997 gewarnt). Aber Indiens politische Entscheidungsträger waren ihrer Aufgabe nicht gewachsen und haben unsere Bauern faktisch auf dem Altar der Dogmen der Bretton-Woods-Institutionen und der

Welthandelorganisation geopfert. Diese Freihandelsdogmen gewährleisten den Abbau des Schutzes für ihre eigenen Produzenten seitens der leichtgläubigen Regierungen von Entwicklungsländern, während die Industriestaaten gleichzeitig ihre nicht zollbedingten Hemmnisse vergrößern und ihre Subventionen enorm steigern – deren größeren Teil sie bereits zu ihrem eigenen Vorteil als den Handel nicht verzerrend definiert und aus den Reduktionsverpflichtungen im Agrarabkommen herausgehalten haben. Die gebundenen Zollsätze auf landwirtschaftliche Produkte, von denen der Handelsminister wiederholt versichert hatte, sie seien angemessen (durchschnittlich 115 Prozent), sind überhaupt nicht zum Schutz unserer Bauern in die Tat umgesetzt worden. Im Gegenteil, unter der Regie stark fallender Weltmarktpreise wurden die Zölle von dem Finanzminister in jedem Budget weit unter die gebundenen Sätze gesenkt und betrugen im Jahr 2000 im Durchschnitt nur 35 Prozent. Sie ließen Importe von Reis, Obst und Molkereiprodukten zu und unterhöhlten damit das einheimische Einkommen.

Auch die Erzeuger aller für den Export bestimmten Feldfrüchte, darunter Rohbaumwolle, wurden von den fallenden Weltmarktpreisen hart getroffen, insbesondere da die Preise für den Materialeinsatz im Zusammenhang mit der Reformpolitik ebenfalls anstiegen und ihr bereits niedriges Einkommen schwer unter Druck setzten. Mit der Durchführung des Berichts des Narasimham-Komitees nach 1994 wurden Bankkredite teurer, und zwangsläufig stieg die Abhängigkeit von kostspieligen Privatkrediten. Die Kürzung der Zuschüsse für die Input-Subventionen und die Erhöhung der Stromkosten, alles Teil der von den BWI angestoßenen Reformen, wurden ohne Bedenken vorgenommen, obwohl sich die Bauern bereits in Schwierigkeiten befanden. Sie zogen praktisch alle Bauern, einschließlich der normalerweise existenzfähigen, in eine absteigende Spirale der Verschuldung und verursachten, dass viele ihr Land verloren, wie die letzten Daten zeigen. Der Verkauf von Nieren und Selbstmorde sind krasse Anzeichen für die sich vertiefende landwirtschaftliche Misere.

Während der Hauptpreis für unterwürfige Durchführung deflationärer, gegen die Interessen der Bevölkerung gerichteter BWI-Diktate an die Zentralregierung und ihre politischen Berater geht, sollte den Trostpreis für die schädlichste Politik auf Staatenebene die Regierung der Telugu Desam Party/TDP von Andhra Pradesh, die in ein unmittelbares Strukturanpassungsprogramm mit der Weltbank eintrat und den Strompreis fünf Mal erhöhte, erhalten. Dieser Bundesstaat hat in den letzten fünf Jahren mehr als dreitausend dokumentierte Selbstmorde von Bauern sowie den Selbstmord ganzer Weberfamilien erlebt. Allein im Jahr 2002 haben sich laut Polizeiakten (gemeldet in *The Hindu*, Hyderabad-Auflage vom 6. Januar 2003) 2.580 tief verschuldete Bauern einzig in den drei Distrikten Warangal, Karimnagar und Nizamabad selbst getötet, hauptsächlich mit Pestiziden. Es gibt keinen Bericht über Selbstmorde dieses Ausmaßes im kolonialen Indien. Unsere Politiker von heute haben mit ihrer unterwürfigen Befolgung imperialistischer Anordnungen, die über die BWI geschickt werden, in ihrer Missachtung des Wohlergehens der Bürger die Kolonialherren der Vergangenheit übertroffen. Damals hat landwirtschaftlicher Notstand wenigstens zu ein paar offiziellen Untersuchungskommissionen und zu Abänderungen von Gesetzen geführt, um die Übertragung von Grundstücken auf Grund von Schulden zu beschränken. Derzeit ist alles, was wir sehen, üble Theorie und offene Apologetik.

Die Industriestaaten haben, wie immer in der Vergangenheit, wenn die Weltmarktpreise fielen, ihren Landwirten zunehmende Unterstützung zuteil werden lassen (die USA haben Subventionen für die Zukunft gesetzlich festgelegt, die ihrem landwirtschaftlichen Sektor 180 Milliarden Dollar im Jahr 2008 verglichen mit 84 Milliarden im Jahr 1998 zuführen werden). Im Gegensatz dazu fällt die Mehrheit unserer Wirtschaftswissenschaftler über den indischen Bauern her, der schon entkräftet ist, und sagt, dass die „Mindeststützpreise zu hoch seien" und für diese *Kulaken* gekürzt werden sollten. Sie vergießen Krokodilstränen über die armen Bauern und Arbeiter mit der Begründung, dass sie Nettobezieher von Nahrungsmitteln seien und von niedrigeren Preisen profitieren würden. Sie sind allein von der Frage nach dem Stützpreis und nicht nach dem Abgabepreis besessen, der der maßgebliche ist und der im Prinzip gesenkt werden kann, ohne dass sich das auf den Stützpreis auswirkt. Indem sie sich auf den Preis allein konzentrieren, nehmen sie außerdem implizit an, dass sich die Bevölkerung auf derselben Nachfragekurve befindet wie früher, wohingegen in Wirklichkeit die Nachfragekurve selbst für die Masse der Landbevölkerung so drastisch abwärts verlaufen ist, dass das Herumbasteln am Stützpreis jetzt eher die Krise vertieft.

Sie scheinen nicht zu merken, dass Arbeitslosigkeit und Einkommensverlust diesen Sektor überschwemmt haben, dass jeder Preis auch ein Einkommen ist und dass ein Kürzen des MSP heute, da es schon eine Agrarkrise gibt, das Einkommen noch weiter und stärker abbauen und zu größerer Verschuldung und noch mehr Selbstmorden führen würde. Sie vergessen, dass Indiens Überschuss produzierende Bauern, die viel beschimpften „Kulaken", seit Jahren und Jahrzehnten, ohne sich zu beklagen, an die Food Corporation of India/FCI Getreide für die Hälfte des Weltmarktpreises verkauft haben, als dieser noch hoch war, und auf diese Art billige Nahrung für die städtischen Bereiche sicherten. Jetzt, da der Weltmarktpreis unter den hiesigen Preis gefallen ist, haben diese Bauern das moralische Recht, nicht der unfairen Konkurrenz mit schwer subventioniertem ausländischem Getreide und anderen Erzeugnissen ausgesetzt zu werden, und ein Recht, eine ausreichende Preisstützung zu erhalten, um ihren totalen Ruin zu verhindern. Wenn diese fehlgeleiteten Wirtschaftswissenschaftler, die unmoralische Argumente zur Senkung des Mindeststützpreises vortragen, ernsthaft an der Sache der armen Bauern und Arbeiter interessiert wären, dann sollten sie eine expansive finanzpolitische Grundhaltung, eine umfangreiche Erhöhung öffentlicher Investitionen und ländlicher Entwicklungsausgaben fordern, um Beschäftigung und Kaufkraft wiederherzustellen.

Drittens, die 1997 erfolgte Einführung von Zielgruppen in das Öffentliche Verteilungssystem/ÖVS teilte die Bevölkerung in „über der Armutsgrenze" und „unter der Armutsgrenze" Lebende ein. Letztere hatten geringere Preise zu zahlen, erhielten dafür aber eine kleinere Menge. Die fälschliche Nichtanerkennung des Status „unter der Armutsgrenze" (der von beliebigen Kriterien bestimmt wird) für eine große Anzahl tatsächlich Armer hat sich als ernstes Problem erwiesen, und die Verweigerung von Berechtigungsscheinen hat außerdem zum Rückgang des Verkaufs über das Öffentliche Verteilungssystem beigetragen, der sowieso schon infolge der abnehmenden Kaufkraft zu verzeichnen war. Kaum 10 Millionen Tonnen wurden 2000-01 abgegeben, verglichen mit 21 Millionen Tonnen im Jahr 1991, obwohl die Bevölkerung, die Getreide auf Zuteilung benötigt hätte, viel größer war (Swaminathan 2002).

Während das real verfügbare Einkommen für die obersten Schichten der städtischen Bevölkerung auf Grund der Steuerkürzungen und billigerer landwirtschaftlicher sowie langlebiger Güter im Zuge der Reformpolitik rasch angestiegen ist, ist im Gegensatz dazu das Einkommen der ländlichen Massen unter dem Gesichtspunkt der Verfügung über Waren schneller gefallen als die Verbrauchsziffern ausweisen, weil eine höhere Verschuldung und ein Verlust an Vermögenswerten stattgefunden haben, um wenigstens den schon niedrigen Verbrauch abzusichern. Der Verbrauch von Nahrungsgetreide, von dem ein höherer Anteil in verarbeitete Lebensmittel und tierische Produkte eingeht, ist für die Eliten gewachsen, während die Mehrheit in den ländlichen Gebieten wegen ihrer reduzierten Kaufkraft und der eingeschränkten institutionellen Versorgung immer mehr der Unterernährung ausgeliefert ist. Neueste Analysen von NSS-Daten zu fraktilen Gruppen haben meine frühere Beurteilung bestätigt, dass sich die Ungleichheit in den letzten fünf Jahren stark ausgedehnt hat.

Seit der Unabhängigkeit hat die Ungleichheit zwischen dem ländlichen und dem städtischen Einkommen am heftigsten in den fünf Jahren der NDA-Herrschaft zugenommen. Die städtischen Eliten haben jeden Grund, sich wohl zu fühlen, wenn sie mit ihren neuen Spielzeugen in Gestalt modernster Autos und langlebiger Gebrauchsgüter spielen, eine abwechslungsreichere Kost genießen, häufiger außer Haus essen und ihr daraus resultierendes Fettgewebe in Schönheitskliniken absaugen lassen. Aber dieselbe neoliberale Politik, die sie begünstigte, hat Millionen ihrer Landsleute ins Elend gestürzt, Männer, Frauen und Kinder, die sich in Schulden verstrickten und ihr Land verloren und noch härter ums Überleben kämpfen mussten.

Verwirrungen bei der indirekten Schätzung der Armut

Die NSS-Runden zu Konsumtionsausgaben sammeln nicht nur Angaben zu Aufwendungen für Lebensmittel und andere Güter, sondern auch Daten zur realen Menge von Lebensmitteln. Da der durchschnittliche Kalorienwert verschiedener Nahrungsmittel bekannt ist, berechnen und zeigen sie auch den Kalorienwert der durchschnittlichen Kost nach Verbrauchergruppen. Wenn wir diese verfügbaren NSS-Daten über die Kalorienzufuhr direkt untersuchen, die der von Personen in verschiedenen Pro-Kopf-Verbrauchergruppen konsumierten Nahrungsmittelmenge entspricht, bemerken wir, dass 1999-2000 sieben Zehntel der ländlichen Bevölkerung unter der Norm von 2.400 Kalorien pro Tag lagen (das war die Norm, die ursprünglich in allen Armutsstudien angewandt wurde), die Zufuhr bei etwa einem Zehntel ungefähr der Norm entsprach und nur bei einem Fünftel über der Norm lag (siehe Tabelle 5). *Folglich lebten mindestens sieben Zehntel der ländlichen Bevölkerung 1999-2000 in Armut*. Etwa zwei Fünftel der städtischen Bevölkerung lagen unter der niedrigeren städtischen Norm von 2.100 Kalorien. Diese Methode ist direkt, einfach und durchsichtig und erfordert keine Berechnungen vom Leser.

Tabelle 5
Die in Armut lebende Bevölkerung in Indien gemäß der direkten Betrachtung der Kalorienzufuhr nach Verbrauchergruppen und der Verteilung pro Person, 1999-2000; NSS0

LÄNDLICH			STÄDTISCH		
Monatliche Pro-Kopf- Ausgaben Rupien	*Kalorien- zufuhr pro Tag pro Kopf*	*Prozent von Personen %*	*Monatliche Pro-Kopf- Ausgaben Rupien*	*Kalorien- zufuhr pro Tag pro Kopf*	*Prozent von Personen %*
Unter 225	1383	5,1	Unter 300	1398	5,0
225-255	1609	5,0	300-350	1654	5,1
255-300	1733	10,1	350-425	1729	9,6
300-340	1868	10,3	425-500	1912	10,1
340-380	1957	9,7	500-575	1968	9,9
380-420	2054	10,2	**575-665**	**2091**	**10,0**
420-470	2173	9,3	665-775	2187	10,1
470-525	2289	9,3	775-915	2297	10,0
525-615	**2403**	**10,3**	915-1120	2467	10,0
615-775	2581	9,9	1120-1500	2536	10,1
775-950	2735	5,0	1500-1925	2736	5,0
950&mehr	3178	5,0	1925&mehr	2938	99,9
ALLE	2149	99,9	ALLE	2156	99,9
ZUSAMMENFASSUNG					
470-525 &weniger	**2289 &weniger**	69,7	**500-575 &weniger**	**1968 &weniger**	39,7
525-615	**2403**	**10,3**	**575-665**	**2091**	**10,0**
615-775 &mehr	**2581 &mehr**	19,9	**665-775 &mehr**	**2187 &mehr**	**50,2**

Quelle (zu Tabelle 5): National Sample Survey Organization 55th Round, 1999-2000, Report No. 471, Nutritional Intake in India and Report No. 454, Household Consumer Expenditure in India – Key Results.

Anmerkung: Die monatlichen Pro-Kopf-Ausgaben beziehen sich sowohl auf Ausgaben für Lebensmittel als auch auf alle anderen Ausgaben, wobei der Anteil der Ausgaben für Nahrungsmittel für jede Gruppe in Kalorien angezeigt wird. Für die drei Gruppen in der Zusammenfassung betrugen die ländlichen durchschnittlichen Pro-Kopf-Ausgaben monatlich 496,7 Rupien und weniger, 566,62 sowie 686,0 Rupien und mehr. (Diese durchschnittlichen Ausgaben kommen dem Mittelwert der jeweiligen Verbrauchergruppe auf Grund der Ungleichheit innerhalb jeder Gruppe sehr nahe, sind aber auf Grund der Unterschiede innerhalb jeder Gruppe nicht genau gleich. Zwei Diagramme wurden anhand der Angaben gezeichnet – erstens die Häufigkeitssummenkurve der Personen unterhalb eines festgelegten Ausgabenniveaus pro Kopf, und zweitens die Pro-Kopf-Ausgaben gegenüber der Kalorienzufuhr pro Kopf. Die Ausgaben der ländlichen Armutsgrenze, die eine Nahrungsmenge von 2.400 Kalorien pro Tag ermöglichten (fast gleich mit dem Durchschnitt von 2.403 Kalorien der Gruppe von 525 bis 615 Rupien), lagen bei 565 Rupien pro Monat (19 Rupien pro Tag), und der Verbrauch von 75 Prozent aller Personen lag unterhalb dieser Grenze. In städtischen Bereichen konsumierten 44 Prozent aller Personen weniger als die städtische Norm von 2.100 Kalorien, der die wirkliche Zufuhr von 2.091 Kalorien der Kostengruppe von 575 bis 665 Rupien nahe kommt. Wie wirklichkeitsfern die Ausgaben der offiziellen „Armutsgrenze" sind (berechnet durch Aufblähen der Armutsgrenze von 1973-74 vermittels des Verbraucherpreisindexes für Landarbeiter), kann zum Vergleich der Tabelle 6 entnommen werden.

Selbst wenn man einen viel niedrigeren Wert von 2.100 Kalorien, der der städtischen Norm entspricht, für die ländlichen Bereiche berücksichtigt, sehen wir bei direkter Betrachtung, dass sich über die Hälfte der ländlichen Bevölkerung unter diesem Niveau befand.

Obwohl die offiziellen und wissenschaftlichen Armutsberechnungen von demselben Armutsmaßstab von 2.400 Kalorien für ländliche Gebiete ausgingen, kommen sie jetzt bei ihrer Schätzung der in Armut lebenden Bevölkerung bei 27 Prozent oder weniger für das gleiche Jahr 1999-2000 an, und dies, das zeigt die Tabelle 5, kommt einer Zufuhr von weniger als 1.900 Kalorien pro Tag gleich. Dieser sehr niedrige Ansatz seitens der Planungskommission und der Wissenschaftler heute ergibt sich daraus, dass sie nun alle eine *indirekte* und undurchsichtige Berechnungsmethode anwenden, die sich außerdem als zunehmend ungeeignet erwiesen hat, die Grundgegebenheit zu erfassen, dass eine größere Anzahl Menschen der Unterernährung anheim fällt. Diese indirekte Methode erfordert eine Erklärung für den Laien.

Die direkte Untersuchung des Kaloriengegenwerts der Menge, die von unterschiedlichen Verbrauchergruppen konsumiert wird, wurde von der Planungskommission vorgenommen anhand der 28. Runde des NSS für 1973-74, ein Zeitpunkt, der nunmehr dreißig Jahre zurück liegt. Hieraus erhielt man die monatlichen Pro-Kopf-Ausgaben, deren Anteil an den Kosten für Nahrungsmittel damals 2.400 Kalorien pro Tag in ländlichen Gegenden und 2.100 Kalorien in städtischen Bereichen ergaben.

Das nannte man das Einkommen der Armutsgrenze (obwohl es zutreffender die *Ausgaben* der Armutsgrenze sind. Diese betrugen 49,1 Rupien für ländliche und 56,6 Rupien für städtische Bereiche).

Für spätere Jahre wurde keine ähnliche direkte Untersuchung des Kalorienäquivalents der sich verändernden Ausgaben durchgeführt, obwohl die relevanten NSS-Daten viele Jahre lang genau in der gleichen Weise wie für das Jahr 1999-2000 vorlagen, die die Tabelle 5 zeigt. *Um Armut in späteren Jahren einzuschätzen, wurde stattdessen angenommen, dass die von den Menschen verzehrten Mengen, und folglich auch das Schema der Verbraucherausgaben, seit 1973-74 unverändert blieben.* An die alte Armutsgrenze wurde ein Preisindex angelegt, um sie zu aktualisieren. Die neuen Runden der Angaben zu den Verbraucherausgaben wurden in die direkte Überarbeitung der Armutsgrenze überhaupt nicht einbezogen. Nur die Verteilung von Personen auf Verbrauchergruppen wurde benutzt, um abzulesen, welcher Prozentsatz von Personen unter die neue Armutsgrenze fiel, die indirekt durch das Anlegen eines Preisindexes an die alte Armutsgrenze berechnet wurde. Auf diese Weise läuft die angewandte Methode auf einen Laspeyres-Index hinaus, mit Mengenangaben aus einem Basisjahr, das nun drei Jahrzehnte zurückliegt, und mit einer Bereinigung nur für Preisänderung.

Wenn die Planungskommission, als sie die Ausgaben für die Armutsgrenze 1973-74 erstmalig berechnete, gesagt hätte, dass sie ihre Schätzung auf Nahrungsmengen gründet, die die Menschen dreißig Jahre früher, nämlich in den Jahren 1943-44, verzehrt haben, hätte natürlich niemand ihre Bewertung ernst genommen. Die gegenwärtigen wissenschaftlichen Veranschlagungen sowie die der

Planungskommission basieren jedoch tatsächlich auf einem drei Jahrzehnte alten Konsumverhalten, das sich auf 1973-4 bezieht, und sie verdienen es nicht, noch länger ernst genommen zu werden. Tatsächlich sind sie nicht mehr das Papier wert, auf das sie geschrieben sind.

Es hat nicht an früheren detaillierten Kritiken an der indirekten Methode gemangelt, beginnend mit dem stichhaltigen Argument, dass es sinnlos ist, von einem unveränderten Konsumverhalten auszugehen. Denn das hat sich im Laufe der Zeit beträchtlich verändert, und nicht notwendigerweise aus freien Stücken. Die Arbeiter erhalten ihren Lohn nicht mehr in Form von Naturalien wie Getreide oder Mahlzeiten, die früher unterbewertet oder zu Preisen ab Hof geschätzt wurden. Sie müssen jetzt ihre Lebensmittel mit ihrem Geldlohn zum Ladenpreis kaufen (Suryanarayana 1996); Gemeineigentum als Bezugsquelle kostenloser Güter ist verschwunden, so dass Brennmaterial und Futter gekauft werden müssen; das alles wirkt sich auf die Menge der Lebensmittel aus, die die Armen von ihrem vorhandenen Realeinkommen bezahlen können (ebenda und Mehta und Venkatraman 2000). Im Ergebnis sind sogar beträchtlich größere reale Gesamtausgaben erforderlich als früher, damit ihr Nahrungsmittelanteil die Kaloriennorm decken kann. Die preisbereinigte Armutsgrenze entspricht deshalb einer tatsächlichen Kalorienzufuhr, die mit der Zeit immer weiter unter der ursprünglichen Kaloriennorm liegt. (Deshalb entspricht die 1999-2000 indirekt berechnete offizielle Armutsgrenze von 328 Rupien pro Monat weniger als 1.900 Kalorien pro Tag, wie die Tabelle 5 zeigt. Die direkte Berechnung ergibt eine Armutsgrenze von 565 Rupien, über 70 Prozent höher als die offizielle.)

Viele Wissenschaftler haben auf die zunehmende Abweichung der direkten von der indirekten Berechnung hingewiesen, sowie auf die Anomalien und die Willkürlichkeit in der indirekten Bewertungsmethode. Schon früh hat Rohini Nayyar (1991) in ihrer Doktorarbeit die Divergenz zwischen den Ergebnissen bewiesen, indem sie sowohl die direkte als auch die indirekte Methode auf zwei verschiedene Jahre in den 1970er Jahren anwandte und mit dem

Basisjahr 1961-2 verglich. Sie hat klar gefolgert: „Es gibt keinen Zweifel daran, dass die auf tatsächlichen Verbrauchsdaten basierenden Armutsschätzungen wie in Tabelle 3,4 ersichtlich denjenigen überlegen sind, die von einer preisbereinigten Armutsgrenze abgeleitet sind, insbesondere weil der Gebrauch eines Deflators (Preisindex) viele Probleme aufwirft ..." (Nayyar 1991, 38). Sie hat auch darauf aufmerksam gemacht, dass die beiden Methoden zwar unterschiedliche Ergebnisse erbrachten (der Unterschied betrug 19 Prozent der Bevölkerung im Jahr 1977-8), aber eine gewisse Zeit in dieselbe Richtung gingen. Diese Schlussfolgerung gilt jedoch, aus Gründen, die später erörtert werden, für die späten 1990er Jahre nicht mehr.

Mehta und Venkatraman (2000) stellten die NSS-Gruppen der Konsumausgaben und des Kalorienniveaus für 1993-94 vor und zeigten, dass 69,7 Prozent der Personen unterhalb der Gruppe mit einem Durchschnitt von 2.410 Kalorien lagen. Da der untere Teil der letzteren Gruppe hinzugefügt werden muss, beträgt der wirkliche Prozentsatz 75 Prozent für die Unter-2.400-Kalorien-Gruppe. Auf diese Weise erfasste die direkte Berechnung für ländliche Gebiete zusätzlich 37 Prozent der Landbevölkerung, die durch die offizielle indirekte Berechnung (die 37,2 Prozent betrug) ausgeschlossen worden waren, ein Unterschied, der viel zu groß ist, um ignoriert zu werden. Zu Recht bezweifelten sie, ob es logisch sei, die indirekte Methode beizubehalten.

Alle diese Beanstandungen sind von den offiziellen und wissenschaftlichen Armutsschätzern, die die indirekte Methode benutzen und mit vollen Segeln auf ihrem unbelehrbaren Kurs bleiben, völlig ignoriert worden. Sie bringen den gesamten Bereich der Armutsstudien mit indirekten Schätzungen zusehends in Verruf, weil ihre unrealistischen Berechnungen an den Felsen harter gesamtwirtschaftlicher Gegebenheiten scheitern, die ihren Bewertungen widersprechen und die nicht weggewünscht werden können. Die irreführenden offiziellen Ansichten über die freiwillige Kürzung des Nahrungsgetreideverbrauchs und die sich daraus ergebende offizielle Apathie und Gefühllosigkeit dem in der Realität zunehmenden Hunger gegenüber, wurden durch die falschen amtlichen Schätzungen nach der indirekten Methode verstärkt, welche einen tatsächlichen *Rückgang* der in Armut befindlichen Landbevölkerung auf 27 Prozent im Jahr 1999-2000 verzeichnete – trotz der gegenteiligen Grundtatsache des zunehmenden Hungers von 75 Prozent der ländlichen Bevölkerung, die in Wirklichkeit weniger als die Norm der Kalorienzufuhr konsumiert.[4]

Etliche Wissenschaftler (A. Deaton, K. Sundaram und S. D. Tendulkar, S. Bhalla und andere) haben auf einer Konferenz präsentierte Abhandlungen veröffentlicht, in denen sie die Armut für das Jahr 1999-2000 mit Hilfe der indirekten Methode einschätzen (siehe *Economic and Political Weekly/EPW*, 25. - 31. Januar 2003). Zwischen ihren Ergebnissen gibt es eine Schwankungsbreite, weil unterschiedliche Preisindizes angelegt werden können. A. Deaton, der neue Preisindizes verwendet, kommt auf einen Prozentsatz der ländlichen Armut in Indien von 25 Prozent, noch niedriger als die offiziellen 27 Prozent (Deaton 2003b). Andere Schätzungen sind den offiziellen ähnlich oder sogar noch niedriger.

Eine andere Art, alle die mit Hilfe der indirekten Methode erstellten Schätzungen zu charakterisieren, wäre – *statistischer Rückgang der Armut via heimliche Kürzung der Kaloriennorm*. Die durch den Preisindex auf den neuesten Stand gebrachte Armutsgrenze für die monatlichen Pro-Kopf-Ausgaben im Jahr 1999-2000 der offiziellen Planungskommission (328 Rupien) und von Deaton (2003b; 303 Rupien) weist eine tägliche Zufuhr von 1.890 beziehungsweise 1.860 Kalorien aus, wie die Tabelle 6, die von der Tabelle 5 abgeleitet

---

[4] Da einige derjenigen, die unter 2.400 Kalorien fallen, in dem unteren Teil der Gruppe mit einem Durchschnitt von 2.403 Kalorien enthalten sind, beträgt der genaue Anteil unterhalb der Norm 75 Prozent, wenn wir die Daten grafisch darstellen. Bei Benutzung der Ogive (Häufigkeitssummenkurve von Personen unterhalb des Ausgabenniveaus) und dem Verhältnis zwischen Pro-Kopf-Ausgaben und Pro-Kopf-Kalorienzufuhr, können wir sowohl die Prozentzahl der Personen ablesen, die unterhalb der Kaloriennorm liegen sowie die realistische Armutsgrenze, nämlich die Ausgaben, die erforderlich sind, um auf die Kaloriennorm zu kommen.

wurde, zeigt – wirklich weit entfernt von der ursprünglichen Kalorienverbrauchsnorm von 2.400 im Basisjahr. Aber sie informieren die Öffentlichkeit nicht über den Zusammenhang ihrer Berechnungen mit der Ernährung. Die Daten der Tabelle 5 zeigen, *dass eine Person, um auf die Norm von 2.400 Kalorien zu kommen, wenigstens 565 Rupien pro Monat oder 19 Rupien täglich ausgeben musste, das entspricht 44 US-Cent zum damaligen Wechselkurs von 43,33 Rupien für einen US-Dollar. Das ist die realistische Armutsgrenze, nicht die amtliche von 328 Rupien pro Monat.*

Die Planungskommission will uns glauben machen, dass Menschen überleben können, wenn sie täglich für alle ihre Bedürfnisse nur 11 Rupien oder 25 US-Cent einsetzen, während Deatons Berechnung besagt, dass 10 Rupien täglich oder 23 US-Cent für völlig ausreichend gehalten werden! Das ist weniger als ein Viertel des grob geschätzten Ein-Dollar-pro-Tag-Maßstabs der Weltbank. Wenn das der Armutsgrenze entsprechende Verbrauchsniveau stillschweigend auf eine solch unmenschliche Ebene herabgedrückt wird, überrascht es kaum, dass man nicht viele Menschen findet, die mit noch weniger existieren können. Mit dieser Quote kann Armut statistisch völlig aus Indien verdrängt werden, wenn die Schätzer, die die indirekte Methode benutzen, sich nur ein kleines bisschen mehr anstrengen, um einen geringeren Anstieg des Preisindexes zu finden, sagen wir 240 Rupien monatlich anstatt der bisher geringsten Armutsgrenze von 303 Rupien (Deaton 2003b) und 265 Rupien (Bhalla 2003) für 1999-2000. Das würde (nach Tabelle 5) den Armutsprozentsatz dramatisch auf nur 7 Prozent reduzieren, und da diese Menschen auch bald tot wären, gäbe es eine „Endlösung" für alle indirekten Berechnungsprobleme.

Man sollte beachten, dass keine der zitierten Abhandlungen in *EPW* (21.-25. Januar 2003), die die niedrigen indirekten Armutsschätzungen vornehmen, dem Leser sagt, dass als Auswirkung ihrer Methode der Kalorienstandard drastisch verringert und das ursprüngliche Konzept der Armut, das auf einer Ernährungsnorm beruht, verändert werden. Es entspricht in keiner Weise dem wissenschaftlichen Standard, Berechnungen vorzulegen, die eine Kürzung der Kalorienzufuhrnorm um 500 Kalorien oder mehr pro Tag bedeuten, ohne den Leser ausdrücklich darauf hinzuweisen. Die NSS-Angaben für 1999-2000, die die *wirkliche Kalorienzufuhr* den Verbrauchergruppen zuordnen (in der Tabelle 5 zusammengestellt), werden von jenen, die die indirekten Schätzungen vornehmen, nicht angeführt, obwohl sie den prozentualen Anteil der Personen an den Verbrauchergruppen derselben Quelle entnehmen. Eine solche selektive Verwendung von Daten ist ebenfalls kein akzeptables Verfahren. Keine dieser Abhandlungen verweist auch nur auf einen der bereits zitierten Autoren, die die indirekte Schätzungsmethode kritisieren, die sie verwenden. Der Student oder Neuling in dem Wissensbereich, der die Abhandlungen der Leute liest, die die indirekte Methode benutzen, wird nicht darauf aufmerksam gemacht, dass sie auf einem unveränderten, 30 Jahre alten Verbrauchskorb beruhen; er weiß nicht einmal, dass es noch eine andere, direkte Berechnungsmethode gibt, die die neuesten NSS-Angaben benutzt; stattdessen erhält er den Eindruck, dass die indirekte Methode die einzige sei, mit der Armut bewertet werden kann, und das ist nicht wahr.[5] Den meisten Wirtschaftswissenschaftlern in Indien, die nicht unmittelbar mit den Daten arbeiten, ist nicht einmal bewusst, dass die Ernährungsnorm in der offiziellen Vorgehensweise aufgegeben wurde.

Die einzige Art der Nichtvergleichbarkeit, die die indirekten Schätzer erörtern, ist eine, die durch eine Veränderung der Abruffrist in der 55. Runde im Vergleich zu früheren Runden eingeführt wurde. Sie meinen, dass die Bereinigung, mit der die 55. Runde mit

---

[5] Der einzige Aufsatz in der *EPW*-Sammlung vom 21.-25. Januar 2003, der den Verlust an Kalorien (Meenakshi und Vishwanathan) erörtert, verbindet das aktuelle Zahlenmaterial zur Bevölkerung unter den realen Kalorienzufuhrniveaus nicht mit der Zufuhr, auf die die in derselben Ausgabe vorgelegten indirekten Berechnungen hinauslaufen, noch diskutiert er die entscheidende Frage der im Laufe der Zeit zunehmenden Diskrepanz zwischen dem durch die direkte und die indirekte Methode erlangten prozentualen Anteil der Personenzahl der in Armut lebenden Bevölkerung.

früheren vergleichbar gemacht werden kann, die offiziellen wie die individuellen Armutsschätzungen nur um 3 Prozent erhöht, damit würde die offizielle Bewertung von 27 bestenfalls auf 30 Prozent ansteigen. Ein solcher Abgleich würde den Prozentsatz der Menschen, die unter den 2.400 Kalorien der empfohlenen täglichen Ration liegen, von 75 auf mehr als 78 Prozent anheben[6] und den Abstand zwischen den direkten und den indirekten Schätzungen noch mehr vergrößern.

Ganz abgesehen von dem Problem eines so weit zurückliegenden Basisjahrs für die Mengen, erfasst die indirekte Methode der Aktualisierung einer alten Armutsgrenze durch die Benutzung von Preisindizes heute nicht einmal die Tendenz der Veränderung richtig, von den wirklichen Zahlen ganz zu schweigen, *weil die Methode nur die Zunahme von Armut widerspiegeln kann, die aus einem Preisanstieg erwächst, und nicht imstande ist, die Armut zu erkennen, die aus Arbeitslosigkeit und Einkommensverlust resultiert, wenn Entwicklungsausgaben sinken und die Preise für die Ernte fallen.*

Wenn sich eine Bevölkerung darüber hinaus schon auf einem sehr niedrigen Niveau der Kalorienzufuhr befindet wie in Indien, werden die Vorgänge des Beschäftigungs- und des Einkommensverlustes wahrscheinlich nicht in vollem Umfang im sofortigen Fallen einer Bewegungsvariablen wie der Konsumption allein widergespiegelt, sondern beziehen auch Veränderungen der Bestände, namentlich Vermögenswertübertragungen, durch steigende Verschuldung der ums Überleben kämpfenden Notleidenden ein. In diesem Sinne unterschätzen sogar die Ernährungsdaten die ungünstige Wirkung.

---

[6] Dies geschieht, weil mehr Menschen unter 328 Rupien rücken würden, was die indirekten Schätzer in Betracht ziehen, aber es würden zusätzlich noch mehr Menschen in dem Ausgabeintervall zwischen 328 Rupien und 565 Rupien liegen, wobei letzteres die realitätsnah geschätzte Armutsgrenze ist, der die RDA zugeordnet werden kann.

Tabelle 6
Kalorienzufuhr pro Tag entsprechend der Armutseinschätzungen der Planungskommission und einiger Wissenschaftler
LÄNDLICHES INDIEN, NSS 55. Runde, 1999-2000

	Armutsgrenze MPKA Rupien	Tägliche Pro-Kopf-Ausgaben Rupien	Prozent der „Armen" %	Höchste Kalorien-„Norm"	Durchschnittliche Kalorienzufuhr der „Armen"
Planungskommision	328	10,9	27	1890	1687
Angus Deaton	303	10,1	23	1860	1676
Surjit Bhalla	265	8,8	12	1680	520

Quelle: Zur Armutsgrenze und dem Prozentsatz der in Armut Lebenden, Deaton 2003b, zum Prozentsatz der in Armut Lebenden, Bhalla 2003. Die Zahlen der dritten Spalte erhielt die Autorin durch die grafische Darstellung aus NSS-Daten a) der Häufigkeitssummenkurve (Prozentsatz der Personen unterhalb eines bestimmten Pro-Kopf-Ausgabenniveaus) und b) dem Verhältnis von durchschnittlichen Pro-Kopf-Ausgaben zu durchschnittlicher Pro-Kopf-Kalorienzufuhr, beide nach Verbrauchergruppen. Die Kalorien-„Normen", die den Armutsgrenzen der ersten Spalte entsprechen, werden von den grafischen Darstellungen abgelesen.

Die Zahlen in der letzten Spalte wurden durch das grafische Gegenüberstellen des kumulativen Prozentsatzes von Personen und des kumulativen Prozentsatzes der gesamten Kalorienzufuhr erhalten, wobei der Anteil der Kalorienzufuhr durch den spezifizierten Anteil der „Armen" abgelesen und daraus die durchschnittliche Kalorienzufuhr errechnet wird.

Anmerkung: Die MPKA (monatlichen Pro-Kopf-Ausgaben) an der Armutsgrenze erhielt die Planungskommission, indem sie an die ursprüngliche Armutsgrenze von 49 Rupien in ländlichen Gebieten im Jahre 1973-74 einen Preisindex anlegte, um sie zu aktualisieren. Deaton hat seine eigenen Preisindizes und eine Armutsgrenze konstruiert, während der 12-Prozent-Schätzwert die Armutsgrenze von Bhalla impliziert.

* Die drei Berechnungen lassen auf Energiezufuhr-„Normen" von 78, 75, 77,5 und 70 Prozent der empfohlenen Tagesration (Recommended Daily Allowance/RDA) schließen.

Diese Tatsache erweist sich als die gerechte Strafe für die vorherrschenden Armutsstudien, denn in der zweiten Hälfte der 1990er Jahre und besonders seit 1998 wurde *die Verschlechterung des Lebensstandards in den ländlichen Gebieten nicht durch Inflation verursacht, sondern infolge von Deflation und Arbeitslosigkeit.* Der Abbau des Masseneinkommens hat so um sich gegriffen, dass bezeichnenderweise in dem sehr schlimmen Dürrejahr 2002-03 eine historisch niedrige Inflationsrate beobachtet wurde. Während der Lebenshaltungskostenindex für Landarbeiter um 60 Prozent zunahm, wenn man 1993-94 mit 1999-00 vergleicht (die Zeit zwischen der 50. und 55. Runde des NSS), stellen wir fest, dass er sich zwischen 1999-00 und 2003-04 nur um 8,2 Prozent erhöhte.[7] Das kann nicht einmal Arbeiter erfreuen, weil es Teil des deflationären Prozesses reduzierter Entwicklungsausgaben und abnehmenden Wachstums war, der eine steigende Anzahl beschäftigungsloser Tage und eine sich schnell ausweitende offene Arbeitslosigkeit verursachte.

Man kann es deshalb erwarten – und so ist es auch: Die indirekten Armutsberechnungen weisen genau den *entgegengesetzten* Trend auf verglichen mit der gegenwärtigen Grundrealität eines sich verschlechternden Lebensstandards infolge einer größeren Prozentzahl von Personen, die sich unter die Norm von 2.400 Kalorien bewegen (ebenso wie einem höheren Anteil derer, die unter 1.800 Kalorien fallen), was sowohl zunehmende wie sich vertiefende Armut bedeutet. Die Situation ist jetzt noch schlechter, als die unmittelbare Betrachtung der Tabelle 5 anzeigt, weil der Verbrauch an Nahrungsgetreide pro Kopf und Tag im Jahr 2003 weiter um 25 Gramm abgenommen hat. Deswegen kam es zu einem weiteren Verlust von 95 Kalorien.

Grotesk an alledem ist, dass die Regierung und eine Reihe Wissenschaftler, die sich mit indirekter Schätzung beschäftigen, lautstark eine angeblich sinkende Armut feiern, während der „Rückgang" einzig den groben Mängeln und der Unangemessenheit

---

[7] Preisindizes sind in dem Annual Economic Survey 2003-04 Tabelle S-63 verfügbar.

ihrer indirekten statistischen Methoden zu verdanken ist. Auf all die negativen gesamtwirtschaftlichen Trends, die die offiziellen Daten in Bezug auf die zunehmende Arbeitslosigkeit und die sinkende Nahrungsaufnahme enthüllen (und die jedweder Verlautbarung von einer abnehmenden ländlichen Armut ganz und gar widersprechen), kommen diejenigen, die die indirekte Methode anwenden, niemals zu sprechen, noch werden, wie schon bemerkt, die verfügbaren NSS-Daten zum direkten Verbrauch mit Kalorienäquivalenten in ihren Abhandlungen angeführt.

Die Armutsschätzer, die die indirekte Methode verwenden, erweisen dem indischen Volk einen schweren Bärendienst, wenn sie ihre nicht vertretbare Methodik fortführen, die mittlerweile der wirklichen Tendenz vor Ort entgegengesetzte Ergebnisse in Bezug auf Hunger erbringt. Während in den späten 1970er Jahren die Differenz zwischen der direkten und der indirekten Methode etwa 19 Prozent der ländlichen Bevölkerung und 1993 37 Prozent ausmachte, liegt sie zwischen der direkten Methode (75 Prozent Armut) und der indirekten Methode im Jahre 1999-2000 bei 48 Prozent der Bevölkerung.

Ob sie es wollen oder nicht, tragen die Beamten und die Wissenschaftler, die die indirekte Methode benutzen und behaupten, in den 1990er Jahren sei die Armut zurückgegangen, zur Formulierung einer falschen Politik bei, die den Lebensstandard der Bevölkerung weiter beschädigt. Wenn diese Armutsschätzungen in den Elfenbeintürmen der Wissenschaft und des Yojana Bhavan (Gebäude der Planungskommission) blieben, käme es nicht darauf an. Aber jetzt ist die geplante Nahrungsmittelverteilung nach Bevölkerungskategorien direkt mit den Armutsberechnungen verbunden. Die gegenwärtige Regierung streicht derzeit die Anzahl der Menschen zusammen, die als „unter der Armutsgrenze" lebend bezeichnet werden. Und die den Bundesstaaten zu einem niedrigen Preis zugeteilten Getreidekontingente versucht man dementsprechend mit der Begründung zu verringern, dass die Armut zurückgegangen sei. Das Versagen der vorherrschenden indirekten Schätzungen besteht heute nicht allein im Unvermögen, die Grundrealität zu erfassen. Sie stellen ohne jeden Zweifel eine Gefahr dar, weil sie falsche Informationen verbreiten und entgegengesetzte Maßnahmen zu den erforderlichen auslösen. Es ist höchste Zeit, dass die Wissenschaftler und Verwaltungsbeamten, die auf dem Gebiet der Armutsbewertung arbeiten, die direkten Indikatoren benutzen, die auf den NSS-Verbrauchsdaten und der Pro-Kopf-Verfügbarkeit von Nahrungsgetreide basieren, wenn sie überhaupt an authentischen Trends hinsichtlich des Hungers interessiert sind.

Im Jahre 1931, in der Mitte der Weltwirtschaftskrise, als ein Fünftel der Arbeiter unbeschäftigt und die Fabriken geschlossen waren, hielten viele Wirtschaftswissenschaftler in den Industrieländern daran fest, dass es in der Volkswirtschaft darum gehe, miteinander in Konkurrenz stehenden Verwendungszwecken „knappe Mittel" zuzuteilen, und dass solide Finanzierung bedeute, dass Regierungen die Ausgaben kürzen müssten. Man erinnert sich heute wegen ihrer bemerkenswerten konzeptionellen Blindheit an sie, aber damals richteten sie beträchtlichen zusätzlichen Schaden an, weil sie die öffentliche Politik dominierten. Heute entdecken wir in Indien inmitten anwachsender ländlicher Arbeitslosigkeit, sinkenden Pro-Kopf-Getreideverzehrs und eines Anstiegs des Ernährungsdefizits in absoluten und relativen Zahlen, dass die politischen Entscheidungsträger infolge vernunftwidriger Bewertungsverfahren und der Nichtbeachtung aller anderen Trends von einer zurückgehenden ländlichen Armut sprechen. Die Nachwelt wird sich auch ihrer wegen ihrer bemerkenswerten konzeptionellen Blindheit erinnern, aber vorläufig ist die Prognose düster. Wo die Diagnose des Hungerproblems an sich fehlerhaft ist und eine sich verschlechternde Lage als Verbesserung gedeutet wird, können von den politischen Beratern und Lenkern eines Landes, das einst eine sich entwickelnde Wirtschaft war, aber das sich zu einer Hungerrepublik gewandelt hat, keine Maßnahmen zur Abhilfe erwartet werden.

Öffentlicher Vortrag anlässlich des 50. Geburtstages von Safdar Hashmi, organisiert von SAHMAT (Safdar Hashmi Memorial Trust) am 10. April 2004, Neu-Delhi.

Literaturhinweise

J. Banister, *China's Changing Population* (Palo Alto 1987).
Surjit S. Bhalla, Recounting the Poor 1983-99, in: *Economic and Political Weekly*, Bd. 38, No. 4, 25. Januar, 2003.
A. J. Coale, *Rapid Population Change in China, 1952-1982* (Washington 1984).
A. Deaton, 2003a, Adjusted Poverty Estimates for 1999-2000; 2003b, Prices and Poverty 1987-2000. Beide Aufsätze in *Economic and Political Weekly*, Bd. 38, 25.-31. Januar, 2003.
J. Mehta/Venkataraman, Poverty Statistics – Bermicide's Feast, in: *Economic and Political Weekly*, Bd. 35, 1. Juli, 2000.
Nai-Ruenn Chen, Chinese Economic Statistics – A Handbook for Mainland China (Edinburgh 1966).
R. Nayyar, Rural Poverty in India (Oxford 1991).
U. Patnaik, Food Availability and Famine – A Longer View, in: *Journal of Peasant Studies*, Bd. 19, No. 1, Oktober, 1991. Nachgedruckt in U. Patnaik, *The Long Transition – Essays on Political Economy* (Delhi 1999).
– –, Export Oriented Agriculture and Food Security in Developing Countries and in India, in: *Economic and Political Weekly*, No. 35-37, September, 1996. Nachgedruckt in U. Patnaik, *The Long Transition – Essays on Political Economy* (Delhi 1999).
– –, The Political Economy of State Intervention in the Food Economy, in: *Economic and Political Weekly* (Economy and Budget Issue), 17.-24. Mai, 1997.
– –, On Famine and Measuring Famine Deaths, in: S. Patel/J. Bagchi/Krishnaraj (Hg.), *Thinking Social Science in India – Essays in Honour of Alice Thorner* (Delhi 2002).
– –, Food Stocks and Hunger – Causes of Agrarian Distress, in: *Social Scientist*, Bd. 31, No. 7-8, Juli-August, 2003.
A. K. Sen, *Development as Freedom* (New York 1999).

M. H. Suryanarayana, Poverty Estimates and Indicators: Importance of Data Base, in: *Economic and Political Weekly*, No. 35-37, September, 1996.

M. Swaminathan, Excluding the Needy – the Public Provisioning of Food in India, in: *Social Scientist*, Bd. 30, No. 3-4, März-April, 2002.

Die Wirtschaftsreformen – Wurzeln der Krise

Interview mit Utsa Patnaik

T. K. Rajalakshmi: Aus rein historischer Perspektive scheinen die Selbstmorde von Bauern ein relativ „neues" Phänomen zu sein. Wie sehen Sie das im Zusammenhang mit der Landwirtschaftspolitik, die in den letzten eineinhalb Jahrzehnten betrieben wurde?

Utsa Patnaik: Für die Selbstmorde von Bauern kann es verschiedene Gründe geben, aber der wichtigste scheint die sehr hohe Verschuldung zu sein; eine derart ausweglose Verschuldung, die Bauern in die Zwangslage brachte, Land zu verkaufen, keine Sicherheiten zum Verpfänden übrig zu haben und keine Aussichten, die Zinsen für ihre Darlehen zu bezahlen, von einem Teil des Kapitals ganz zu schweigen. Die Frage ist, welcher Umstand insbesondere seit 1988 zu dieser hohen Verschuldung geführt hat. Offensichtlich geht es hier nicht um das Langzeitproblem einer hochgradigen Konzentration von Land und anderen Vermögenswerten, oder darum, dass es eine äußerst große Anzahl armer, kleiner und landloser Bauern gibt. Solche Langzeitfaktoren müssen wir nicht heranziehen. Wir müssen vielmehr spezifische Umstände betrachten, die insbesondere während der Periode der Wirtschaftsreformen entstanden sind.

Und da gab es zwei Hauptmomente. Wenn wir die Sache aus der Sicht der Investitionskosten betrachten, stellen wir fest, dass die Politik der Wirtschaftsreformen zu einem außerordentlichen Anstieg der Kosten für den Materialeinsatz geführt hat. Subventionen für Dünger wurden abgeschafft – die Versorgung mit Düngemitteln wurde privaten Händlern übergeben, und die Regierung hat sich davon zurückgezogen. Zweitens haben nach der Umsetzung des Berichts des Narasimham-Komitees die Kosten für Kredite immens zugenommen. Die Behandlung der Landwirtschaft und der Kleinindustrie als vorrangige Sektoren für die Vergabe von Darlehen zu niedrigen Zinssätzen seitens des Banksystems wurde aufgegeben. Zwangsläufig mussten sich Bauern stärker an private Geldverleiher wenden, die selbstverständlich hohe Zinssätze berechnen und viel unflexibler sind, einen Kredit zu verlängern, als institutionelle Darlehensgeber. Dann gab es die berühmten Strompreiserhöhungen der vorangegangenen TDP- (Telugu Desam Party) Regierung als Bestandteil ihres Programms struktureller Anpassungen, dem sie sich verschrieb, nachdem sie Geld von der Weltbank genommen hatte.

Hinsichtlich des Materialinputs und des Kredits sind die Bauern demzufolge durch jäh ansteigende Investitionskosten einem heftigen Druck ausgesetzt worden. Hinsichtlich des Ertrags hat die Liberalisierung des Handels eine Rolle gespielt. In den 1990er Jahren sind die globalen Preise der für den Export bestimmten Landwirtschaftserzeugnisse, einschließlich Gummi und Baumwolle, gestiegen. Als Reaktion darauf, weil auch die Regierungspolitik darauf abzielte, die Exporte aus dem Agrarsektor so weit wie möglich zu erhöhen, wurde die unkontrollierte Ausfuhr von Rohbaumwolle gestattet. In den drei Jahren vor 1990-1991 wurden 34.000 Tonnen Rohbaumwolle exportiert. Sowie dieser Sektor geöffnet wurde, machte die Ausfuhr von Rohbaumwolle in einem einzigen Jahr einen Sprung auf 374.000 Tonnen – das ist ein mehr als zehnfacher Anstieg innerhalb eines Jahres. Die Menge war veränderlich, aber sie lag im Durchschnitt während der drei oder vier Jahre nach den Reformen bei über 200.000 Tonnen. Dabei hat sich natürlich, indem es zu einer solch plötzlichen Exportwoge kam, während die Produktion nicht ebenso rasch anwuchs, die Rohbaumwollkrise verdreifacht. Das beeinträchtigte die am Handwebstuhl arbeitenden Weber, weil sich der Garnpreis ebenfalls verdreifachte.

Es war ungefähr die Periode von 1990 bis 1995-1996, als viele Tausende Bauern, tatsächlich waren es Hunderttausende kleiner Bauern, vom Nahrungsmittelanbau zur Produktion von Baumwolle übergingen, weil sich die Weltmarktpreise erhöhten. Viele von ihnen hatten zuvor nie Baumwolle angebaut. Das stellten verschiedene Projektstudien fest, in denen die Familien von Selbstmordopfern zugaben, vorher traditionell dieses Produkt nicht kultiviert zu haben. Sie sagten, dass sie sich für den Baumwollanbau entschieden hatten, weil sie hohe Gewinne erwarteten. Plötzlich kam es zu dieser Erweiterung der Baumwollanbaufläche – die Bauern konnten sich das ohne Kredite nicht leisten. Sie nahmen Darlehen auf, und die Summe der Darlehen, die sie für die Baumwollproduktion brauchten, war viel größer als die, die sie in der Vergangenheit geliehen hatten, als sie auf demselben Land Regenfeldanbau von Nahrungsmitteln betrieben hatten, deren Produktion nicht viel kostete. So führte der Wechsel zu einem exportfähigen, für den Markt bestimmten landwirtschaftlichen Produkt zu einem Szenario von zunehmender Verschuldung. Aber damals waren die Menschen sehr optimistisch. Die Weltmarktpreise waren im Steigen begriffen, und sie hofften darauf, ihre Ernte zu einem guten Preis exportieren und Rückzahlungen vornehmen zu können. Das war die Erwartung, auf Grund derer die Darlehen von Jahr zu Jahr verlängert und auch gewährt wurden.

Aber als die Regierung sich aus der Versorgung mit Pflanzenschutz- und Düngemitteln zurückzog und nach dem Dogma „Lasst den freien Markt walten" Anschlussdienstleistungen abwickelte, tauchten viele windige Geschäftemacher auf. Eine Regulierung oder Qualitätskontrolle für Inputs fand nicht statt. Als dann der Ertrag nicht wie erwartet ausfiel, begannen die Dinge wirklich schiefzulaufen. Am wichtigsten war jedoch, dass die Weltmarktpreise seit Ende 1996 abstürzten und 2001 praktisch nur noch halb so hoch waren wie 1995. Das war die Gesamtsituation, in der die Bauern sich tief verschuldet hatten, und zwar gezwungenermaßen zu hohen Zinssätzen bei privaten Geldverleihern, weil kostengünstige institutionelle Darlehen nicht mehr zur Verfügung gestellt wurden. Während die Preise für den Input stiegen, brachen zur selben Zeit die Preise für den Ertrag ein. Das ist das übliche Szenario eines agrarischen Notstands.

Alle diese Faktoren stehen in direkter Beziehung zur Politik der Wirtschaftsreformen und der Liberalisierung des Handels. Die Regierung griff weder mit Programmen zur Preisstützung im Außenhandel noch mit Maßnahmen zum Aufkauf von Baumwolle zu fairen Preisen von den Bauern ein. Sie hätte das tun können, aber sie handelte nach dem Dogma, alles dem freien Markt zu überlassen. Das ging jahrelang so, und der Preisverfall wurde zu einer andauernden Erscheinung. Ende 2001 begannen die Preise leicht zu steigen. Aber der Anstieg war im Grunde nichts, verglichen mit dem vorherigen Absacken. Und die Gläubiger fingen an, die Kredite zu kündigen. Wie geht ein schwer verschuldeter Bauer damit um? Zuerst veräußert er alle seine zusätzlichen Sicherheiten, er borgt mehr von einem anderen Geldverleiher, um das erste Darlehen zu tilgen. Wenn seine Ernte jedoch von Schädlingen befallen ist, dann nimmt auch seine Kreditwürdigkeit ab. Da wussten sich viele Bauern nicht mehr zu helfen.

Es sind die kleinen und Kleinstbauern, die Selbstmord begehen. Diese Gruppen fallen nicht in den Bereich institutioneller Kredite. Was waren das für Veränderungen, die zu der Situation führten, in der sie immer mehr von informellen Krediten abhängig wurden? Und wie unterscheidet sich die gegenwärtige Verschuldung von früheren Situationen, einschließlich der im kolonialen Indien?

In den frühen 1990er Jahren fielen diese Gruppen noch nicht aus dem Bereich institutioneller Kredite heraus. Dazu würde ich nicht nur den Banksektor, sondern auch die Genossenschaften zählen. Ich habe die Daten gerade nicht zur Hand, aber wenn wir uns ansehen, welcher Anteil der Bankkredite in die ländlichen Gebiete geht, dann zeichnet sich ein jäher Rückgang ab. Die Zahl der Begünstigten der Entwicklungsprogramme wie z. B. des Integrated Rural Development Programme/IRDP (Programm für integrierte ländliche Entwicklung) ist in den 1990er Jahren ebenfalls stark gesunken. Es ist nicht so, dass die Bauern immer aus der Sphäre institutioneller Kredite ausgeschlossen waren. Bei der Verstaatlichung der Banken 1969 und der kräftigen Ausdehnung von Krediten auf ländliche Gebiete ging es gerade darum, sie in diesen Bereich einzubeziehen. Sie wurden insbesondere seit der Reform des Finanzsektors wieder daraus vertrieben. Die Hauptwirkung wurde in der zweiten Hälfte der 1990er Jahre spürbar. In ihrer Gesamtheit war die Politik, die zum Rückzug des Staates geführt hatte und alles dem Markt überließ, äußerst verhängnisvoll. Die Kosten für Saatgut und Düngemittel wuchsen, alle Investitionskosten stiegen an, und die Bauern waren den fallenden Preisen praktisch schutzlos ausgeliefert. Wenn Sie nach der Geschichte fragen, da gibt es eine interessante Parallele zu den Geschehnissen während des Baumwollbooms. Als 1861 der amerikanische Bürgerkrieg ausbrach und die verarbeitenden Zentren in Großbritannien und Europa von der Versorgung mit Rohbaumwolle aus den Vereinigten Staaten abgeschnitten waren, suchten sie andere Möglichkeiten, an Baumwolle heranzukommen, und Indien war eine Hauptquelle. Plötzlich stiegen weltweit die Preise für Baumwolle, und die indischen Bauern, die immer stark auf Preise reagierten, pflanzten anstelle von Feldfrüchten für die Ernährung Kulturen an, die für den Markt und den Export bestimmt waren. Sofort zeichnete sich eine riesige Erweiterung der Fläche ab, auf der statt Getreide wie *jowar* (Mohrenhirse) und *ragi* (Fingerhirse) Baumwolle angebaut wurde. Um das tun zu können, liehen die Bauern Geld von den *Sahukars* (Geldverleiher).

Als der Bürgerkrieg vorüber war, brachen die globalen Preise ein. Die Geschichte wiederholte sich 1996. Also, wenigstens in Andhra Pradesh wiederholte sie sich. Als die Leute vom Nahrungspflanzenanbau zum Marktfruchtanbau übergingen, stiegen die Preise für Lebensmittel. Als die Baumwollpreise einbrachen, sahen die Bauern, dass sie die *Sahukars* nicht bezahlen konnten. Und die *Sahukars* begannen, die Darlehen zu kündigen. Das führte zu den sogenannten Deccan Riots (1875). Die indischen Bauern traten gegen die *Sahukars* an und kämpften vereint gegen sie, aber heutzutage kehren sie sich anscheinend gegen sich selber. Damals griffen sie die Geldverleiher tatsächlich an und verbrannten die Schuldverschreibungen. Hier zeigt sich ein interessanter Gegensatz zwischen dem, was während der Kolonialzeit passierte, und dem, was jetzt geschieht. Es scheint, sie waren damals optimistischer als jetzt. Ich erinnere mich an kein Geschichtsbuch, das Selbstmorde von Bauern in jener Zeit erwähnt. Selbst in den Gebieten, wo keine Baumwolle wuchs, sondern Nahrungspflanzen angebaut wurden, litten die Bauern zwar, aber es gibt keine Aufzeichnungen über Selbstmorde.

Landarbeiter im küstennahen Teil von Andhra Pradesh haben in den letzten 10 bis 15 Jahren Land zu sehr hohen Sätzen – oft 60 Prozent des Ertrags in Naturalien – gepachtet. Auch aus dieser Region wurde von vielen Selbstmorden unter der Bauernschaft berichtet. Was erklärt diese augenscheinliche „Irrationalität" des Bauern?

Nein, es ist nicht irrational. Wenn man ein armer, landloser Bauer ist, muss man irgendwie seinen Lebensunterhalt verdienen. Man tut das entweder, indem man Land pachtet und es bestellt, oder man versucht, Beschäftigung als Lohnarbeiter zu finden. Wenn der Markt für Lohnarbeit durch eine sehr hohe Arbeitslosigkeit und die Ungewissheit gekennzeichnet ist, für eine ausreichende Anzahl von Tagen Beschäftigung zu finden, fehlt jede Sicherheit, den Lebensunterhalt bestreiten zu können. Das bedeutet auch, dass Menschen ohne Land, die ihren Lebensunterhalt nicht durch Löhne sichern können, wieder zu dem Mittel greifen, Land zu harten Bedingungen zu pachten. Die Arbeitslosigkeit ist jetzt viel höher als vor 10 Jahren. Die Entwicklungsausgaben der Regierung in ländlichen Bereichen sind stark gekürzt worden. In der Zeit vor den Reformen, d. h. während des siebenten Plans, machten die durchschnittlichen Ausgaben für ländliche Entwicklung 14,5 Prozent des Bruttoinlandsprodukts/BIP aus. 1999-2000 fielen sie auf weniger als 6 Prozent des BIP. In absoluten Zahlen ist das eine Verminderung von jährlich 300

Milliarden Rupien. Auch in Andhra Pradesh kam es zu einer beträchtlichen Verringerung der Ausgaben für ländliche Entwicklung. Die Wachstumsrate der Beschäftigung nahm überall sehr drastisch ab.

Wie sind Ihrer Meinung nach die verschiedenen Gruppen der Bauernschaft – kleine und Kleinstbauern, reiche Bauern und Großgrundbesitzer – von der Regierungspolitik tangiert worden. Was haben sie in den vergangenen 10 bis 15 Jahren gewonnen oder verloren?

In den ersten zwei oder drei Jahren haben die steigenden Investitionskosten und die fallenden Erzeugerpreise die Klein- und Mittelbauern in Mitleidenschaft gezogen. Aber da die Phase der landwirtschaftlichen Misere länger anhält, beginnt sie sich auf alle Gruppen der bäuerlichen Gemeinschaft auszuwirken. Sie haben keinen Zugang zum Öffentlichen Verteilungssystem/ÖVS, weil sie Land besitzen und deshalb keine Berechtigungsscheine für „unter der Armutsgrenze" existierende Menschen erhalten. Einer der Hauptfaktoren war eben dieser Ausschluss aus dem ÖVS, nachdem diese Kategorien eingeführt worden waren. Jetzt handelt es sich um eine allgemeine Agrarkrise. Einige Fallstudien in Andhra Pradesh haben gezeigt, dass Bauern, die 20 Morgen besitzen, einen Null-Ertrag aus ihrem Land herausholen. Die männlichen Familienmitglieder versuchen, Arbeit als Landarbeiter zu finden, dabei stehen sie in Konkurrenz mit den hauptberuflichen Landarbeitern. Das Einkommen, das sie erzielen, ist letztendlich sehr gering.

Agrarstudien scheinen von den Radarschirmen der Sozialwissenschaftler gerade zu einer Zeit verschwunden zu sein, in der das ländliche Indien insbesondere während der letzten Dekade kräftig durchgerüttelt wurde. Welche Erklärung gibt es dafür?

Sehr richtig. Das hat zum Teil mit der gesamten Orientierung der Forschung auf den Markt zu tun. Als ich in den frühen 1970er Jahren meine wissenschaftliche Laufbahn einschlug, spielten Agrarstudien in Indien eine wichtige Rolle, und es gab eine Menge Studenten, die sich dafür interessierten. Aber eines der Probleme mit dem neoliberalen Paradigma war, dass es die Aufmerksamkeit der Forschung von diesem hochwichtigen Bereich abgezogen hat. Selbst das Interesse an anderen produktiven Sektoren der Wirtschaft wie z. B. dem Handwerk und der Industrie wurde verwässert. Der Schwerpunkt liegt viel mehr auf den Finanz- und Dienstleistungssektoren als auf den eigentlichen produktiven Wirtschaftssektoren. Aber in jüngerer Zeit gibt es gerade wegen der Auswirkungen der neoliberalen Politik und der zusätzlichen Disziplinierung seitens der Welthandelsorganisation und deren Folgen für die Landwirtschaft eine Wiederbelebung des Interesses. Studenten, die zu den internationalen Wirtschaftswissenschaften abgewandert waren, kommen jetzt zurück und sagen: „Aha, die Landwirtschaft ist ein wichtiges Thema." Es gibt Leute, die wieder in diesen Bereich gehen, sich ihm aber von einem anderen Ende nähern – nicht von den inneren Klassenverhältnissen ausgehend, sondern von der internationalen Ebene zurück zur eigenen Wirtschaft.

Frontline, Band 21, Nummer 13, 19. Juni - 2. Juli 2004

Theoretische Überlegungen zu Ernährungssicherheit und Armut in der Ära ökonomischer Reformen

Einführung

Das richtige theoretische Erfassen von Fragen der Ernährungssicherheit und Armut ist gegenwärtig besonders wichtig geworden, leben die Kleinproduzenten, einschließlich der Bauern und Arbeiter, doch in einer Zeit raschen Wandels im wirtschaftlichen Umfeld. In einem armen Entwicklungsland ist Armut sehr eng mit der Verfügbarkeit von Nahrung verbunden, wobei Getreide noch immer als Grundnahrungsmittel überwiegt und für drei Fünftel der täglichen Kalorienzufuhr der Bevölkerung sorgt. Der Einschätzung von Armut wurde in Indien traditionell eine auf die Ernährung bezogene Norm zu Grunde gelegt, die sich aus einer in Kalorien gemessenen durchschnittlichen täglichen Energiezufuhr ergab. Das National Nutrition Monitoring Bureau/NNMB (nationales Amt für Ernährungsüberwachung) hat berichtet, dass „das NNMB in aufeinanderfolgenden Erhebungen regelmäßig bestätigt hat, dass der hauptsächliche Engpass in der Kost auch der ärmsten Inder die Energie darstellt und nicht das Eiweiß, wie bisher angenommen ... *die Angaben zeigen auch, dass das Maß des Getreideverbrauchs stellvertretend für die gesamte Energiezufuhr stehen kann. Diese Beobachtung ist von beträchtlicher Bedeutung, da sie hilft, schnelle, wenn auch annähernde, Schätzungen für die Energiezufuhr auf der Ebene der Haushalte zu ermitteln.*"[1] Diese enge Verbindung zwischen dem Verzehr von Getreide als Grundnahrungsmittel und Armut, die auf eine Ernährungsnorm bezogen ist, ermöglicht uns, eine Analyse der neuesten Tendenzen in

---

[1] National Nutrition Monitoring Bureau, 25 Years of NNMB (Delhi 1997). Hervorhebung durch die Autorin.

Bezug auf Ernährungssicherheit und Armut unter dem Einfluss sich verändernder ökonomischer Strategien während der vergangenen fünfzehn Jahre vorzunehmen.

Die Mehrheit der Wissenschaftler und die Regierung Indiens stellen heute zwei Behauptungen auf, die ich beide für sachlich falsch halte, Behauptungen, die durch eine völlig irrige theoretische Auffassung von der gegenwärtigen Lage untermauert werden. Sie behaupten erstens, dass es im Verhältnis zur Nachfrage (die ihrer Meinung nach normal wächst) ein „Überangebot" von Nahrungsgetreide gäbe, und folgern daraus, dass die Produktion von Nahrungsgetreide zugunsten einer „Diversifikation" gedrosselt werden sollte, sowie zweitens, dass die Armut in Indien in der Periode der Reformen, besonders während des Jahrzehnts der 1990er, zurückgegangen sei. Ich halte beide Aussagen für nicht richtig und meine, dass aus theoretischen und faktischen Gründen genau das Gegenteil zutrifft. Erstens gibt es kein Überangebot an Nahrungsgetreide, sondern ein Sinken des Angebots, und wegen des unnormal schnellen Fallens der Kaufkraft in den letzten sechs Jahren einen noch drastischeren Rückgang der tatsächlichen Nachfrage nach Getreide besonders im ländlichen Indien. Daher beinhaltet die richtige Politik, weit entfernt vom Zurückfahren der Nahrungsgetreideproduktion, die Kaufkraft anzuheben und sowohl die tatsächliche Nachfrage als auch den Zugang zu erschwinglichem Nahrungsgetreide durch die Kombination eines allgemeinen, nichtkategorisierten Projekts garantierter Beschäftigung mit der Rückkehr zu einem allgemeinen, nichtkategorisierten Öffentlichen Verteilungssystem wieder herzustellen.

Zweitens, weit davon entfernt, dass der prozentuale Anteil der in Armut lebenden Bevölkerung abnimmt, wie behauptet, lautet die auf aktuellen Daten beruhende sachlich richtige Meinung, dass die Armut sehr hoch ist und mindestens drei Viertel der ländlichen und über zwei Fünftel der städtischen Bevölkerung betrifft. Außerdem zeigen die Daten, dass die Tiefe der Armut während der fünfzehn Reformjahre erheblich zugenommen hat und dass in den meisten Bundesstaaten und auf gesamtindischer Ebene mehr Menschen als vorher auf einen schlechteren Ernährungsstatus hinuntergedrückt werden. Weil so viele Wissenschaftler und die Planungskommission ein Bewertungsverfahren benutzen, das einer logischen Basis entbehrt und mit wissenschaftlichen Gründen nicht zu verteidigen ist, kommen sie zu der Schlussfolgerung, dass die Armut zurückgeht. Welcher Art dieses Bewertungsverfahren ist und worin es von der richtigen Methode abweicht, ist eines der Hauptprobleme, das ich darlegen möchte, denn ich glaube, dass es ein Teil des „Rechts auf Information" ist, dass der intelligente Bürger in der Lage sein sollte, unabhängig ein Urteil über den Wert der offiziellen Methode zu fällen und die Wahrheit bestimmter Aussagen nicht als gegeben hinzunehmen. Mein heutiger Vortrag wird sich auf das richtige theoretische Erfassen dieser beiden Hauptfragen konzentrieren – nachlassende tatsächliche Nachfrage nach Nahrungsgetreide und Ausmaß der Armut. Das ist äußerst wichtig geworden, weil das weit verbreitete Aufstellen falscher Theorien in wissenschaftlichen und Regierungskreisen zu Politikformulierungen und Maßnahmen führt, die nur dazu dienen werden, den Lebensstandard des Volkes zu verschlechtern und noch größere Teile insbesondere der ländlichen Bevölkerung immer mehr in Arbeitslosigkeit und Nahrungsmangel zu stürzen.

Die ersten beiden Abschnitte erörtern kurz den deflatorischen gesamtwirtschaftlichen Kurs samt der Einwirkung globalen Preisverfalls, was während der letzten sechs Jahre im ländlichen Indien zu einem massiven Verlust an Kaufkraft geführt hat und sich in einem sinkenden Verbrauch von Nahrungsgetreide und einer abnehmenden Kalorienzufuhr widerspiegelt. Der dritte Abschnitt befasst sich mit der Interpretation des Rückgangs des Nahrungsgetreideverzehrs, während der vierte und letzte Abschnitt die Frage nach der Armutseinschätzung aufgreift und darlegt, wie offizielle und die meisten wissenschaftlichen Bewertungen eine bestimmte indirekte Methode der Schätzung benutzen, wobei die Armut völlig von Ernährungsnormen getrennt und die vorliegenden Angaben ignoriert werden, die die Grundtatsachen des ansteigenden Nahrungsmangels und des Anwachsens der Armutstiefe zeigen.

Was deflationäre Programme und Handelsliberalisierung der Agrarwirtschaft in Indien gebracht haben

Deflationäre gesamtwirtschaftliche Programme werden von internationalen und einheimischen finanziellen Interessengruppen stark bevorzugt, die ganz besessen von Inflationskontrolle sind und eher eine Wirtschaft mit einer hohen Arbeitslosenrate, die langsam wächst und die Arbeitslosigkeit weiter ansteigen lässt, vorziehen würden, als einen möglichen Preisanstieg infolge eines Expansionskurses, der die Arbeitslosigkeit abbaut, zu riskieren. Internationale Geldgeber wollen hohe Realwerte ihrer Finanzanlagen und hohe Realzinssätze aufrechterhalten (Inflation würde beide untergraben) – und sind zufrieden mit Runden von Wertverlust bei Unternehmen in Entwicklungsländern, damit diese Vermögenswerte von ihren Gesellschaften zu niedrigen Preisen aufgekauft werden können. Ihre unsinnige und zwanghafte Angst vor Inflation kommt in den Strategien zum Ausdruck, die der Internationale Währungsfonds/ IWF in den 1980er Jahren 78 Entwicklungsländern in gleicher Weise angeraten hat (nach einer Studie in der Tabelle 1 zusammengefasst). Die ersten drei Leitlinien – Zurückhaltung bei zentralen Regierungsausgaben, Beschränkungen bei der Krediterweiterung und Verringerung des Anteils des Haushaltsdefizits am Bruttoinlandsprodukt – bilden zusammengenommen ein stark Konjunktur hemmendes Paket, und alle drei wurden gleichzeitig von vier Fünfteln der betroffenen Länder umgesetzt, wobei zwei Drittel die Löhne deckelten und über die Hälfte ihre Währung abwerteten.

Die Ergebnisse der deflationären Strategie des Jahrzehnts bis zur Mitte der 1980er Jahre sind als deutlicher Rückgang von Investitionsraten sowohl bei der Kapitalbildung als auch in den sozialen Sektoren belegt und führten zu einem verringerten oder Minuswachstum des Bruttoinlandsprodukts und einer negativen Auswirkung auf Indikatoren der sozialökonomischen Entwicklung (siehe vor allem Cornia/Jolly/Stewart 1987).

Tabelle 1
Von 78 Ländern in vom IWF gelenkten Wirtschaftsreformen befolgte Leitlinien

	Prozentsatz der Anzahl der Länder, die diese Grundsätze befolgt haben
1. Zurückhaltung bei zentralen Regierungsausgaben	91
2. Beschränkungen bei der Krediterweiterung	99
3. Verringerung des Anteils des Haushaltsdefizits am BIP	83
4. Lohnzurückhaltung	65
5. Wechselkurspolitik	54

Quelle: IWF-Studie zitiert in Cornia/Jolly/Stewart (Hg.), *Adjustment with a Human Face*, Bd. 1, S. 11 (1987).

Ein Reihe von Studien hat seit damals den ungünstigen Effekt bestätigt und einen expansiven Kurs befürwortet.[2]

Indien hat seit 1991 genau dasselbe deflationäre Politikpaket befolgt, dessen Wirkung auf die Landwirtschaft besonders schwerwiegend war, da es eine einschneidende Kürzung staatlich geplanter Entwicklungsausgaben für ländliche Bereiche mit sich brachte, wozu traditionell Landwirtschaft, ländliche Entwicklung, Bewässerung und Hochwasserschutz gehören – alles unerlässlich für die Aufrechterhaltung der Produktion. Wir fügen noch die Aufwendungen für besondere Regionalprogramme sowie für die Dorf- und Kleinindustrie hinzu, um die gesamten „Ländlichen Entwicklungsausgaben"/ LEA zu definieren. Die Arbeitsplätze schaffenden Programme hatten seit der Dürre im Jahr 1987 besondere Bedeutung erlangt.

Während der 7. Planperiode von 1985 bis 1990, in der Zeit vor den Reformen, wurden 510 Milliarden Rupien bzw. beinahe 4 Prozent des Nettosozialprodukts/NSP für ländliche Entwicklung und 910 Milliarden Rupien oder mehr als 7 Prozent des NSP für die

---

[2] Siehe D. Baker/G. Epstein/R. Pollin, *Globalization and Progressive Economic Policy*, (Cambridge 1998). Patnaik 2000.

Infrastruktur ausgegeben.[3] Mitte der 1990er Jahre waren die Ausgaben für ländliche Entwicklung auf 2,6 Prozent des NSP zurückgegangen, und zusammen mit der Infrastruktur waren es weniger als 7 Prozent im Vergleich zu 11 Prozent während des 7. Planes. Weitere Kürzungen fanden statt, so dass 2000-01 der Anteil der Kosten unter diesen Rubriken auf 5,8 Prozent des NSP zurückgefahren und der Anteil der ländlichen Entwicklung halbiert worden war und nur noch 1,9 Prozent ausmachte (siehe Tabelle 2).

Tabelle 2
Die Kürzung der ländlichen Entwicklungsausgaben auf Grund der Wirtschaftsreformen, ausgewählte Jahre 1985-90 bis 2000-01

	1985-90 Durchschnitt	1993-4	1995-6	1997-8	2000-01
1. Ländliche Entwicklungsausgaben als Prozentanteil des NSP	3,8	2,8	2,6	2,3	1,9
2. darüber hinaus plus Infrastruktur	11,1	8,4	6,9	6,4	5,8

Quelle: Government of India, Ministry of Finance, annual *Economic Survey*, für die Jahre 2001-02 bis 2003-04, Anhang Tabelle S-44. „Ländliche Entwicklungsausgaben" bedeuten hier die geplanten Aufwendungen der Zentral- und der Länderregierungen unter den fünf Rubriken Landwirtschaft, ländliche Entwicklung, Bewässerung und Hochwasserschutz, besondere Regionalprogramme sowie Dorf- und Kleinindustrie. Infrastruktur umfasst die gesamte Energieerzeugung und das Transportwesen, einschließlich der städtischen Bereiche. Berechnet nach jetzigen Ausgabewerten und NSP zum Kostenfaktor.

Die Pro-Kopf-Ausgaben nahmen offensichtlich noch stärker ab. Ich schätze, dass bei gleichbleibenden Preisen der Jahre 1993-4 im letzten Jahr der Dekade 1999-2000 verglichen mit ihrem Beginn 1990-91 etwa 300 Milliarden Rupien weniger ausgegeben wurden. Ein grober Punkt-für-Punkt-Vergleich könnte auf einen jährlichen Einkom-

---

[3] In die Infrastruktur schließen wir auch die Ausgaben für Energie und Transport ein.

mensverlust von 1.200 bis 1.500 Milliarden Rupien hindeuten, wenn man einen Multiplikatorwert zwischen 4 und 5 ansetzt. Die tatsächliche Einbuße wäre größer, wenn man den kumulativen Ausfall aufeinander folgender Jahre berücksichtigt. Diese strenge Sparpolitik hatte nichts mit irgendeiner objektiven Ressourcenbegrenzung zu tun, sondern spiegelt einfach die Deflationspolitik der Bretton-Woods-Institutionen/BWI wider, die die indische Regierung verinnerlichte und zu rechtfertigen suchte.

Es gibt keine ökonomischen Gründe für den Glauben, dass „Kapitalinvestition der öffentlichen Hand die private Kapitalanlage verdrängt", wie das übliche Argument für die Reduzierung der Rolle des Staates in der ländlichen Entwicklung lautet. Genau das Gegenteil hat sich bei bestimmten Anlageformen gezeigt, beispielsweise bei allen Arten von Bewässerungsprojekten, die für eine von Bewässerung abhängige Landwirtschaft wie die indische lebenswichtig sind. Eine private Investition in einen Rohrbrunnen lohnt nur, wo der Grundwasserspiegel wegen der Versickerung aus den vom Staat gebauten Kanalbewässerungssystemen hoch bleibt und wo mit staatlicher Hilfe die in die Gemeinde eingebundene Pflege und Erhaltung des Wassereinzugsgebietes (das Pflanzen von Bäumen und der Gebrauch von Rückhaltedämmen) gefördert wird. Der private Raubbau am Grundwasser hat in vielen Bundesstaaten Indiens einen kritischen Punkt erreicht, an dem der Grundwasserspiegel rapide sinkt und nicht einmal die reichsten Bauern an Wasser herankommen, nachdem sie massiv in Bohrbrunnen und Tauchpumpen investiert haben. Andere infrastrukturelle Investitionen wie ländliche Energieprojekte, Straßen, Brücken, Schulen, Krankenhäuser und so weiter werden nie von privaten Anlegern übernommen, sind aber wesentlich, um die Entwicklung anzukurbeln, und schaffen Lebensunterhalt direkt für diejenigen, die sie bauen, als auch über den wichtigen Multiplikatoreffekt auf Beschäftigung und Einkommen durch höhere Lohneinnahmen, die für einfache Konsumgüter und Dienstleistungen in den Dörfern ausgegeben werden. Dadurch erweitert sich auch der Markt für maschinell gefertigte Textilien und andere Waren.

Das Endgebnis dieser unklugen Kürzung öffentlicher Investitionen und der Ländlichen Entwicklungsausgaben war eine Verlangsamung des Produktionswachstums. Die Wachstumsraten sowohl des Nahrungsgetreides als auch anderer Kulturen haben sich in den 1990er Jahren verglichen mit den vor den Reformen liegenden 1980er Jahren fast halbiert, und beide sind unter die Wachstumsrate der Bevölkerung gesunken, obwohl sich diese auch verlangsamt hat (Tabelle 3).

Tabelle 3
Verlangsamung der Wachstumsraten der landwirtschaftlichen Produktion

Periode	Nahrungs-getreide	andere Kulturen	alle Kulturen	Bevölkerung
1980-81 bis 1989-90	2,85	3,77	3,19	2,1
1990-91 bis 2000-01	1,66	1,86	1,73	1,9
2000-01 bis 2005-06	0,00	n.v.	n.v.	1,8

Quelle: Government of India, Ministry of Finance, *Economic Survey*, 2001-02, S. 189.
Merke: Die Verlangsamung des Produktionswachstums ist weitaus stärker als die Verlangsamung des Bevölkerungswachstums, was die abnehmende Pro-Kopf-Produktion beinhaltet.

Das hat während der 1990er Jahre zum Rückgang der Pro-Kopf-Produktion geführt, und zwar zum ersten Mal seit der Agrarkrise Mitte der 1960er Jahre, die jedoch von kurzer Dauer war, wohingegen heute die landwirtschaftliche Pro-Kopf-Produktion selbst nach einem Jahrzehnt weiter abnimmt, sogar schneller als früher, da die Wachstumsrate der Nahrungsgetreideproduktion zwischen 2000-01 und 2005-06 den Nullpunkt erreicht hat. Die landwirtschaftlichen Universitäten haben früher eine Hauptrolle bei der Entwicklung und Verbreitung neuer Sorten von Feldfrüchten gespielt, und die Kürzung von Forschungsmitteln hat ebenfalls zur Verlangsamung des Wachstums von Erträgen beigetragen, weil sie die Suche nach verbesserten Sorten für vom Regen abhängige Böden beeinträchtigt hat. Bei zunehmender Verwendung von Land für kommerzielle und Wohnzwecke ist die bestellte Bruttofläche in Indien seit

1991 gleich geblieben, so dass nur durch die Steigerung von Ernteerträgen das Produktionswachstum aufrechterhalten werden kann, und gerade hier wird das Versagen offensichtlich.

Die Kürzung der staatlichen Ländlichen Entwicklungsausgaben/LEA und die fast schon Halbierung des landwirtschaftlichen Wachstums haben zusammen eine erhebliche Arbeitslosigkeit hervorgerufen. Während der Periode der Wirtschaftsreformen wuchs die offene Arbeitslosigkeit rasch an, und zugleich sank die Zahl der Beschäftigungstage der Arbeiterschaft ab. Angesichts abnehmenden Wachstums der Ernteerträge war, selbst bei konstanten Arbeitskräftekoeffizienten (eingesetzte Arbeitstage pro Einheit des Ernteertrags), ein Abfallen des Beschäftigungswachstums um fast die Hälfte zu erwarten; aber die Verringerung von Arbeitsplätzen war noch größer, weil die Mechanisierung, insbesondere bei der Ernte, und die Anwendung chemischer Unkrautvernichtungsmittel, im Gegensatz zum Unkrautjäten von Hand, zu sinkenden Arbeitskräftekoeffizienten geführt hat. Zudem hat das Beschäftigungswachstum auf dem Lande außerhalb der Landwirtschaft, das durch die vergleichsweise hohen ländlichen Entwicklungsausgaben in den 1980er Jahren stabil war, in den 1990er Jahren abgenommen. Der Anteil der Arbeiterschaft an der Bevölkerung oder die Erwerbsquote ist gesunken (eine niedrige Erwerbsquote spiegelt die Schwierigkeit wider, Arbeit zu finden), der Anteil der Erwerbsbevölkerung an allen zur Verfügung stehenden Arbeitskräften hat sich verringert, weil sich die offene Arbeitslosigkeit jährlich über 5 Prozent erhöht hat (Tabelle 4). Die Beschäftigungselastizität in Bezug auf die Produktion betrug zwischen 1983 und 1993-4 0,7 Punkte, ist aber mit 0,01 Punkten für die Reformperiode 1993-3 bis 1999-00 kaum noch wahrnehmbar.

Tabelle 4
Beschäftigungsrückgang im ländlichen Indien

	Jahr 1983	Jahr 1993-1994	Jahr 1999-2000	Wachstum pro Jahr 1983 bis 1993-4 %	1993-4 bis 1999-00 %
LÄNDLICH					
1. Bevölkerung (Mill.)	546,6	658,8	727,5	1,79	1,67
2. Arbeitskräfte (Mill.)	204,2	255,4	270,4	2,15	0,96
3. Erwerbsbevölkerung (Mill.)	187,9	241,0	250,9	2,40	0,67
4. Arbeitslose (Mill.) (2-3)	16,3	14,4	19,5	-1,19	5,26

Quelle: Government of India, Ministry of Finance, *Economic Survey 2002-03*, S. 218.

Niemand sollte annehmen, dass erwerbslose Landarbeiter fortziehen und in der Industrie Arbeit finden. Während der Reformzeit ist es auch in der verarbeitenden Industrie zu enormen Arbeitsplatzverlusten gekommen, und der Anteil des sekundären Sektors am Bruttoinlandsprodukt/BIP ist in den 1990er Jahren von 29 auf rund 22 Prozent zurückgegangen, kurz gesagt, Indien hat eine Deindustrialisierung erlebt. Die landwirtschaftliche Depression hat den Anteil der Landwirtschaft am BIP von etwa einem Drittel zu Beginn der 1990er Jahre auf etwas über ein Fünftel ein Jahrzehnt später reduziert, aber die Arbeitskräfte und die von der Landwirtschaft abhängige Bevölkerung sind kaum geringer geworden, was sich im Rückgang des Pro-Kopf-Einkommens widerspiegelt. Mithin sind die beiden materiell produktiven Sektoren geschrumpft, und der einzige Sektor, der sich in unnormaler Art und Weise[4] aufgebläht hat, ist der

---

[4] Ein wachsender Beitrag der Dienstleistungen zum Bruttoinlandsprodukt/BIP von einer Grundsituation aus, in der die Industrie einen hohen Anteil zum BIP erbringt, ist für Industrieländer typisch. Indien erlebt jedoch eine rasche Verlagerung auf Dienstleistungen bei einem relativ niedrigen anfänglichen Anteil der Industrie und des Bergbaus, mit einem Beitrag von

tertiäre oder Dienstleistungssektor, der nun mehr als die Hälfte des BIP erbringt. Mit Softwaretechnik verbundene, hohe Einkommen erbringende Dienste, das Auslagern von Geschäftsprozessen, Inlandstourismus und dergleichen stellen nur einen kleinen Teil des Dienstleistungssektors dar. Den größeren Teil der Arbeitsplätze machen noch immer Aktivitäten geringer Produktivität aus, bei denen verdrängte Landarbeiter auf einem niedrigen Einkommensniveau verbleiben, während sie die Bedürfnisse der gut verdienenden Elite erfüllen, die ihr Realeinkommen schnell verbessern konnte. Das verfügbare Einkommen hat für diese Schicht sogar schneller zugenommen, weil ein Teil der neoliberalen Reformen die Reduzierung der direkten Steuersätze einschloss. Die Industrieländer haben diese gut verdienende Minderheit im Auge, die 10 bis 15 Prozent der indischen Bevölkerung ausmacht, wenn sie für ihre Fabrik- und Landwirtschaftserzeugnisse den Zugang zum Markt fordern, und 100 bis 150 Millionen Menschen stellen zweifellos einen großen potentiellen Markt dar. Aber die Lage der gewaltigen Mehrheit der hauptsächlich ländlichen Bevölkerung, die nicht nur auf niedrigen Einkommensniveaus verharrt, sondern deren Position heute beträchtlich schlechter ist als vor zehn Jahren, darf nicht unberücksichtigt bleiben. Da entwickelt sich eine potenziell höchst destabilisierende Situation.

Während der Einkommens- und Beschäftigungsrückgang infolge des deflatorischen Kurses der erste Hauptgrund für den Verlust an Kaufkraft im ländlichen Indien darstellt, besteht der zweite Hauptgrund im unklugen Öffnen für den globalen Markt durch eine komplette Handelsliberalisierung seit Mitte der 1990er Jahre, zu einer Zeit, als sich die Weltmärkte im Abschwung befanden und die Rohstoffpreise nachgaben – ein Einbruch, der bis heute anhält.

---

weniger als 30 Prozent zum BIP, der jetzt auf etwa ein Fünftel zurückgegangen ist. Diese Verlagerung auf Dienstleistungen spiegelt die Deindustrialisierung und die sich verschlechternde Einkommensverteilung wider.

Unter global und lokal deflationären Bedingungen führt mehr Handel zu mehr Hunger in Entwicklungsländern

Die Anbauflächen Indiens verfügen mehr als in den meisten Entwicklungsländern über die Möglichkeit, eine weit gefächerte Bandbreite von Produkten hervorzubringen – nicht nur die Feldfrüchte und Obstsorten, die im Sommer in gemäßigten Breiten gedeihen, sondern auch die typisch tropischen Kulturen, die in Industrieländern mit einem gemäßigten Klima gar nicht wachsen. Nachfrage nach den Produkten unseres Landes bestand seit mehr als dreihundert Jahren überall in den Industrieländern, sowohl für den direkten Verbrauch als auch, um ihren Rohstoffbedarf zu befriedigen. *Allerdings hat historisch das Wachstum von Exporten aus der tropischen Landwirtschaft unter Freihandelssystemen immer zu einer Verringerung der einheimischen Nahrungsgetreideproduktion und -verfügbarkeit geführt und die Masse der Bevölkerung in zunehmende Unterernährung und in Extremfällen in Hungersnot gestürzt.* In dem halben Jahrhundert vor der indischen Unabhängigkeit fiel die Nahrungsgetreideproduktion pro Kopf um fast 30 Prozent, während die für den Export bestimmten Kulturen zehnmal schneller zunahmen als das Nahrungsgetreide. Ich habe schon früher einige historische und gegenwärtige Fälle der Umkehrbeziehung zwischen den Exporten des primären Wirtschaftssektors und dem einheimischen Nahrungsgetreideverbrauch erörtert.

Das muss so sein, weil Land keine reproduzierbare Ressource ist und ein starkes äußeres Interesse von Industrieländern an unseren botanisch unterschiedlichen Böden, um ihre ständig steigenden und sich vervielfältigenden Bedürfnisse zu erfüllen, dazu führt, dass unsere Böden und unsere Ressourcen von lokal verbrauchten Grundnahrungsmitteln auf die Befriedigung des Exportbedarfs umgestellt wurden. Die Lage wird durch Ausfuhren aus der langsamer wachsenden Nahrungsmittelproduktion selbst verschlimmert. Ricardos Theorie des komparativen Kostenvorteils, die besagt, dass notwendigerweise ein gegenseitiger Vorteil aus Spezialisierung und Handel erwächst, enthält einen wesentlichen und logischen

Irrtum, weil die Schlussfolgerung entscheidend auf der Annahme beruht, dass „beide Länder beide Güter" produzieren, was sachlich auf die Landwirtschaft nicht zutrifft. Die Industrieländer, die sich vor allem in kühlen gemäßigten Regionen befinden, können gar keine tropischen Feldfrüchte produzieren, also können die Produktionskosten etwa für Kaffee oder Gummi in diesen Ländern nicht einmal bestimmt werden, ganz zu schweigen von den relativen Kosten und den Grenzen der Transformation.[5]

Theoretisch können mehr Rohstoffexporte aus Entwicklungsländern mit einer höheren Lebensmittelproduktion für den Inlandsbedarf einhergehen, aber das ist nur möglich, wenn eine erhebliche Investitionserhöhung stattfindet, um die Produktivität zu steigern, denn Boden ist eine nicht produzierbare Ressource, deren „Angebot" nur über Investitionsmaßnahmen zunehmen kann, die erlauben, auf einem Hektar zu produzieren, wozu früher zwei notwendig waren. Es ist auch erforderlich, dass die einheimische Massennachfrage wächst und nicht durch Einkommen dämpfende Maßnahmen oder überhöhte Besteuerung gehemmt wird, wie es unter Kolonialsystemen der Fall war.

Höchst beunruhigend am gegenwärtigen Vorstoß in Richtung Handelsliberalisierung ist, dass er im Rahmen eines Investitionen reduzierenden, deflationären Systems stattgefunden hat. Ich habe 1992 vorausgesagt, dass bei dem vorhandenen deflationären Klima die Handelsliberalisierung in Indien die Ernährungssicherheit unterhöhlen wird, und genau das ist eingetreten. Sobald seit 1991 der Handel freigegeben war, wurden innerhalb von nur 8 Jahren Millionen Hektar Land vom der Ernährung dienenden Anbau auf Exportkulturen umgestellt, was zu einem Rückgang der Pro-Kopf-Nahrungsgetreideproduktion führte. Aber die Bauern zogen keinen Nutzen daraus, weil sie seit der Mitte des Jahrzehnts dem Einbrechen der globalen Rohstoffpreise ausgesetzt waren und in zunehmende Verschuldung und Zahlungsunfähigkeit stürzten. Fast

---

[5] Patnaik 2005, Ricardo's Fallacy. Eine kürzere Version findet sich in Patnaik 2003a.

neuntausend dokumentierte Selbstmorde von Bauern in Indien seit 1998 sind nur die Spitze des Eisbergs. Es herrscht eine tiefgreifende Agrarkrise, und der Verbrauch von Nahrungsgetreide befindet sich in Indien wieder auf dem Niveau von vor fünfzig Jahren.

Handelsliberalisierung und Exportschub sind sinnvoll, wenn sich lokale und globale Märkte ausdehnen auf Grund einer expansiven Entwicklungsstrategie, die Wachstum in den materiell produktiven Sektoren, zunehmende Beschäftigung und Einkommen fördert. Aber wenn das Gegenteil geschieht, wenn sowohl global als auch in der lokalen Wirtschaft die vorherrschende politische Ansicht strikt deflationär ist wie gegenwärtig, dann bedeutet Handelsliberalisierung einen Abbau des materiellen Wohlstands in Entwicklungsländern.[6] Indiens Erfahrungen in den letzten vierzehn Jahren bieten dafür ein gutes Beispiel.

Als Unterzeichner des Allgemeinen Zoll- und Handelsabkommens/GATT schaffte Indien 1994 alle quantitativen Handelsbeschränkungen ab und stellte sich ab April 2001 auf Zölle um. Dabei wurde zur gleichen Zeit der durchschnittliche Zollsatz auf 35 Prozent gesenkt, oder deutlich unter den gebundenen Satz, der 100 Prozent für Feldfrüchte und 150 Prozent für verarbeitete landwirtschaftliche Produkte betrug. Indiens Handelsliberalisierungsdrang hätte zeitlich nicht ungelegener kommen können, denn die Märkte der Industrieländer befanden sich in der Rezession, und die Weltmarktpreise für Primärprodukte kamen mit einem Absturz von 40 bis 50 Prozent ihrer Dollarpreise pro Einheit aller Kulturen – Getreide, Baumwolle, Jute, Zucker, Tee, Kaffee – und bis zu 80 Prozent bei einigen Ölpflanzen zwischen 1995 und 2001 gewaltig ins Trudeln, wie die Tabelle 5 zeigt.

---

[6]   Siehe meine Darlegung in Patnaik 1996, 2003 c.

Tabelle 5
Preise einiger wichtiger gehandelter Primärprodukte, in US-Dollar

	1988	1995	1997	2000	2001 (Jan.)	% Veränderung 2001 zu 1995
Weizen (US HW)	167	216	142	130	133	-38,2
Weizen (US RSW)	160	198	129	102	106	-46,5
Weizen (Argentinien)	145	218	129	112	118	-45,9
Mais (Argentinien)	116	60	133	88	80	-50,0
Mais (US)	118	159	112	97	92	-22,0
Reis (US)	256,7	-	439	271	291	-33,7
Reis (Thailand)	284	336	316	207	179	-46,7
Baumwolle	63,4	98,2	77,5	66	49,1	-50,0
Erdnussöl	590	991	1010	788*		-20,5*
Palmöl	437	626	93,5	74,7*		88,1*
Sojaöl	464	479	625	71,4*		85,1*
Sojabohnen Saatgut	297	273	262	199	178	-34,8
Sorghumhirse Saatgut	110	156	111	102	99	-36,5
Zucker	10,2	13,3	11,4	10,2	9,2	-30,8
Jute	370	366	302	276*		-24,6*

Quelle: *Food Outlook*, verschiedene Ausgaben von 1986 bis 2001; erhältlich vom Global Information and Early Warning System on Agriculture, UN Food and Agriculture Organization; und Monthly Commodity Price Bulletin, UNCTAD 2001. Für Getreide, Speiseöl und Saatgut beträgt die Einheit US-Dollar pro Tonne, für Baumwolle und Zucker US-Cent pro Pfund (1 Pfund hier: 453,59237 Gramm), und für Jute US-Dollar pro Tonne. Die mit * gekennzeichneten Zahlen beziehen sich auf 1999, und die prozentuale Veränderung ergibt sich aus 1999 verglichen mit 1995. Die Preisangaben für 2004 zeigen, dass die Zucker-, Baumwoll- und Jute-Preise auf dem niedrigen Niveau von 2001 geblieben sind, während die für Getreide etwas anstiegen.

Abgesehen von einer kurzen Steigerung 2002 sind die Preise ständig gefallen, und einige sind heute niedriger als 1986. Der Preis, den die Produzenten erhalten, liegt sogar unter dem Weltmarktpreis, weil für viele Produkte die Tätigkeit der staatlichen Absatzbehörden durch private transnationale Gesellschaften ersetzt wurde.

Während die Preise für indische Erzeuger von Exportprodukten fielen, wurde durch die Reform des Finanzsektors ihr Zugang zu kostengünstigem Kredit eingeschränkt. Seit der Verstaatlichung der Banken 1969 waren die Landwirtschaft und die Kleinindustrie als vorrangige Sektoren behandelt worden, die Bankkredite zu einem niedrigeren als dem durchschnittlichen Zinssatz erhielten. Aber das war mit den Finanzreformen zu Ende, und die Bauern wurden in die Abhängigkeit von privaten Geldverleihern und teuren Krediten (zu Wucher-Zinssätzen von 36 bis 60 Prozent im Jahr) getrieben. Andere entscheidende Produktionskosten einschließlich der Energiepreise wurden im Zusammenhang mit den neoliberalen Phrasen über das Kürzen von Subventionen (die im Vergleich mit Industrieländern schon dürftig waren) erhöht. Reduzierter Zollschutz bedeutete, dass Erzeuger von Reis, frischem Obst und Molkereiprodukten infolge des Zustroms gewöhnlich schwer subventionierter ausländischer Waren Einkommensverlusten ausgesetzt waren.

Mehr als sechstausend verschuldete Landwirte, hauptsächlich Baumwollbauern, haben seit 1998 allein in Andhra Pradesh Selbstmord begangen, als ihre Regierung, die mit der Weltbank ein Structural Adjustment Programme (Programm zur strukturellen Anpassung) auf Landesebene vereinbart hatte, die Energiepreise fünfmal erhöhte, auch als die Baumwollpreise um die Hälfte zurückgingen (Tabelle 6). Auch im Punjab gab es über tausend Selbstmorde von Bauern hauptsächlich im Baumwollgürtel. Neue Selbstmordserien wurden in Karnataka und Vidarbha registriert, und in den vier Jahren seit 2001 wurden über 1.250 Selbstmorde in Wayanad (Kerala) verzeichnet, als die Preise für die einheimischen Erzeuger von Kaffee, Tee und Gewürzen noch steiler abstürzten als die Weltmarktpreise, sobald große Gesellschaften den Aufkauf und die Vermarktung übernommen hatten. Daher betrug der Kaffeepreis, den der Pflanzer erhielt, nur ein Viertel, und der Preis für Tee und Pfeffer nur ein Drittel dessen, was 1999 üblich war.

Tabelle 6
Selbstmorde von Bauern in Andhra Pradesh nach Distrikten

Nr. Bezirk	1988	1999	2000	2001	2002	Gesamt
1. Warangal	77	7	7	28	903	1022
2. Ananthapoor	1	1	50	50	10	112
3. Mahaboobnagar	14	2	25	10	-	51
4. Karimnagar	31	10	6	30	1220	1297
5. Guntur	32	10	1	6	-	49
6. Khamman	20	5	3	6	2	36
7. Medak	15	3	2	8	-	28
8. Adilabad	9	8	5	13	-	35
9. Nalgonda	5	1	10	11	8	35
10. Nizamabad	9	1	-	11	457	478
11. Rangareddy	5	-	3	6	-	14
12. Kurnool	4	4	2	4	-	14
13. Chittoor	3	-	-	2	-	5
14. Krishna	4	1	1	3	1	10
15. Prakasham	1	3	-	2	-	6
16. West Godavari	1	-	-	5	-	6
17. East Godavari	-	-	1	2	-	3
18. Sreekakulam	-	1	-	-	-	1
19. Cuddapah	-	-	-	4	-	4
20. Visakapatnam	-	-	-	1	-	1
unbekannt	2	1	-	-	-	3
gesamt	233	58	116	202	2601	3210

Kommentar: Bis zum Jahr 2004 betrug die Gesamtzahl der Selbstmorde über fünftausend. Angaben aus Polizeiakten bis zum 27. Januar 2002 wurden von der Kisan Sabha auf einem Symposium über Selbstmorde von Bauern vorgelegt, das am 3. Februar 2002 in Hyderabad (Andhra Pradesh) stattgefunden und an dem die Autorin teilgenommen hat. Die Tabelle wurde teilweise durch die Aufnahme von Informationen für das gesamte Jahr 2002 aktualisiert, soweit sie für die drei Distrikte (Warangal, Karimnagar und Nizamabad) erhältlich waren, wie in *The Hindu*, Hyderabad Ausgabe, 6. Januar 2003, berichtet. Im Falle der anderen Distrikte beziehen sich die Zahlen in der letzten Spalte auf einen einzigen Monat, den Januar 2002. Seit damals haben weitere 1.700 Selbstmorde stattgefunden, deren Zuordnung zu den Distrikten noch nicht vorliegt.

Die Agrarkrise war der Hauptgrund für die entschiedene massenhafte Ablehnung neoliberaler Politik und die Wahlniederlage der NDA-Koalition im Zentrum sowie der TDP-Regierung in Andhra Pradesh im Mai 2004. Angesichts der Beschäftigungskrise hatte die neue United Progressive Alliance/UPA (Vereinigte Progressive Allianz) versprochen, ein nationales Gesetz zu verwirklichen, das auf dem Lande Beschäftigung garantieren sollte (National Rural Employment Guarantee Act) und vor kurzem vom Parlament formuliert und verabschiedet worden war. Es wurde jedoch verwässert, indem der Haushalt als Einheit zu Grunde gelegt wurde, wobei nur einem Mitglied das Recht auf Arbeit zusteht, und es wurde die Option eingeräumt, den Lohn unterhalb des gesetzlichen Mindestlohnes festzulegen.

Indien hat während der letzten sechs Jahre Rekordmengen Weizen und Reis ausgeführt, und sein Anteil am globalen Reis- und Weizenexport hat recht deutlich zugenommen. Trotz der drastischen Verlangsamung des Produktionswachstums, wie in Tabelle 3 verzeichnet, exportierte Indien im Verlauf der beiden Jahre 2002 und 2003 22 Millionen Tonnen Nahrungsgetreide (Bhalla 2005), und der Anteil des Getreideexports an der Gesamtausfuhr wuchs von unter einem Fünftel auf fast ein Viertel an. Der gestiegene Anteil des Handels am Bruttoinlandsprodukt spiegelt eine höhere Integration in den Welthandel wider. Während des schweren Dürrejahres, das mit dem Monsun 2002 begann, und obwohl die Getreideproduktion um 30 Millionen Tonnen niedriger war als im vorangegangenen Jahr, wurde von Juni 2002 bis November 2003 von der ehemaligen NDA-Regierung eine Gesamtmenge von 17 Millionen Tonnen Nahrungsgetreide ausgeführt. Oberflächlich sieht es so aus, als ob die Strategie der Handelsliberalisierung „funktioniert" hätte.

Die entscheidende Tatsache jedoch, die in offiziellen Veröffentlichungen und in den Schriften der Pro-Reform-Wirtschaftswissenschaftler verdrängt wird, und das trifft selbst nach den Wahlen und dem Regierungswechsel zu, besteht darin, dass die enorm angewachsene Getreideausfuhr zustande kam, weil immer mehr Mägen leergeblieben sind, denn Millionen Landarbeiter und Bauern verloren ihre Arbeit und mussten Einkommenseinbußen erleiden. Der Verzehr von Nahrungsgetreide hat heute in Indien im Ergebnis eines massiven Rückgangs der Kaufkraft besonders in den Dörfern infolge einer Kombination von zunehmender Arbeitslosigkeit, steigenden Investitions- und Kreditkosten für Bauern sowie der Einwirkung des globalen Preisverfalls einen historischen Tiefpunkt erreicht. Der Kaufkraftverlust beeinträchtigt sowohl die 158 Millionen lohnabhängig Beschäftigten als auch die 120 Millionen bäuerlich Tätigen und ihre Familien tiefgreifend. Die Zielgruppenorientierung der Lebensmittelsubventionen seit 1997-8, die die Versorgung mit billigerem Getreide nur auf diejenigen beschränkt, die offiziell als „unter der Armutsgrenze" lebend anerkannt wurden, hat den Armen institutionell ebenfalls erschwingliches Nahrungsgetreide entzogen, nicht nur auf Grund von Irrtümern des fälschlichen Ausschlusses aus den Kreis der offiziell Armen, sondern auch wegen der krassen offiziellen Unterbewertung der Anzahl der in Armut lebenden Menschen, die am Ende des Aufsatzes erörtert wird.

Der beträchtliche Rückgang des Nahrungsgetreideverzehrs pro Kopf beruht auf nachlassender Kaufkraft, nicht auf „freiwilliger Entscheidung"

Pro-Kopf-Verfügbarkeit oder -Verbrauch von Nahrungsgetreide ist in Indien in dem Jahrzehnt der deflationären neoliberalen Wirtschaftsreformen erschreckend auf nur 155 Kilogramm jährlich zurückgegangen, wenn man den Durchschnitt des Trienniums mit Ende 2002-03 betrachtet. Dieses gegenwärtige Niveau ist das gleiche wie vor fünfzig Jahren während des ersten Fünfjahrplanes, und es ist auch das Niveau, das wir zwischen 1937 bis 1941 unter der Kolonialherrschaft hatten. Das bedeutet, dass die Zugewinne an Ernährungssicherheit der vier Jahrzehnte Protektionismus bis 1991 vollständig aufgehoben wurden.

Seit der Unabhängigkeit war die Verfügbarkeit von Nahrungsgetreide pro Kopf von den frühen 1950er Jahren an bis vier Jahrzehnte später, auf die drei Jahre mit Ende 1991 bezogen, langsam von 153 auf 177 Kilogramm angestiegen – eine Errungenschaft nicht nur der Grünen Revolution, sondern von Wachstumsstrategien, die allmählich das Masseneinkommen und die Massennachfrage anhoben, ohne dass sich die bereits große Ungleichheit zu sehr weiter ausprägte. Obwohl es bei der Grünen Revolution viele Probleme gab, sollte ihr positives Ergebnis, die Steigerung von Nahrungsgetreideverfügbarkeit und -verbrauch, nicht unterschätzt werden. Alles das wurde seit den frühen 1990er Jahren rückgängig gemacht. Weil das neue System der deflationären ökonomischen Reformpolitik seit 1991 die Massenbeschäftigung und das Masseneinkommen untergraben hat, stellen wir ein Sinken des Pro-Kopf-Verzehrs auf 174 Kilogramm in dem 1998 endenden Triennium und danach einen Absturz auf das gegenwärtige miserable Niveau von 155 Kilogramm fest. Vierzig Jahre erfolgreicher Anstrengungen, die Verfügbarkeit anzuheben, wurden in einem einzigen Jahrzehnt zunichte gemacht, wobei mehr als vier Fünftel des Einbruchs in die letzten sechs Jahre fallen.[7]

Die Berechnung von Verfügbarkeit oder Verbrauch basiert auf den sichersten Angaben über die jährliche Nettoproduktion[8], die wir haben. Sie wurden nur hinsichtlich der Veränderungen in den öffentlichen Reserven und im Handel bereinigt, so dass per Definition der gesamte Endverbrauch abgedeckt ist – der direkte Verbrauch zur Konsumtion als Getreide und Erzeugnisse daraus, die Verwendung als Futter zur Erzeugung tierischer Produkte (ein Teil davon wird exportiert) und die industrielle Nutzung. Die Pro-Kopf-Verfügbarkeit/Verbrauch (diese beiden Begriffe werden synonym verwendet) ist nun eine der niedrigsten in der Welt. Nur das

---

[7] Das habe ich detaillierter in Patnaik 2003b, 2004 ausgeführt.

[8] 12,5 Prozent in Tonnen von der Bruttoproduktion an Nahrungsgetreide (Zerealien plus Hülsenfrüchte) wegen der Berücksichtigung von Saatgut, Futter und Verlusten abzuziehen, zu der auf diese Weise erhaltenen Nettoproduktion die Nettoimporte hinzuzufügen und die Nettoergänzungen der öffentlichen Vorräte zu subtrahieren, ist das offizielle Verfahren seit 50 Jahren, dem ich in Tabelle 7 gefolgt bin.

subsaharische Afrika und einige am wenigsten entwickelte Länder registrieren einen geringeren Verbrauch als Indien. Da das städtische Indien den durchschnittlichen Verzehr und die durchschnittliche Kalorienzufuhr erhöht hat, ist es das ländliche Indien, wo ein sehr steiler Abfall zu verzeichnen ist. Zum Vergleich: China verbrauchte um die Mitte der 1990er Jahre pro Kopf 325 Kilogramm Getreide (ausgenommen Knollen), dagegen Indien zu jener Zeit weniger als 200 Kilogramm, Mexiko 375 Kilogramm, europäische Länder 700 Kilogramm oder mehr und die USA 850 Kilogramm.

Außer unter anormalen Bedingungen wie im Krieg oder bei einer Hungersnot, so stellt man immer fest, nimmt der Getreideverbrauch zu, wenn das Durchschnittseinkommen in einem Land wächst. Deswegen ist der Einbruch in Indien so ungewöhnlich, und er wird theoretisch nicht richtig erfasst.

Während der fünf Jahre mit Ende 2002-03 nahm die Getreideproduktion pro Kopf um etwa 12 Kilogramm ab, wie die Tabelle 7 zeigt, wohingegen im selben Zeitraum der Pro-Kopf-Verbrauch um 21 Kilogramm und damit viel stärker gesunken ist. Die durchschnittliche indische Familie mit fünf Mitgliedern verzehrt jährlich 100 Kilogramm Nahrungsgetreide weniger als vor nur fünf Jahren, und weil im städtischen Indien der Verbrauch gestiegen ist (die Kalorienzufuhr hat auch zugenommen), ist es die ländliche Familie, die sogar weniger verzehrt, als der Durchschnitt ausweist. Dieser anormale Rückgang resultiert aus dem Verlust an Kaufkraft aus Gründen, die bereits dargelegt wurden, und er spiegelt sich in einem massiven Anhäufen unverkaufter öffentlicher Lebensmittelreserven wider, die im Juli 2002 63 Millionen Tonnen betrugen, etwa 40 Millionen Tonnen mehr als der normale Vorrat für diese Jahreszeit. Statt umfangreiche „Nahrung-für-Arbeit"-Programme zu starten, um den Verlust von Arbeit und Einkommen zu kompensieren, hat die NDA-Regierung zwischen Juni 2002 und Oktober 2003 aus diesen Reserven über 17 Millionen Tonnen Nahrungsgetreide mit Subventionen ins Ausland verhökert, und sie wurden hauptsächlich benutzt, um europäische Rinder und japanische Schweine zu füttern.

Es gibt zwei sehr unterschiedliche Möglichkeiten, wie sich derart riesige Lebensmittelvorräte ansammeln können: Das Nachfragewachstum ist normal, aber die Produktion nimmt viel schneller zu, beziehungsweise die Produktionssteigerung ist normal, aber die Nachfrage verringert sich infolge von Einkommensverlusten sehr rasch und die Nachfragekurve fällt ab. In beiden Fällen übersteigt das Angebot die Nachfrage, aber aus ganz verschiedenen Gründen. Wie bereits gesagt, verlief das Produktionswachstum nicht normal, sondern ging in Wirklichkeit zurück, also trifft der erste Grund nicht zu. Es liegt an der tatsächlichen Massennachfrage, daher am Verbrauch, der in einem viel größeren Umfang abgenommen hat. Deshalb ist es der zweite Grund, und nicht der erste, der für das gegenwärtige Paradoxon von um sich greifendem Hunger auf dem Lande und Rekordgetreideexporten verantwortlich ist. Wenn die ländliche Nachfrage auch nur auf dem Niveau von 1991 hätte gehalten werden können, dann wäre der Verzehr von Nahrungsgetreide heute um 26 Millionen Tonnen höher als derzeit und es gäbe keine Agrarkrisen im Punjab und in Haryana, die allein in den letzten sechs Jahren einen Binnenmarkt dieser Größenordnung verloren haben. Die Energiezufuhr hätte aufrechterhalten werden können und die ländliche Pro-Kopf-Kalorienzufuhr hätte nicht unter den städtischen Durchschnitt fallen müssen, wie es in den 1990er Jahren der Fall war.

Da das Pro-Kopf-Einkommen im gesamtindischen Maßstab in der Reformperiode gestiegen ist, passt ein solch enormer Absturz des Nahrungsgetreideverbrauchs offensichtlich nur mit einer drastischen Zunahme der Einkommensungleichheit zusammen. Darauf haben wir früher schon hingewiesen (Patnaik 2003b). Aber die Ungleichheit kann sich auch verstärken, wenn alle Einkommen steigen. Wachsende Ungleichheit an sich ist weder notwendig noch ausreichend für den beobachteten massiven *absoluten* Verfall des Getreideverbrauchs.[9]

---

[9] Eine zunehmende Ungleichheit ist nicht notwendig, weil wir auch ein Abnehmen des Getreideverzehrs feststellen können, wenn alle Einkommen

Tabelle 7
Zusammenfassung der jährlichen *Pro-Kopf*-Nahrungsgetreideproduktion und -verfügbarkeit in Indien in den 1990er Jahren (Dreijahresdurchschnitt)

Dreijahresperiode Ende	Durchschnitt Bevölkerung Mio.	Nettoproduktion		pro Kopf		Nettoverfügbarkeit pro Kopf Nahrungsgetreide	
		Zerealien	Nahrungsgetreide	Zerealien	Hülsenfrüchte		
		kg	kg	kg	kg	kg/Jahr	g/Tag
1991-92	850,70	163,43	178,77	162,80	14,20	**177,0**	**485**
1994-95	901,02	166,74	181,59	160,80	13,50	**174,3**	**478**
1997-98	953,07	162,98	176,81	161,60	12,60	**174,2**	**477**
2000-01	1008,14	164,84	177,71	151,70	11,50	**163,2**	**447**
2002-03	1050,67	153,85	164,09	142,91	10,12	**153,0**	**419**
Einzeljahr							
2003-04*	1087,6	158,33	170,83	n.v.	n.v.	n.v.	n.v.
2004-05*	1107,0	151,21	162,35	n.v.	n.v.	n.v.	n.v.

Veränderung der Pro-Kopf-Verfügbarkeit an
Nahrungsgetreide, %
Triennium Ende 1991-92 bis Triennium Ende 1997-98   -1,6
Triennium Ende 1997-98 bis Triennium Ende 2002-03   -12,2
Gesamtveränderung 1991-92 bis 2002-03   -13,6

Quelle: Zu Produktion, Handel und Vorräten: Reserve Bank of India, *Report on Currency and Finance*, verschiedene Jahre; und Government of India, Ministry of Finance, *Economic Survey*, verschiedene Jahre. Zu Bevölkerung: die kumulierte jährliche Wachstumsrate von 1,89 Prozent wurde von den Zensus-Gesamtbevölkerungszahlen für 1991 und 2001 abgeleitet und benutzt, um die Angaben für die Zwischenzensusjahre zu interpolieren. Für die Jahre vor 1991 und nach 2001 wurden

zurückgehen und die Ungleichheit unverändert bleibt. Und sie ist nicht ausreichend, weil der Getreideverzehr nicht zurückgeht, wenn zusammen mit der zunehmenden Ungleichheit alle Einkommen größer werden.

die Bevölkerungszahlen aus dem Economic Survey benutzt. Diese Tabelle ist eine Aktualisierung der Tabelle 4 im Aufsatz „Die Hungerrepublik".
* bedeutet vorläufig.

Das einzige Szenario, das dem entspricht, ist ein besonderer Typus der Zunahme der Ungleichheit, nämlich der absolute Rückgang der Realeinkommen und der Anstieg der absoluten Armut, die vor allem in den ländlichen Gebieten konzentriert sind, verbunden mit einer starken Zunahme der Realeinkommen bei den Spitzengruppen der Bevölkerung, die vor allem in den städtischen Bereichen konzentriert ist. Die Datenangaben widerspiegeln das teilweise: Ein Indikator ist die Verringerung der realen Pro-Kopf-Ausgaben für Konsum bei den untersten vier Fünfteln der ländlicher Bevölkerung gegen Ende der 1990er Jahre und eine drastische Vermehrung bei dem oberen Fünftel der städtischen Bevölkerung, was von Sen und Himanshu (2004) festgestellt wurde. Aber sogar diese Befunde bezüglich der *Ausgaben* scheinen das wahre Ausmaß des *Einkommens*verfalls für die Massen der ländlichen Bevölkerung zu untertreiben. (Wir haben keine direkten Daten über Einkommen.) Das kommt daher, weil diese Menschen gezwungen waren, Vermögenswerte aus der Hand zu geben, um ihren Verbrauch zu sichern und am Leben zu bleiben, während die Wohlhabenden weit über ihren außerordentlich erhöhten realen Aufwand hinaus gespart haben und in Immobilien- und Finanzmärkte eingestiegen sind. Kurzum, zusätzlich zu den Veränderungen der beobachteten Flussvariablen wie Ausgaben finden auch Vermögenswechsel statt, nämlich Umverteilung von Eigentum zum Nachteil der Armen; das wird von den Angaben, die wir darüber haben, noch nicht hinreichend erfasst.

Die offizielle Meinung bestreitet diese eindeutigen Tatsachen pauschal und kreiert, was man nur ein für intellektuelle Kleinkinder taugliches Märchen nennen kann. Man behauptet, dass es eine freiwillige Kürzung des Nahrungsgetreideverbrauchs gibt und es deshalb zu einer „Überproduktion" kommt, die eine Drosselung der Getreideproduktion erfordert – ein nicht von Tatsachen gestützter Standpunkt. Das ganze Märchen, das in offiziellen Publikationen erzählt wird, lautet so: Jede Bevölkerungsgruppe reduziert die

Getreidenachfrage, weil das Durchschnittseinkommen steigt. (Hier wird angenommen, dass das gestiegene Einkommen genau so verteilt wird wie vorher und die Ungleichheit nicht zunimmt.) Angehörige aller Verbrauchergruppen stellen ihre Kost freiwillig auf den Verzehr von weniger Getreide um. Der einzige Grund, warum Bauern immer noch mehr Getreide produzieren, als Nachfrage existiert, und sich deshalb große Vorräte anhäufen, besteht darin, dass eine zu umfangreiche Produktion durch „zu hoch" gewährte Mindeststützpreise/MSP für Getreide ermutigt wurde. Die Mindeststützpreise sollten deshalb gesenkt und eine Getreideproduktion über die gegenwärtige Nachfrage hinaus sollte verhindert werden. Die Anbaustruktur in der Landwirtschaft sollte diversifiziert und auf mehr kommerzielle Produkte für den Export unter der Schirmherrschaft von Agro-Business-Unternehmen ausgerichtet werden.

Dieser Befund ist völlig falsch und stimmt nicht mit den harten Tatsachen der zunehmenden Arbeitslosigkeit, des sinkenden Produktionswachstums, der Verelendung der Bauern durch Schulden und Landverlust und der daraus resultierenden tiefen landwirtschaftlichen Misere überein. Er ist gefährlich, wenn er zu politischen Schlussfolgerungen führt, die in Gegensatz zu dem stehen, was erforderlich ist, und die, falls sie verwirklicht werden, die Ernährungssicherheit noch stärker abbauen und immer mehr Bauern arm machen.

Lassen Sie mich einen Vergleich anführen, wenn er auch unzureichend ist. Nehmen wir an, dass einem Patienten vom Arzt eine falsche Diagnose gestellt wurde und er zusehends 30 Kilogramm abnimmt. Dann wirft der Arzt dem Schneider vor, die Kleidung für den Patienten zu weit gemacht zu haben und rät, die alten Sachen wegzuwerfen und neue zu nähen, die dem abgemagerten Körper besser passen. Eine solche Empfehlung wird den Patienten sicherlich erschrecken, denn sie zeigt, dass eine anormale Situation als normal erscheinen soll und dass keine Behandlung erfolgen wird, um seine Gesundheit wieder herzustellen. Die offizielle Haltung zur Nahrungsgetreideproduktion und zur Ernährungssicherheit, die bedauerlicherweise von vielen Wissenschaftlern geteilt wird, die anscheinend ihren Verstand bei der Sache nicht genutzt haben, ist kennzeichnend für eine solche unlogische Argumentation, und sie ist für Bauern und Arbeiter in Not wirklich alarmierend. Das offizielle Rezept, die Mindeststützpreise herabzusetzen, die unbefristete Beschaffung auslaufen zu lassen und die Produktion zu drosseln, wird den Mangel an Nahrung verstärken und die Armut für Millionen von Bauern und Arbeitern, die sich bereits im Elend befinden, vertiefen. Die Vorstellung, dass ein Preisrückgang „dem Konsumenten" zugute kommt, übersieht die Tatsache, dass drei Fünftel der Verbraucher in einem armen Land selbst agrarische Erzeuger sind oder von Jobs bei Produzenten abhängen und dass Deflation ihr Einkommen schädigt.

Ein bedrohliches Szenario ist es auch für die Bauern in Nordindien, die während der vergangenen vier Jahrzehnte dazu angehalten wurden, sich auf die Nahrungsgetreideproduktion zu spezialisieren, und die das großartig gemacht haben; sie haben ihre zunehmenden Überschüsse klaglos an die Food Corporation of India verkauft, selbst als der Inlandsbeschaffungspreis in den 1970er Jahren und dann wieder in dem Jahrzehnt bis in die späten 1990er Jahre weit unter dem Weltmarktpreis lag. Sie waren nicht bestrebt, ihr eigenes Einkommen zu maximieren, sondern haben den städtischen Bereichen und den Nahrungsmittelzuschussgebieten billige Lebensmittel gesichert. Jetzt haben sie, nachdem die sinnlosen deflationären Strategien, die die Massenkaufkraft geschwächt haben, aufgegriffen und verwirklicht wurden, den Binnenmarkt für Getreide in einer Größenordnung von 26 Millionen Tonnen verloren, und man gibt ihnen den verantwortungslosen Rat, ihre Produktion zu diversifizieren und die Weltmärkte zu bedienen, obwohl sich diese weiterhin in einer Rezession befinden und obwohl alle internationalen Organisationen ein anhaltendes Sinken der Terms of Trade für agrarische Produkte bis 2009-10 vorhersagen. Berechnungen der Organisation für Ernährung und Landwirtschaft/ FAO ergeben, dass die Terms of Trade für die Landwirtschaft im globalen Maßstab, 1990-91 als Basisjahr gleich 100 gesetzt, 2001 etwa 50 betrugen, verglichen mit über 200 in den 1970er Jahren. Alle

Hochrechnungen internationaler Körperschaften weisen einen sich fortsetzenden absoluten Preisverfall und einen weiteren Rückgang der Terms of Trade auf.

Wie kann man von Menschen, die ihre Beschäftigung verlieren und mit einem beispiellosen Preissturz bei ihren Ernten konfrontiert sind, annehmen, dass sie besser dran seien und freiwillig ihren Getreidebedarf verringern, und wie kommt es, dass das derzeit gesunkene Niveau des gesamten Nahrungsgetreideverbrauchs von jährlich 155 Kilogramm pro Kopf in keinem anderen Land zu sehen ist außer in den am wenigsten entwickelten und den Ländern des subsaharischen Afrikas? Das ist die Frage, die in offiziellen Veröffentlichungen wie dem *Economic Survey* und dem Report on *Currency and Finance* der Reserve Bank of India (Zentralbank), die das Märchen von der freiwilligen Diversifikation erzählen, weder gestellt noch beantwortet wird. Der beobachtete fallende Anteil der Kosten für Lebensmittel an den Gesamtausgaben bei fast jeder Konsumentenkategorie wird offiziell als Beweis dafür angeführt, dass jede Einkommensgruppe einschließlich der ärmsten ihre Kost abwechslungsreicher gestaltet und besser dran ist, und scheint einige Wissenschaftler überzeugt zu haben. Niemand kümmert sich um die ständig geringer werdende durchschnittliche Kalorienzufuhr im ländlichen Indien bei fortschreitender „Diversifikation". Dieses Argument ist ziemlich trügerisch und basiert auf einer einfachen Verwechslung von notwendigen und ausreichenden Bedingungen für eine Verbesserung.

Ein abnehmender Anteil der Ausgaben für Lebensmittel an den Gesamtausgaben sowie ein abnehmender Anteil der Ausgaben für Getreide an den Ausgaben für Lebensmittel sind notwendige, aber keine ausreichenden Indizes dafür, dass die Verbraucher besser gestellt sind, insbesondere wenn wir nicht die reiche Bevölkerung eines Industriestaates, sondern eine Bevölkerung in Betracht ziehen, die sich bereits auf einem niedrigen Lebensniveau befindet. Der Anteil der Ausgaben für Lebensmittel an den Gesamtausgaben kann abnehmen, und das geschieht auch tatsächlich, wenn Menschen schlechter dran sind (weil ihr Realeinkommen gleich bleibt oder kleiner wird), denn sie sind infolge der stärkeren Monetarisierung der Wirtschaft und höherer Kosten gezwungen, für Versorgungsleistungen, für das bloße Minimum des nicht der Ernährung dienenden Lebensnotwendigen mehr auszugeben. So muss, selbst wenn das preisbereinigte Einkommen im Laufe der Zeit unverändert bleibt, zu einem späteren Zeitpunkt von den Ausgaben für Lebensmittel einiges geopfert werden, um Brennmaterial zu kaufen (das zusammen mit Nahrungsgetreide erforderlich und nicht mehr durch Nutzung des Gemeineigentums verfügbar ist), höhere Transportkosten auf der Suche nach Arbeit zu bezahlen, höhere Gesundheitskosten zu begleichen usw. Da der überwältigend größte Teil der Ausgaben für Lebensmittel auf das Hauptnahrungsmittel Getreide entfällt, nimmt dieser ab, wenn Ausgaben für Lebensmittel gekürzt werden. Angaben für das subsaharische Afrika dokumentieren die „Diversifikation" der Kost, während das Pro-Kopf-Einkommen zurückgeht. Wir beobachten einen geringeren Kalorienanteil aus Getreide und einen höheren Anteil aus tierischen Erzeugnissen, selbst wenn bei dem starken Rückgang des Getreideverzehrs die absolute Kalorienzufuhr ziemlich steil sinkt (siehe Patnaik 2003b). Tatsächlich haben wir heute schon ein subsaharisches Afrika im ländlichen Indien.

Die offizielle Lösung ist inhuman, wenn sie zunehmenden Hunger als freiwillige Wahl interpretiert und ihre Rezepte auf eine schlechte Theorie und eine trügerische Beweisführung stützt. Die verlorene inländische Kaufkraft durch eine *allgemeine* Beschäftigungsgarantie wiederherzustellen und zum allgemeinen Öffentlichen Verteilungssystem zurückzukehren, das ist die einzige Lösung, die sowohl human ist als auch auf einer soliden Wirtschaftstheorie beruht. Der Finanzminister hat die ländlichen Entwicklungsausgaben unklugerweise im vergangenen Jahr drastisch auf nur 135 Milliarden Rupien gekappt – dieselbe absolute Summe, die vor fünfzehn Jahren 1989-90 ausgegeben wurde. 135 Milliarden Rupien sind ein Rekordtiefstand von nur 0,6 Prozent des Nettosozialprodukts, und dieser unnötige Akt von Deflation angesichts der landwirtschaftlichen Krise hat die Probleme der Arbeitslosigkeit und des Hungers verschlimmert. Man kann die Summe mit den 510 Milliarden Rupien vergleichen, die die NDA-Regierung 2003-04 in der schweren Zeit nach der Dürre ausgegeben hat, die mit 2,5 Prozent des NSP an sich unzureichend war und erheblich geringer als die Ausgaben von fast 4 Prozent des NSP während des 7. Planes, vor den Reformen.

Um dem Haushaltsvoranschlag für ländliche Entwicklungsaufwendungen des 10. Planes zu entsprechen, muss die Regierung jetzt während der Finanzjahre 2005-06 und 2006-07 wenigstens 1.000 Milliarden Rupien ausgeben, wovon bis zu 300 Milliarden Rupien auf die gesamtindische ländliche Beschäftigungsgarantie und der Rest auf die dringenden und vernachlässigten Bedürfnisse der Landwirtschaft, der ländlichen Entwicklung, Bewässerung sowie Dorf- und Kleinindustrie entfallen sollten. Obwohl sich die Summe von 1.000 Milliarden Rupien nach viel anhört, macht sie dennoch weniger als vier Prozent des voraussichtlichen Nettosozialprodukts der nächsten beiden Jahre aus und reicht nicht, um die Bedürfnisse von 700 Millionen Menschen, drei Fünftel der Nation, zu befriedigen, deren Schicksal von der Politik der Regierung abhängt.

Die grotesken offiziellen Versuche, den zunehmenden Hunger als freie Wahl neu zu erfinden, werden von fadenscheinigen Schätzungen zur in Armut lebenden Bevölkerung untermauert, was im letzten Abschnitt erörtert wird.

Alternative Methoden der Armutsberechnung:
Oder, wie man die Armen richtig zählt versus ungereimte offizielle Verfahren

Armutsstudien in Indien basierten seit den frühen 1970er Jahren auf der Verwendung eines auf die „Armutsgrenze" bezogenen Kostenniveaus, das als das Niveau der monatlichen Pro-Kopf-Ausgaben für alle Güter und Dienstleistungen definiert wird, dessen Komponente für Lebensmittelausgaben eine Energiezufuhr von 2.400 Kalorien in ländlichen Bereichen und 2.100 Kalorien in städtischen Bereichen ermöglicht. Alle Personen, die über weniger verfügen, als die Ausgaben dieser Armutsgrenze ausmachen, werden als arm bezeichnet. Der benötigte Required Daily Allowance/RDA (benötigter Tagesbedarf/BTB) an Energie wurde vom Indian Council for Medical Research (Indischer Rat für Medizinische Forschung) näher bestimmt und von der Nutrition Expert Group (Expertengruppe für Ernährung) 1969 der Planungskommission empfohlen. Das ist offensichtlich eine sehr minimalistische Definition von Armut, weil keine Normen für essentielle Posten, die nicht unter Nahrung fallen, wie der Aufwand für Brennmaterial zum Kochen, für Beleuchtung, Kleidung, Unterkunft, Transport, Gesundheitsfürsorge und Bildung festgelegt wurden.

Die Datenbasis für die Armutsschätzung waren die Runden des National Sample Survey/NSS (nationale Stichprobenerhebungen) zu Konsumtionskosten, die sich auf den Haushalt als Erhebungseinheit beziehen. Diese Erhebungen erfassen die Verteilung von Personen in monatlichen Pro-Kopf-Verbrauchergruppen sowie, weil die konsumierte Nahrungsmittelmenge und ihr Kalorienwert vorliegen, auch die tägliche Pro-Kopf-Kalorienzufuhr von Verbrauchergruppen. Die spezielle Verbrauchergruppe, deren Aufwand für Lebensmittel 1973-74 dem Kalorienbedarf entsprach, wurde ermittelt, und die relevanten Ausgaben wurden als die Ausgaben der Armutsgrenze (häufig fälschlich als das *Einkommen* der Armutsgrenze bezeichnet, aber wir haben keine Informationen zum Einkommen) definiert. Im Abstand von fünf Jahren werden umfangreiche Stichprobenerhebungen durchgeführt.

Tabelle 8
Prozentuale Aufteilung von Personen nach monatlichen Pro-Kopf-Verbrauchergruppen (MPKA) und durchschnittliche Kalorienzufuhr per Tag, 1999-2000, Gesamtindien

LÄNDLICH

Monatliche Pro-Kopf-Ausgaben Rupien	Durchschnittliche MPKA Rupien	Kalorienzufuhr per Tag pro Kopf	Prozent von Personen %	Kumulative Prozente von Personen %
unter 225	191	1383	5,1	5,1
225-255	242	1609	5,0	10,1
255-300	279	1733	10,1	20,2
300-340	321	1868	10,0	30,2
340-380	361	1957	10,3	40,5
380-420	400	2054	9,7	50,2
420-470	445	2173	10,2	60,4
470-525	497	2289	9,3	69,7
525-615	**567**	**2403**	**10,3**	**80,0**
615-775	686	2581	9,9	89,9
775-950	851	2735	5,0	94,9
950 und mehr	1344	3178	5,0	99,9
gesamt	**486**	**2149**	**99,9**	

Zusammenfassung

470-525 und weniger	2289 und weniger	69,7
525-615	2403	10,3
615-775 und mehr	2581 und mehr	19,9

STÄDTISCH Monatliche Pro-Kopf-Ausgaben	Kalorienzufuhr per Tag	Prozent von Personen	Kumulative Prozente von Personen
Rupien	*pro Kopf*	%	%
unter 300	1398	5,0	5,0
300-350	1654	5,1	10,1
350-425	1729	9,6	19,7
425-500	1912	10,1	29,8
500-575	1968	9,9	39,7
575-665	**2091**	**10,0**	**49,7**
665-775	2187	10,1	59,8
775-915	2297	10,0	69,8
915-1120	2467	10,0	79,8
1120-1500	2536	10,1	89,9
1500-1925	2736	5,0	94,9
1925 und mehr	2938	5,0	100
gesamt	2156	99,9	
Zusammenfassung			
500-575 und weniger	1968 und weniger	39,7	
575-665	2091	10,0	
665-775 und mehr	2187 und mehr	50,2	

Quelle: National Sample Survey Organization (55th Round, 1999-2000) Report No. 471, *Nutritional Intake in India* zur Kalorienzufuhr nach Verbrauchergruppen und Report No. 454, *Household Consumer Expenditure in India – Key Results* zur Personenverteilung. Die Angaben zur Kalorienzufuhr beziehen sich auf den 30-Tage-Abruf, daher wird oben die Personenverteilung derselben Abruffrist benutzt.

Bemerkung: Diese Tabelle zeigt die gleichen Daten wie die Tabelle 5 in „Die Hungerrepublik" an, wurde jedoch auf Grund ausführlicherer Darlegungen im Text beibehalten.

Die letzten verfügbaren Angaben stammen aus der 55. Runde von 1999-2000. Daraus werden die sich auf ganz Indien beziehenden Daten in der Tabelle 8 wiedergegeben, denen zwei Berichte des NSS zu Grunde liegen.

Eine gute Vorstellung vom gegenwärtigen Ausmaß der ermittelten Armut kann sich der Nichtfachmann, ohne Berechnungen anstellen zu müssen, einfach mit einem Blick auf die Tabelle 8 machen. Wenn man die erste, dritte und fünfte Spalte betrachtet, stellt man fest, dass 69,7 Prozent oder etwa sieben Zehntel der ländlichen Bevölkerung Indiens, die pro Person weniger als 525 Rupien pro Monat ausgaben, unterhalb des durchschnittlichen Kalorienwertes von 2.403 (fast gleich wie die 2.400-Norm) lagen, die von der nächst höheren Gruppe mit Ausgaben von 525-615 Rupien erreicht wurde. Da Personen im unteren Teil dieser Gruppe ebenfalls weniger als 2.400 Kalorien bekamen, ist die Armutsquote ein bisschen größer als sieben Zehntel, und wenn wir die Daten graphisch darstellen, erhalten wir die genauere Zahl von 74,5 Prozent mit weniger als 565 Rupien, der Betrag, der erforderlich ist, um auf die Energienorm zu kommen.[10] Aber die offizielle Zahl der Planungskommission zur ermittelten ländlichen Armut auf der Grundlage derselben Angaben beträgt nur 27,4 Prozent! Der Unterschied zwischen der Schätzung, die durch die unmittelbare Prüfung der neuesten Daten erlangt wurde, und der Zahl, die von der Planungskommission genannt wird, beträgt 47 Prozent. Deshalb wird fast die Hälfte der de facto armen ländlichen Bevölkerung, etwa 350 Millionen Menschen, aus dem Kreis der offiziell Armen ausgeschlossen.

---

[10] Die erforderlichen Diagramme sind 1) die Ogive (Häufigkeitskurve) des kumulativen Prozentsatzes der Personen unter den festgelegten Ausgabeniveaus und 2) das Verhältnis zwischen den Pro-Kopf-Ausgaben in jeder Ausgabegruppe und die Pro-Kopf-Kalorienzufuhr für jede Ausgabegruppe. Bei zwei Zuordnungen und drei Variablen – Kalorienzufuhr, Prozentzahl der Personen und Pro-Kopf-Ausgaben – bestimmt der bekannte Wert einer Variablen die beiden anderen.

Der direkte Blick zeigt uns außerdem, dass etwa zwei Fünftel der städtischen Bevölkerung monatlich weniger als 575 Rupien pro Kopf ausgeben und weniger als 2.091 Kalorien erhalten (das liegt nahe bei der städtischen Norm von 2.100), die der Durchschnitt der nächst höheren Kostengruppe sind. Der genaue Prozentsatz städtischer Armut, das zeigt die graphische Darstellung, beträgt 44 Prozent. Die Zahl der Planungskommission für die städtische Armut im gleichen Jahr ist nur 23,5 Prozent. Wie erklärt sich dieser große Unterschied?

Die Planungskommission hat die Ernährungsnorm von 2.400 Kalorien nie offiziell aufgegeben. Die Mehrheit der Wirtschaftswissenschaftler in Indien glaubt, dass diese Norm immer noch beachtet wird. Die Realität ist, dass das gegenwärtige Schätzungsverfahren, das von der Planungskommission angewandt wird, die Armutsberechnungen völlig von der Ernährungsnorm abgekoppelt hat. Die auf die Norm bezogene Armutsgrenze gab es nur im Jahr 1973-74 unter Verwendung der 28. Runde der NSS-Angaben, ein Datum, das drei Jahrzehnte zurückliegt. In jenem Jahr lagen die ländlichen und städtischen Armutsgrenzen zu damals üblichen Preisen bei monatlich 49,09 und 56,64 Rupien pro Kopf, weil für diesen Betrag die Norm von 2.400 Kalorien auf dem Lande und 2.100 Kalorien in der Stadt eingehalten werden konnte. Man stellte fest, dass sich 56,4 Prozent der ländlichen und 49 Prozent der städtischen Bevölkerung unter diesen Armutsgrenzen befanden.[11]

In späteren Jahren, so merkwürdig das scheinen mag, wurde von den jeweiligen Angaben zu Konsumtion und entsprechender Kalorienzufuhr, die von nicht weniger als fünf aufeinanderfolgenden umfassenden Stichprobenerhebungen (1977-8, 1983, 1988-9, 1993-4 und 1999-2000) zusammengetragen wurden, nicht der geringste Gebrauch gemacht. Es gab keinen offiziellen Versuch, die Armutsgrenzen auf der Grundlage der vorhandenen damaligen

---

[11] Es ist ein merkwürdiger Zufall, dass die Armutsgrenzen bei 49,1 und 56,6 Rupien lagen, während die entsprechenden Armutsquoten 56,4 und 49 betrugen.

Informationen über die Aufwendungen, die tatsächlich erforderlich waren, um die Ernährungsnorm zu erfüllen, zu aktualisieren. Die dreißig Jahre alten Armutsgrenzen (49,1 Rupie auf dem Dorf und 56,6 Rupien in der Stadt) wurden vielmehr nach oben bereinigt, indem man einen Preisindex anlegte und zur gleichen Zeit einen unveränderlichen Warenkorb des Jahres 1973-74 unterstellte. Die bereinigte Armutsgrenze wurde dann auf die kumulative Personenverteilung nach Verbrauchergruppen zu derzeitigen NSS-Angaben bezogen, um die „Armutsquote" zu erhalten. Auf diese Weise wurden und werden die jeweiligen Angaben selektiv verwendet, wobei nur die Personenverteilung nach Verbrauchergruppen benutzt wird und der dazugehörige Energiezufuhrteil völlig unbeachtet bleibt. Es wurde nie vermerkt, dass die offiziellen Armutsschätzungen eine abnehmende Energiezufuhr beinhalten, und auch Wissenschaftler, die der gleichen Methode folgen, erwähnen die niedrigere Kalorienzufuhr nicht, die in ihren Berechnungen steckt (siehe die Aufsätze in *Economic and Political Weekly* 2003, Sondernummer mit dem tendenziösen Titel „Armutsrückgang in den 1990er Jahren"). Die Glaubwürdigkeit der offiziellen und gleichgelagerten wissenschaftlichen Armutsschätzungen würde sicher in Frage gestellt werden, wenn die gesamte gebildete Öffentlichkeit informiert wäre, wie weit die Verbrauchsnorm durch die offizielle Methode stetig unter den benötigten Tagesbedarf/BTB gedrückt wurde.

Zum Beispiel belief sich die offizielle preisbereinigte Armutsgrenze für 1999-2000 auf nur 328 Rupien (etwa 6,7 mal 49 Rupien), und das wurde auf die erste und letzte Spalte der Tabelle 8 angewandt, um die Bevölkerung unterhalb dieser Grenze abzulesen, die auf 27 Prozent kam. *Keine Beachtung fand die Tatsache, dass eine Person mit diesem Betrag bestenfalls Zugang zu nur 1.890 Kalorien hat, über 500 Kalorien pro Tag unter dem BTB, und dieser Umstand wird auch der Bevölkerung gegenüber niemals erwähnt, wenn von der Planungskommission Armutsschätzungen angegeben werden.* Das läuft auf Unterdrückung von Informationen hinaus und ist keine wissenschaftlich akzeptable Methode. Dasselbe gilt für die Wissenschaftler, die sich nach der offiziellen Methode richten und die nie auf die mit der Zeit ständig sinkende Kalorienzufuhr hinweisen, die ihrer preisbereinigten Armutsgrenze innewohnt.

Wissenschaftler haben sich jedoch in früheren Schriften (R. Nayyar 1991) bei der Schätzung der Armut sowohl der direkten Auswertung aktueller Daten als auch der auf ein Basisjahr bezogenen Preisbereinigungsmethode bedient. Nayyar hat ausdrücklich angemerkt, dass die nach der offiziellen Methode geschätzten Armutszahlen mit der Zeit immer stärker von den viel höheren Armutsraten abwichen, welche die direkte Benutzung aktueller Angaben erbrachte. Da das Basisjahr der offiziellen Methode zeitlich immer weiter zurückliegt, hat die Abweichung absurde Ausmaße angenommen. Für 1993-4 gab die offizielle Preisbereinigungsmethode eine ländliche Armutsgrenze von nur 205 Rupien an, und 37,3 Prozent lagen entsprechend der Personenverteilung nach Verbrauchergruppen der 50. Runde darunter und galten daher als „in Armut" lebend, aber die Tatsache, dass bei dieser Armutsgrenze täglich nur 1.970 Kalorien zu erhalten waren (über 400 Kalorien unter dem benötigten Tagesbedarf), wurde der Öffentlichkeit gegenüber nie erwähnt. Wenn man dieselben damaligen Angaben der 50. Runde betrachtet, zeigt sich, dass 74,5 Prozent oder das Doppelte der offiziellen Schätzung eine Zufuhr von weniger als den 2.400 Kalorien des benötigten Tagesbedarfs hatten, weil ihre monatlichen Ausgaben unter 325 Rupien lagen, der realistischen Armutsgrenze, bei der die dem BTB entsprechende Ernährung gewährleistet werden konnte.

Später haben auch Mehta and Venkataraman (2000) in einem kurzem aber wichtigen Aufsatz hinsichtlich der Angaben der 50. Runde die große Abweichung zwischen den Ergebnissen aufgezeigt, wenn die offizielle Definition Anwendung findet und wenn die offizielle Preisbereinigungsmethode befolgt wird. Sie verweisen nicht auf die frühere Darlegung von Nayyar (1991), die bereits auf die Abweichung für frühere Runden aufmerksam gemacht und auch Unterschiede zwischen den Bundesstaaten untersucht hat.

Wie bereits festgestellt, beläuft sich die offizielle Schätzung 1999-2000 auf nur 27,4 Prozent in Armut, weil das die Menschen sind, deren Ausgaben unter der preisbereinigten offiziellen Armutsgrenze von 328 Rupien liegen, aber wiederum wird das damit verbundene Absinken der Energiezufuhrnorm auf 1.890 Kalorien, über 500 Kalorien unter dem BTB, nicht erwähnt. Dieselben aktuellen Angaben der 55. Runde, die die Tabelle 8 enthält, zeigen weiterhin, dass 74,5 Prozent der Menschen de facto in Armut leben, nämlich mit einer Zufuhr von weniger als 2.400 Kalorien, weil ihre Ausgaben unter den 565 Rupien lagen, die erforderlich sind, um den BTB zu sichern. (Wir bemerken jedoch 1999-2000 eine größere Armutstiefe, da ein größerer Teil der Bevölkerung unterhalb der Zufuhr von 1.800 Kalorien liegt als 1993-94.) Auf diese Weise hat die offizielle Methode 1993-94 37,2 Prozent der gesamten ländlichen Bevölkerung ausgeklammert, die de facto arm waren, während die offizielle Methode 1999-2000 47,1 Prozent der gesamten ländlichen Bevölkerung oder rund 350 Millionen Menschen nicht berücksichtigt hat, die de facto arm waren. Tabelle 9 fasst die offiziellen Armutsgrenzen, die Armutsquote und die auf die jeweiligen Armutsgrenzen bezogene abnehmende Kalorienzufuhr zusammen und vermittelt die wahren Armutsgrenzen, die den Zugang zu dem benötigten Tagesbedarf ermöglichen zusammen mit den wahren Armutsquoten.

Es gibt keine theoretisch akzeptable Grundlage für den offiziellen Anspruch, dass sich die Armut in den 1990er Jahren verringert habe. Der Hauptpunkt ist, dass die Methode des Vergleichs über längere Zeit logischerweise nicht mehr gilt, wenn die Verbrauchsnorm geändert wird, wie das bei den indirekten Schätzungen geschehen ist. Die Verbrauchsnorm betrug 1973-74 2.400 Kalorien, bei der 56 Prozent in Armut lebten; 1983 entsprach den offiziell geschätzten 45,7 Prozent in Armut eine Kalorienzufuhr von 2.060; 1993-94 war die Norm, die indirekt in der offiziellen Schätzung (37 Prozent in Armut) enthalten war, mit 1.970 Kalorien noch geringer, und 1999-2000 lag sie für die offizielle Einschätzung (27,4 Prozent) bei 1890 Kalorien sogar noch niedriger.

Wahrscheinlich wird sie in der 60. Runde 2004-05 unter 1.880 Kalorien fallen und weniger als einem Fünftel der ländlichen Bevölkerung entsprechen. Wieder werden wir fadenscheinige Behauptungen von einem „Armutsrückgang" hören, ohne dass die Abnahme der Kalorienzufuhr Erwähnung findet. Das alles ist geschehen, weil die auf die Armutsgrenze eines Basisjahres bezogene Preisbereinigung nicht die wirklichen gegenwärtigen Aufwendungen erfasst, die für den Mindestbedarf an Ernährung nötig sind, und dieser Mangel prägt sich immer stärker aus, je weiter das Basisjahr in die Vergangenheit entschwindet.

Wie kann jemand, der mit der oben dargestellten Methode arbeitet, sagen, wie sich „Armut" im Laufe der Zeit verändert hat? Um einen Vergleich anzuführen: Wenn eine Gruppe von Läufern für ein Langstreckenrennen auf einer runden Laufbahn in einer Reihe aufgestellt ist und derjenige, der auf der Innenbahn lief, zuerst die Ziellinie überquert, dann kann nicht mit Berechtigung geschlossen werden, dass er den Wettkampf gewonnen hat. Denn die von ihm zurückgelegte Strecke ist viel kürzer als die der anderen Teilnehmer. Für einen stichhaltigen Vergleich der Leistung aller Läufer muss der Weg für alle gleich bemessen sein. Das wird erreicht, wenn die Läufer versetzt aufgestellt werden. Genauso muss bei der offiziellen Methode die prozentuale Anzahl der Personen, die unterhalb des oder der gleichen standardisierten Verbrauchsniveaus liegen, verglichen werden, aber das ist bei der indirekten Methode nicht der Fall. Die angewandte Methode schließt vielmehr ein, dass sie die Prozentsätze unterhalb nichtstandardisierter und sich ändernder Verbrauchsebenen über eine gewisse Zeit hin zu vergleichen sucht (siehe Tabelle 9).[12] Das ist nicht legitim, und jede Äußerung über eine

---

[12] Der Vergleich kann noch weiter geführt werden. Wenn der Wettlauf kurz ist und über einen geraden Teil der Rennstrecke führt, ist das Aufstellen der Läufer am Start in einer geraden Linie in Ordnung. Ähnlich verhält es sich, wenn das Basisjahr des Preisindexes sehr nahe liegt, etwa zwei oder drei Jahre, dann kann ein Vergleich über eine gewisse Zeit gemacht und die offizielle Methode benutzt werden – die die wirkliche Kalorienzufuhr in jedem nicht-Basisjahr außer acht lässt –, ohne dass es zu

Verminderung (oder eine Veränderung im Allgemeinen) ist unzulässig.

Tabelle 9
Die ländlichen Armen in Prozent der ländlichen Bevölkerung in Indien

	Prozent der Personen in Armut					MPKA (Armutsgrenze) Rupien				
	1973 -74	1983	1993 -94	1999 2000	2004	1973 -74	1983	1993 -94	1999 2000	2004
NSS-RUNDE	28.	38.	50.	55.	60.	28.	38.	50.	55.	60.
Bei Benutzung der offiziellen Definition (<MPKA erlaubt 2400 cals)	56,4	70,0	74,5	74,5	n.v.	49	120	325	565	n.v.
Offizielle Schätzungen	56,4	45,7	37,3	27,4	20,3*	49	86	206	328	354*
und inbegriffene Kalorien-„Norm"	2400	2060	1970	1890	n.v.	(1.0)	(1.4)	(1.6)	(1.7)	n.v.

Quelle: Die erste Zeile ist nach NSS Reports on Consumer Expenditure, 50th Round 1993-94 und 55th Round 1999-00 berechnet. MPKA sind die monatlichen Pro-Kopf-Ausgaben (Monthly Per Capita Expenditure). Man beachte, dass das Basisjahr das einzige ist, auf das die offizielle Definition korrekt angewandt wurde – in allen späteren Jahren wurde die Ernährungsnorm fortgesetzt verwässert. Dieselbe Übung kann für das städtische Indien gemacht werden. (Die Zahlen in Klammern geben das Verhältnis der wirklich benötigten Ausgaben, um die Kalorien des BTB zu erhalten, zur offiziellen Armutsgrenze an).
* Vorläufige Schätzung, indem die offizielle Armutsgrenze von 354 Rupien für das Jahr 2004 an die Häufigkeitskurve der Personen nach Kostenniveaus aus der NSS 60. Runde, Januar-Juni 2004, Report No. 505 *Household Consumer Expenditure in India*, Statement 3.2 R. angelegt wurde. Man beachte, dass die 60. Runde eine Stichprobe geringen Umfangs ist.

Die gegenwärtigen hitzigen Debatten unter den Schätzern, ob die Armut um zehn oder sieben Punkte „zurückgegangen" ist, obwohl

---

zuviel Ungenauigkeit kommt. Aber bei einem langen Wettrennen (ein länger in der Vergangenheit liegendes Jahr) zeigt sich das Fehlen der Standardisierung und lässt den Vergleich ungültig werden.

sie überhaupt nicht abgenommen hat, können mit Auseinandersetzungen darüber verglichen werden, ob der Läufer auf der Innenbahn um einen oder zwei Meter „gewonnen" hat, wenn die Tatsache doch die ist, dass er überhaupt nicht „gewonnen" hat, weil die Voraussetzung für einen stichhaltigen Vergleich verletzt wurde.

Die offiziellen monatlichen auf die ländliche Armutsgrenze bezogenen Ausgaben für das Jahr 2004 (die sich durch die Aktualisierung der Armutsgrenze von 328 Rupien des Jahres 1999-2000 unter Benutzung des Consumer Price Index of Agricultural Labourers/ CPIAL [Verbraucherpreisindex für Landarbeiter] ergaben) betragen 354 Rupien oder 1,8 Rupien pro Tag und entsprechen 26 US-Cent gemäß dem geltenden Wechselkurs. Dieser armselige Betrag reicht höchstens für eine Flasche Wasser, soll aber alle Kosten für Essen, Brennmaterial, Kleidung, Unterkunft, Transport, Gesundheitsfürsorge und Bildung decken – kurzum, die gesamten Tagesausgaben einer Person für Waren und Dienstleistungen! Schätzungen indischer Armut für 1999-2000, 55. Runde, von einzelnen Wissenschaftlern wie A. Deaton (2003b, 367) und S. Bhalla (2003) liegen sogar noch niedriger und lassen auf eine Armutsgrenze von 20 US-Cent oder weniger an Ausgaben pro Tag schließen. Das ist ein Fünftel der Ein-Dollar-täglich-Marke der Weltbank. Es ist unlogisch zu argumentieren, dass die Kaufkraftparität berücksichtigt werden und statt eines Dollars etwa ein Drittel davon als die lokale Armutsgrenze gelten sollte, weil es hier gar nicht um den Vergleich von industrialisierten mit Entwicklungsländern geht, sondern um den Vergleich von Entwicklungsländern untereinander. Für einen Viertel-US-Dollar kann man zum gegenwärtigen Wechselkurs genau soviel wie für 11 Rupien kaufen, und für einen Viertel-US-Dollar genau soviel wie für 2 Yuan in China (dessen Armutsgrenze mit 2,2 Yuan pro Tag ebenfalls viel zu niedrig ist). Einkommen auf Armutsniveau in den USA werden nicht dreimal höher als chinesische oder indische angesetzt, sondern sind mindestens dreißigmal höher.

Offensichtlich fällt es weder der Planungskommission noch verschiedenen Wissenschaftlern schwer, indische Armutszahlen nach unten zu „bereinigen", wenn das Verbrauchsniveau, das in der

Theoretische Überlegungen

ländlichen Armutsgrenze enthalten ist, auf eine derart inhumane Ebene wie 11 Rupien pro Tag oder weniger gesenkt wird. Wenige Menschen können tatsächlich lange unterhalb dieser Ebene überleben – diejenigen, die sich heute dort befinden, gehen einem frühen Tod entgegen. Die Armutsschätzer sollten das an sich selbst ausprobieren. Man gebe ihnen den wöchentlichen Gegenwert der von ihnen selbst geschätzten monatlichen Armutsgrenze – sie müssen sich nicht einmal anstrengen, ihn zu verdienen, wie die Armen es müssen – und lasse sie nur eine Woche von dieser Summe, die zwischen 60 bis 80 Rupien schwankt, in einem Dorf leben. Da sie nicht sicher sind, ob sie das Wasser vor Ort trinken können, wird alles, was sie kaufen können, nur eine Flasche Wasser pro Tag sein und kein Essen, nicht zu reden von anderen lebensnotwendigen Gütern. Was sie zweifellos bei ihrem einwöchigen Aufenthalt erreichen würden, wäre eine Gewichtsabnahme. Städtische Armutsgrenzen sind ungefähr ebenso realitätsfern.

Um die indirekte Methode zu rechtfertigen, wird manchmal vorgebracht, dass die ursprüngliche ländliche Verbrauchsnorm von 2.400 Kalorien „zu hoch" war. Erstens ist sie nicht „zu hoch", weil die durchschnittliche Zufuhr bei denjenigen, die darunter liegen, etwa 1.950 Kalorien ausmacht. Das ist weniger als in jedem Land der Welt, außer in den am wenigsten entwickelten Ländern. Zweitens, selbst wenn man um des Argumentes willen akzeptiert, dass sie „zu hoch" war, rechtfertigt das nicht, die „Armuts"-Zahlen von 1999-2000, das sind alle Personen unterhalb der Zufuhr von 1.890 Kalorien, mit den Personen und ihrem Verbrauch von weniger als 1.970 Kalorien im Jahre 1993-94 und jenen mit einer Zufuhr unterhalb von 2.400 Kalorien von 1973-74 zu vergleichen.

Man ziehe ruhig niedrigere Normen in Betracht, genau genommen verschiedene alternative Normen, darunter 2.400, aber wenn man etwas über eine längere Zeitspanne vergleicht, muss man den Bevölkerungsanteil mit derselben Norm zu einem oder mehreren Zeitpunkten vergleichen – nur dann kann der Vergleich stichhaltig sein. Die indirekten Schätzungen genügen diesem einfachen aber unerlässlichen Kriterium der Vergleichbarkeit über einen längeren Zeitraum nicht, und diejenigen, die dennoch einen solchen Vergleich vornehmen, unterliegen einem logischen Irrtum – *dem Trugschluss infolge von Mehrdeutigkeit*. Das ist eine bekannte Art des im Sprachlichen begründeten Irrtums, bei dem im Verlauf einer Auseinandersetzung ein Begriff mit zwei völlig unterschiedlichen Bedeutungen benutzt wird und die Schlussfolgerung deshalb nicht stimmt. In diesem Fall wurde „Armutsgrenze" definiert und ursprünglich mit Hinblick auf die Ernährungsnorm berechnet, wohingegen „Armutsgrenze", wie sie gegenwärtig berechnet wird, von der Ernährungsnorm abgekoppelt ist, weshalb der Rückschluss auf Veränderung (ob Anstieg, Sinken oder Konstanz) falsch ist.[13]

Nicht nur der offizielle Vergleich von Armutsquoten und die Behauptung, die Armut sei im Laufe der Zeit zurückgegangen, sind ziemlich fadenscheinig; der Vergleich des Armutsniveaus der Bundesstaaten zu einem gegebenen Zeitpunkt ist gleichfalls nicht stichhaltig. Wie die Tabelle 10 zeigt, entsteht ein bizarres Bild, wenn wir die höchsten Kalorienzufuhrmengen, unterhalb derer die Menschen als „arm" bezeichnet werden, nach der offiziellen Methode für verschiedene Bundesstaaten Indiens berechnen. Die Kalorienzufuhr, die sich aus den offiziellen Armutsgrenzen der Bundesstaaten ergibt – von denen die jeweilige Armutsquote offiziell abgeleitet wurde –, variiert für das Jahr 1999-2000 zwischen nur 1.440 in Kerala, fast 1.000 Kalorien unterhalb des BTB, und 2.120 in Orissa, weniger als 300 Kalorien unterhalb des BTB.

Tatsache ist, dass sich die offizielle Methode in Indien heute an gar keine Ernährungsnorm hält. Ernährung spielt für die indirekte Methode überhaupt keine Rolle, und es ist auch keine Untergrenze festgesetzt für das Ausmaß des Rückgangs der Kalorienzufuhr in Bezug auf eine preisbereinigte Armutsgrenze, wo auch immer sie liegen mag. Deshalb finden wir Bundesstaaten, aus deren offiziellen Armutsgrenzen 1999-2000 sich eine Zufuhr von 1.500 Kalorien oder weniger ergibt. In ganzen neun Staaten lag die den offiziellen

---

[13] Ich habe den Trugschluss infolge von Mehrdeutigkeit, der in der indirekten Methode enthalten ist, in Patnaik 2005b erläutert.

Armutsgrenzen zuzuordnende Kalorienzufuhr in der 55. Runde unterhalb von 1.800 Kalorien, während sie in vier Bundesstaaten 1.600 Kalorien oder weniger betrug (siehe Tabelle 10). Nichts davon ist von denjenigen, die die Armutsschätzungen vornehmen, zu hören.

Tabelle 10
Offizielle Armutsquote nach Ländern und die zugeordnete Kalorien-„Norm"

LÄNDER	1993-94		direkte Schätzungen, 1999-2000			
			1999-2000			
	offizielle Armutsquote	implizierte Kalorien-„Norm"	offizielle Armutsquote	implizierte Kalorien-„Norm"	<2400cal Armutsquote	<2100cal Armutsquote
Andhra Pradesh	15,92	1700	11,05	1590	84,0	62,0
Assam	45,01	1960	40,04	1790	91,0	71,0
Bihar	58,21	2275	44,30	2010	77,0	53,5
Gujarat	22,18	1650	13,17	1680	83,0	68,5
Haryana	28,02	1970	8,27	1720	47,5	30,5
Karnataka	29,88	1800	17,30	1600	82,0	50,0
Kerala	25,76	1630	9,38	1440	82,5	52,5
Madhya Pradesh	40,64	1970	37,06	1850	78,5	55,0
Maharashtra	37,93	1780	23,72	1760	92,0	55,0
Orissa	49,72	2150	48,01	2120	79,0	45,5
Punjab	11,95	1810	6,35	1710	47,5	36,5
Rajasthan	26,46	2130	13,74	1925	53,5	27,5
Tamil Nadu	32,48	1650	20,55	1510	94,5	76,0
Uttar Pradesh	48,28	2220	31,85	2040	61,0	37,5
Westbengalen	40,80	2080	31,85	1900	81,0	55,0
Gesamtindien	37,27	1970	27,09	1890	74,5	49,5

Quelle: Die gleichen wie Tabelle 8. Aus den Grunddaten nach Bundesstaaten wurde die Häufigkeitskurve oder die Verteilung der Personen nach der Summenhäufigkeit unterhalb des festgelegten Pro-Kopf-Ausgabenniveaus grafisch dargestellt, und in demselben Diagramm wurde das Verhältnis der Pro-Kopf-Ausgaben und der Pro-Kopf-Kalorienzufuhr gezeichnet. Die Kalorienzufuhr, die den offiziellen Schätzungen entspricht, wurde dann aus der Kurve ermittelt. Man beachte, dass für 1993-94 der Mittelwert jeder Kostengruppe gegen die Pro-Kopf-Kalorienzufuhr grafisch dargestellt wurde, weil der arithmetische Mittelwert in den veröffentlichten Tabellen nicht verfügbar war. Für 1999-2000 war er verfügbar und wurde für die Ableitung der Zahlen für 1999-2000 benutzt. Wir stellen fest, dass bei mehreren Kostenklassen der Mittelwert mit dem arithmetischen Mittel übereinstimmte und bei anderen die Differenz sehr gering war, und meinen, dass dasselbe für 1993-4 zutrifft.

Nicht einmal der verstorbene P. V. Sukhatme, der ständig kritisiert hat, dass die 2.400 Kalorien des BTB zu hoch gegriffen seien, hätte 1.800 Kalorien als vernünftigen Richtwert akzeptiert, nach dem eingeschätzt wird, wer arm ist – ganz zu schweigen von 1.600 Kalorien oder weniger.

Er hat einer seiner eigenen Berechnungen eine Norm von 2.200 Kalorien zu Grunde gelegt (Sukhatme 1977). 2004-05 wird die gesamtindische Armutsgrenze einer Zufuhr von 1.800 Kalorien oder weniger entsprechen, und in mindestens acht Bundesstaaten wird sich aus ihren landesspezifischen offiziellen Armutsgrenzen eine Zufuhr von 1.600 oder weniger Kalorien ergeben.

Es ist unübersehbar, dass Vergleichbarkeitsbedingungen sichtlich verletzt werden. Offiziell wird geschlussfolgert, dass die Armut zum Beispiel in Orissa mit 48 Prozent viel höher sei als im benachbarten Andhra Pradesh mit nur 11 Prozent. Aber wie können wir folgern, dass Orissa „ärmer" ist als Andhra, wenn in Orissa die Menschen mit einer Zufuhr von weniger als 2.120 Kalorien als „offiziell arm" gelten, in Andhra jedoch mit einer Zufuhr von weniger als 1.600 Kalorien? (Tatsache ist, dass die Armutsquote mit einer Zufuhr von weniger als 2.400 und weniger als 2.100 Kalorien in Andhra höher ist als in Orissa, wie die letzten beiden Spalten der Tabelle 10 zeigen.) Und wie kann in ähnlicher Weise darauf geschlossen werden, dass das ländliche Gujarat mit einer Armutsquote von nur 13 Prozent viel besser gestellt wäre als Westbengalen mit 33 Prozent offiziell Armen, wenn die entsprechende Kalorien-„Norm" in Gujarat nur 1.680 Kalorien betrug, verglichen mit 1.900 Kalorien in Westbengalen? Tatsächlich ist die Armutsquote bei einer Zufuhr von weniger als 2.400 Kalorien für Westbengalen verglichen mit Gujarat geringfügig niedriger, und die Quote bei weniger als 2.100 ist für Westbengalen erheblich kleiner. Und so lassen sich die Anomalien vervielfachen. Wie kann man überdies die offizielle Schätzung von 1999-2000 für jeden Bundesstaat mit der von 1993-94 vergleichen und Rückschlüsse über eine „Abnahme" ziehen, wenn in jedem Bundesstaat die dazugehörige Kalorienzufuhr gesenkt wurde? (Außer in einem, Gujarat.)

Wenn ich als Lehrer diese unlogische Methode anwenden und sagen würde, dass Student A, der 53 Prozentpunkte erreicht hat, „besser" ist als der Student B mit 59 Prozentpunkten, weil ich ihn mit einer 50 von 100 Punktenorm bewertet habe und den Studenten B mit einer 60 von 100 Punktenorm, würde ich zurecht einem Gerichtsverfahren entgegensehen. Und doch lässt man unsere Planungskommission und einzelne Wissenschaftler mit ihren offensichtlich unlogischen und unrichtigen Aussagen über die Armut davonkommen. Der stellvertretende Vorsitzende der Planungskommission hat kürzlich die Regierung von Andhra Pradesh zu ihrem Erfolg beim Zurückdrängen der Armut beglückwünscht. Dieses „Zurückdrängen" beruhte allein auf einer außerordentlich niedrigen preisbereinigten Armutsgrenze von 262 Rupien pro Monat für 1999-2000, oder weniger als 9 Rupien pro Tag, was weniger als 1.600 Kalorien pro Tag ergibt (siehe Tabelle 10). Wenn wir andererseits die Ernährungsarmut direkt betrachten, stellen wir fest, dass sich im Jahre 1999-2000 in diesem Staat der Anteil der Personen unterhalb einer Zufuhr von 1.800 Kalorien auf 40 Prozent verglichen mit 1983 verdoppelt hat (Tabelle 11). Um die Geschichte zu vervollständigen: Der Anteil unterhalb von 2.100 Kalorien ist auf 62 Prozent für das spätere Datum verglichen mit 56 Prozent von fünf Jahren vorher im Jahre 1993-4 und 44 Prozent im Jahre 1983 angestiegen.

Der Leser könnte fragen, warum die offizielle Methode durchweg niedrigere Schätzungen erbringt als die direkte Methode und warum der Unterschied bis heute größer geworden ist. Die indirekte Schätzung gibt nur 27 Prozent Armut verglichen mit 75 Prozent der direkten Schätzung an. Das liegt nicht in erster Linie an dem benutzten Preisindex. Verschiedene Preisindizes (unterschiedlich in Bezug auf den Umfang der Preiserhöhung, aber alle mit denselben Gewichtsmengen des Basisjahres) erbringen andere Ergebnisse. Das macht jedoch höchstens etwa 10 Prozent der Armutsbevölkerung aus und nicht die Differenz von mehr als 47 Prozent der Bevölkerung, die tatsächlich festgestellt wird.

Tabelle 11
Bundesstaaten mit einer prozentual zunehmenden Zahl von Personen mit einer Zufuhr von weniger als 1.800 Kalorien pro Tag zwischen 1983 und 1999-2000, sowie Bundesstaaten mit über einem Drittel der Bevölkerung mit einer Zufuhr von weniger als 1.800 Kalorien zu beiden Zeitpunkten

	LÄNDLICH 38. Runde, 1983 <als 1.800 Kalorien	LÄNDLICH 55. Runde, 1999-2000 <weniger als 1.800 Kalorien
	Prozent aller Personen	*Prozent aller Personen*
Andhra Pradesh	19,0	40,0
Assam	28,5	41,0
Haryana	8,5	10,5
Karnataka	24,5	35,5
Kerala	50,0	41,0
Madhya Pradesh	18,5	32,5
Maharashtra	20,5	28,0
Tamil Nadu	54,0	50,0
Westbengalen	38,0	22,5

Quelle: Entnommen aus Schätzungen aller Bundesstaaten, unter Nutzung der NSS-Reports No. 471 und 454 für die 55. Runde und der Reports Nos. 387 und 353 für die 38. Runde. Die Schätzungsmethode wie in der Bemerkung zu Tabelle 10. Man beachte, dass 1983 nur in 3 Bundesstaaten – Kerala, Tamil Nadu und Westbengalen – mehr als ein Drittel der ländlichen Bevölkerung eine Zufuhr von weniger als 1.800 Kalorien hatte. 1999-2000 war in diesen drei Bundesstaaten eine Verbesserung eingetreten, in Westbengalen eine wesentliche, während sich die Lage in Andhra Pradesh, Assam, Karnataka, Madhya Pradesh und Maharashtra verschlechterte. Demnach hatte 1999-2000 in fünf Bundesstaaten mehr als ein Drittel der Bevölkerung eine Zufuhr von weniger als 1.800 Kalorien. (Es waren sechs, wenn wir Madhya Pradesh mit seinem Grenzwert dazurechnen.)

Der Hauptgrund für den großen und wachsenden Unterschied besteht darin, dass *die indirekte Methode von einem gleich bleibenden Warenkorb ausgeht und dies über drei Jahrzehnte unverändert beibehalten wurde.* Faktisch sagen die offiziellen Schätzer: Wenn eine Person in einem Dorf dieselbe Menge von Lebensmitteln, anderen Waren und Dienstleistungen verbraucht wie vor 32 Jahren, dann sind 328 Rupien im Monat genug, um diese Mengen 1999-2000 erwerben zu können, und 2.004 reichen dafür 354 Rupien im Monat aus. Wenn Sie nicht auf die Kaloriennorm kommen, dann ist es das Ergebnis Ihrer freien Entscheidung, die dazu geführt hat, Ihr Verbrauchsmuster zu verändern.

Das ist jedoch kein vernünftiger Standpunkt, den man sich aneignen sollte. Genauso unsinnig ist es, einem 32jährigen Mann zu sagen, dass es eine Frage seiner freien Entscheidung sei, wenn für einen Meter Stoff, der ihn als einmonatiges Kind ausreichend bekleidete und der damals 10 Rupien kostete, nach der Preisbereinigung 70 Rupien ausgegeben werden müssen und er damit heute halbnackt dasteht. Eine solche Meinung lässt die unumkehrbaren strukturellen Veränderungen außer Betracht, die diese Person durchgemacht hat. Das bedeutet, dass sich im Laufe der Zeit die Bedingungen für ihre Auswahlmöglichkeiten gewandelt haben. Natürlich ist das nur ein Vergleich – wir behaupten nicht, dass der Anteil der Erwachsenen an der Bevölkerung zugenommen hat! Wir möchten mit dieser Analogie nur unterstreichen, dass sich im Laufe der letzten drei Jahrzehnte bestimmte nicht umkehrbare strukturelle Veränderungen in der Wirtschaft vollzogen haben. Die Monetarisierung der Wirtschaft hat zugenommen, und Ressourcen des Gemeineigentums sind weithin verschwunden, Kosten für Versorgungsleistungen und Gesundheitsfürsorge haben sich erhöht. Bei einem bestimmten Realeinkommen müssen die Leute relativ mehr für notwendige, nicht zur Ernährung gehörende Bedürfnisse ausgeben, um Krankheiten zu überwinden und ihren Lebensunterhalt zu verdienen. Der wirkliche gegenwärtige ländliche Warenkorb, der die Ernährungsnorm erfüllt und der die gesamten monatlichen Ausgaben für alle Waren und Dienstleistungen enthält, kostet fast das Doppelte der preisbereinigten Armutsgrenze (aus Tabelle 8 in Tabelle 9 zusammengefasst, verglichen mit den offiziellen 328 Rupien sind wenigstens 570 Rupien erforderlich). Die offiziellen Armutsgrenzen sind einfach zu niedrig angesetzt und werden immer mehr abgesenkt, je weiter das Basisjahr zurückliegt.

Rohini Nayyar (1991) hat in ihrer sorgfältigen Dissertation mit Hilfe beider Methoden die Armut geschätzt und die sich vergrößernde Abweichung der Ergebnisse zwischen 1961-2 und 1977-8 angemerkt. Sie fand etwas Trost in der Tatsache, dass sich die mit den zwei unterschiedlichen Methoden geschätzten Armutsgrenzen immerhin im Laufe der Zeit in dieselbe Richtung zu bewegen schienen, obwohl sie sich ziemlich rasch von einander entfernen. Die Rangordnungen der Bundesstaaten entsprechend ihren Armutsgrenzen, die mittels der beiden Methoden geschätzt wurden, lagen sehr eng beieinander. Nayyar fand heraus, dass Spearmans Rangkorrelationskoeffizient sich auf 0,89 und 0,84 belief (wenn einerseits die offizielle Schätzung und zwei unterschiedliche direkte Schätzungen bei Normen von 2.200 und 2.000 Kalorien andererseits genutzt wurden) und auf dem Ein-Prozent-Niveau signifikant war.

Aber diese Schlussfolgerung gilt in den 1990er Jahren nicht mehr. Die nach den beiden Methoden berechneten Armutsgrenzen bewegen sich rasch in entgegengesetzte Richtungen, und die Rangkorrelation könnte bald negativ werden. Spearmans Rangkorrelation beträgt nur 0,236 und 0,075, wenn man von dem Armutsrang der Bundesstaaten, basierend auf der offiziellen indirekten Methode und der direkten Methode für 1999-2000 mit den Angaben der 55. Runde (unter Benutzung derselben beiden direkten Schätzungsnormen), ausgeht und ist auch auf dem Ein-Prozent-Niveau statistisch nicht signifikant.[14] Der Blick auf die Tabelle 10 zeigt dem Leser, warum das so ist. Einige der Bundesstaaten mit der niedrigsten offiziellen Armut, wie etwa Andhra Pradesh, das zu einem Synonym für agrarische Misere wurde, haben so ziemlich die höchste reale Armut.

---

14 „Poverty Estimates in India: A Critical Appraisal", Ramanand Ram, M. Phil. Dissertation eingereicht an der Jawaharlal-Nehru-Universität, 2004.

Im Allgemeinen erzeugt die offizielle Methode die größte Abweichung von der direkten Methode im Falle der südlichen und östlichen Bundesstaaten.

Es scheint, dass der Unsinn in den Diskussionen zu Armutsstudien mit den neoliberalen Reformen in Indien einsetzte, besonders in den späten 1990er Jahren. Die indische Regierung war erpicht darauf, einen Erfolg der Wirtschaftsreformen geltend zu machen, und die Pro-Reform-Wirtschaftswissenschaftler waren begierig, in den Angaben einen Armutsrückgang zu erkennen. In einem solchen Umfeld wurden die unbequemen direkten Schätzungen, die hohe und in einigen Bundesstaaten zunehmende Niveaus der Armut zeigten, unter den Teppich gekehrt. Die Behandlung der direkten Armutsschätzung verschwand praktisch aus der Literatur. Die vorherrschende Tendenz der Diskussion konzentrierte sich auf die offizielle indirekte Methode, die zur großen Zufriedenheit der Pro-Reform-Wissenschaftler und der Weltbank-Schätzer nicht nur sehr niedrige Niveaus der „Armut" erbrachte, sondern faktisch ein Sinken dieser Niveaus. Nicht einer der Verfasser, die die offizielle indirekte Methode benutzen, wies auf Schlussfolgerungen der eigenen Schätzungen hinsichtlich der Ernährung hin. Das bedeutete, dass sie die NSS-Angaben selektiv verwendeten und nur die Verteilung der Personen nach Verbrauchergruppen übernahmen, um den Armutsanteil abzulesen, der mit ihrer indirekten Armutsgrenze übereinstimmte, während sie die zugehörigen Zahlen der Kalorienzufuhr völlig ausklammerten. Ein solcher Mangel an Transparenz und ein derart selektiver Gebrauch von Daten sind keine zulässige wissenschaftliche Methode. Wegen dieses Mangels an Transparenz ist den meisten Wirtschaftswissenschaftlern in Indien, die nicht unmittelbar mit den Daten arbeiten, selbst jene eingeschlossen, die Forschungsarbeiten über Armut begutachten, bis heute nicht klar, dass die im Laufe der Zeit drastisch herabgesetzten und willkürlich über die Bundesstaaten verteilten Unterschiede der Konsumtionsniveaus unvermeidliche Ergebnisse sind, wenn man der indirekten Methode folgt und zu niedrigen Armutsschätzungen kommt. Sie gehen davon aus, dass die ursprünglichen Normen angewandt werden, aber das ist nicht der Fall.

Unter den Wissenschaftlern, die die offizielle, indirekte Methode benutzen, wird diskutiert, dass wegen der Veränderung der Rückrufperiode während der 55. Runde, 1999-2000, verglichen mit früheren Runden die wirklichen Ausgaben in jeder Verbrauchergruppe leicht überbewertet sind und folglich die Verteilung der Personen nach Verbrauchergruppen davon betroffen ist. Wenn die notwendige Anpassung um der Vergleichbarkeit willen vorgenommen wird, verändert sich diese Verteilung geringfügig und vergrößert die 27 Prozent unterhalb der offiziellen preisbereinigten Armutsgrenze von 328 Rupien um noch einmal 2 bis 3 Prozent (Sundaram und Tendulkar 2003, Deaton 2003a, Sen und Himanshu 2004-2005). Falls diese Angleichung richtig ist, würde ganz offensichtlich der prozentuale Anteil der Personen unterhalb der direkt ermittelten Armutsgrenze von 570 Rupien in einem höheren Ausmaß als 2 oder 3 Prozent steigen, weil ein höherer Anteil von Personen als vorher ebenfalls in das Ausgabenintervall zwischen 328 und 570 Rupien fallen würde, und folglich würde sich die Differenz zwischen der offiziellen und der direkten Einschätzung weiter verstärken. Demnach würden all jene mit einer Zufuhr von weniger als 2.400 Kalorien pro Tag 1999-2000 mehr als 74,5 + 3 = 77,5 Prozent der ländlichen Bevölkerung ausmachen. Das ist eine Zunahme im Vergleich zu 74,5 Prozent in der 50. Runde 1993-94. In ähnlicher Weise würden diejenigen mit weniger als 2.100 Kalorien von 49,5 auf mehr als 52,5 Prozent ansteigen.[15]

Wir haben es jedoch vorgezogen, die direkten Schätzungen für 1999-2000 hinsichtlich der Abruffristen unbereinigt in allen unseren

---

[15] Wir könnten leicht herausbekommen, um wie viel höher als 74,5 Prozent die direkte Einschätzung wäre, wenn diejenigen, die die Angleichung an die Verteilung der Personen nach Verbrauchergruppen vornahmen, sich die Mühe gemacht hätten, die dazugehörige durchschnittliche Kalorienzufuhr nach Verbrauchergruppen vorzulegen. Aber wie gewöhnlich klammern sie den Gesichtspunkt der Ernährung aus ihren Aufsätzen völlig aus.

Tabellen anzugeben, weil der Hauptpunkt, um den es in diesem Abschnitt geht, der Typus von Fehler ist, der in der indirekten Methode an sich steckt und der fast die Hälfte der ländlichen Armen außer Betracht lässt. *Und dieses Grundproblem aller indirekten Schätzungen bleibt nicht nur erhalten, sondern verschärft sich, wenn von den Schätzern Angleichungen wegen veränderter Abruffristen vorgenommen werden.* Es sollte beachtet werden, dass sie mit der Angleichung wegen der Abruffrist mehr als 47 Prozent der wirklich armen ländlichen Bevölkerung aus ihrer Gruppierung „der Armen" ausschließen, während sie ohne die Anpassung genau 47 Prozent der Bevölkerung unberücksichtigt ließen.

Einige – der offiziellen Preisbereinigungsmethode gegenüber kritische – Wirtschaftswissenschaftler, die die Schätzungen von der Ernährung abkoppelt, haben die Ernährung korrekterweise in den Mittelpunkt ihrer eigenen Analyse zurückgeholt. Aber sie beschreiten einen anderen direkten Weg der Armutseinschätzung, verglichen mit der Prüfung der aktuellen NSS-Angaben – die Methode, die wir benutzt haben. Sie haben geschätzt, was die Kalorienzufuhr des benötigten Tagesbedarfs/BTB auf der Grundlage der *gegenwärtigen* Lebensmittelpreise mindestens kostet. Auf diese Weise haben sie einen normativen Aufwand für Ernährung erhalten. Durch Vergleichen der tatsächlichen Ausgaben für die Ernährung im NSS kommen sie auf den Prozentsatz der Personen, die den BTB nicht erreichen, und das sind in Gesamtindien 66 Prozent für die 55. Runde (siehe Coondoo, Majumdar, Lancaster und Ray 2004, Ray und Lancaster 2005). Subramanian (2005) hat sowohl mit der indirekten Methode gearbeitet und dabei Basisjahre verwendet, die näher an der Gegenwart liegen, als auch mit der direkten Methode, die wir benutzt haben, um herauszufinden, wie sich die Armutstendenzen in alternativen Szenarios verhalten.

Die Pro-Reform-Wirtschaftswissenschaftler haben versucht, viele kritische Stimmen (Suryanarayana 1996, Mehta und Venkataraman 2000, Swaminathan 1999, 2002), die weiterhin die Aufmerksamkeit auf die starke Verbreitung von Unter- und Fehlernährung, auf den lange andauernden Rückgang der durchschnittlichen ländlichen

Kalorienzufuhr und auf die hohen direkten Armutsschätzungen bei Anwendung vernünftiger Kaloriennormen lenkten sowie die indirekte Methode kritisierten, mit dem einfachen Mittel zum Schweigen zu bringen, sie überhaupt nicht zu beachteten. In den Beiträgen jener, die ihre indirekten Schätzungen auf einer Konferenz vorgestellt und später in einer Sondernummer der Zeitschrift „*The Economic and Political Weekly*" mit dem tendenziösen Titel „Armutsrückgang in den 1990er Jahren" veröffentlicht haben, wurde nicht auf einen einzigen kritischen Autor verwiesen (Deaton 2003a,b, Tendulkar und Sundaram 2003 usw.). Der einzige Artikel über Energiezufuhr, der die offiziellen und die direkten Schätzungen gegenüberstellt, tut das etwas unkritisch.[16] Die kritischen Autoren hingegen haben überzeugende Argumente vorgelegt, um zu erläutern, warum die Pro-Kopf-Kalorienzufuhr in den unteren Verbrauchergruppen im Laufe der Zeit unfreiwilligerweise abnehmen sollte. (Sie nimmt auch in höheren Verbrauchergruppen ab, aber die Probleme der zunächst Überernährten, die vielleicht ihren Konsum einschränken, interessieren uns hier nicht). Sie haben darauf hingewiesen, dass es im Laufe der letzten drei Jahrzehnte zu einer beträchtlichen Monetarisierung der Wirtschaft kam. Löhne, die einmal in Sachleistungen wie Getreide oder Mahlzeiten abgegolten

---

[16] Meenakshi und Viswanathan 2003 führen einen „Kalorienmangel" an, als ob er ein unabhängiges Thema sei und nicht im Wesentlichen mit den offiziellen Armutsschätzungen zusammenhinge, und obwohl sie ihre Schätzungen der Bevölkerung unterhalb unterschiedlicher Kaloriennormen nützlicherweise nebeneinander stellen, verweisen sie nicht auf das im Laufe der Zeit abnehmende Energieäquivalent der offiziellen und individuellen Armutsgrenzen, was die Vergleichbarkeit beeinträchtigt. Ihre Methode, die Kalorienverteilungskurven zu bewerten, indem sie Kern-Dichte-Funktionen benutzen, ergibt höhere Schätzungen der Bevölkerung unterhalb verschiedener Kaloriennormen als unsere Berechnungen, denen wir gruppierte Daten und die einfache Methode zu Grunde legen, wie sie in der Anmerkung zu Tabelle 10 beschrieben wurde. Möglicherweise kommt das daher, dass sie alle wohlhabenden Personen einbeziehen, die weniger Kalorien als den BTB zu sich nehmen. Es gibt jedoch keinen Grund, reiche Jockeis, Supermodels oder magersüchtige Menschen als Teil der Armen zu betrachten.

und in früheren NSS-Runden zu niedrigen Preisen ab Hof bewertet wurden, werden nun in Bargeld ausgezahlt, das der Arbeiter für Nahrungsmittel zu höheren Einzelhandelspreisen eintauschen muss. Daher kann er weniger für ein bestimmtes Realeinkommen erwerben. Ressourcen des Gemeineigentums sind im Laufe der letzten drei Jahrzehnte verschwunden. Feuerholz und Futter, früher gesammelt (und in den NSS-Angaben nicht in vollem Umfang bewertet), müssen jetzt gekauft werden, was die Möglichkeit für die ärmere Bevölkerung einschränkt, mit einem bestimmten Realeinkommen den Grundbedarf an Nahrung zu befriedigen, und zu der beobachteten Abnahme der Energiezufuhr führt. Getreide als Grundnahrungsmittel und Feuerholz oder andere Brennstoffe werden offensichtlich zusammen gebraucht, weil niemand ungegartes Getreide essen kann, und bei einem bestimmten Realeinkommen muss ein Teil der Ausgaben für Getreide notgedrungen gekürzt werden, um Brennmaterial zu kaufen. Dann müssen wir höhere Kosten für medizinische Versorgung, Transport und Bildung hinzufügen, weil staatliche Gelder in diesen Bereichen reduziert und einige Dienstleistungen privatisiert wurden. Alles läuft darauf hinaus, dass Unterernährung und Armut sehr weit verbreitet sind und sich jetzt auf drei Viertel der ländlichen Bevölkerung auswirken; und der beobachtete Rückgang der Kalorienzufuhr bei den unteren Gruppen der Bevölkerung beruht nicht auf freiwilliger Entscheidung. 1999-2000 ist die durchschnittliche Kalorienzufuhr im ländlichen Indien zum ersten Mal unter den Durchschnitt im städtischen Indien gefallen.

Abschließende Bemerkungen

Dieser Aufsatz hat aus zwei Gründen mit einer kurzen, aber harten Kritik an der vorherrschenden Analyse und den Rezepten in Bezug auf Ernährungssicherheit und Armut begonnen. Erstens ist die Agrarkrise tiefgehend und umfassend. Sie ist durch staatliche deflationäre Strategien verbunden mit der Handelsliberalisierung verursacht worden, als die Weltmarktpreise für Primärprodukte nachgaben. Sie zeigt sich in verlangsamtem Produktionswachstum, steigender Arbeitslosigkeit, einer unerhörten Einkommenseinbuße für die Mehrheit der Bauern und Arbeiter, der Verstrickung der Bauern in nicht zurückzahlbare Schulden und dem Verlust von Vermögenswerten einschließlich Land an ihre Gläubiger. Der Verkauf von Nieren und neuntausend dokumentierte Selbstmorde von Bauern sind nur die Spitze des Eisbergs wachsender Entbehrungen, wofür ein äußerst wichtiger Indikator der beispiellose Rückgang des Nahrungsgetreideverbrauchs auf Niveaus von vor 50 Jahren und das Sinken der durchschnittlichen Kalorienzufuhr im ländlichen Indien sind.

Zweitens kann die vorherrschende Analyse seitens politischer Entscheidungsträger, der Planungskommission und der Regierung zusammengefasst werden als hartnäckige Weigerung, den Tatsachen ins Gesicht zu sehen, und als Versuch, ein unlogisches, den Fakten widersprechendes Märchen zu konstruieren, das in offenem Gegensatz zu den Tendenzen in der Wirtschaft steht. „Wir müssen die Wahrheit in den Tatsachen suchen" (Mao Zedong), „oder die Tatsachen werden uns bestrafen" (hinzugefügt von Deng Xiaoping), ist ein Denkspruch, den unsere politischen Entscheidungsträger wohl besser berücksichtigen sollten. Ihre Betrachtungsweise interpretiert den massiven Verlust an Kaufkraft und die erzwungene Abnahme der tatsächlichen Nachfrage nach Nahrungsgetreide als das genaue Gegenteil, als „Überproduktion" im Verhältnis zu einer angeblich freiwilligen Einschränkung des Nahrungsgetreideverbrauchs seitens aller Bevölkerungsschichten, und kommt zu der gefährlichen Schlussfolgerung, dass die Nahrungsgetreideproduktion gedrosselt werden sollte. Sie weigert sich anzuerkennen, dass man in Industrieländern Verbraucher von der Minderheit der Produzenten landwirtschaftlicher Erzeugnisse trennen kann, während in einem armen Land wie Indien die Mehrheit der Verbraucher auf dem Lande lebt und selbst unmittelbar als Bauer oder Arbeiter in die Produktion einbezogen ist, weshalb sie die deflationäre Politik sowohl als Produzenten wie als Konsumenten hart trifft. Preisdeflation nützt nicht einmal landlosen Arbeitern, weil

Theoretische Überlegungen 153

sie Teil eines Prozesses der Einkommensminderung ist, der die Arbeitslosigkeit schneller in die Höhe treibt, als die Preise fallen. Unsere Wirtschaftswissenschaftler, die die Armut mittels der indirekten Methode schätzen, sind immer noch in der alten konzeptionellen Falle gefangen, die relative Abnahme der Preise für Ernährung mit zurückgehender Armut gleichzusetzen, und verstehen nicht, dass die nachteiligen Auswirkungen der Deflation hinsichtlich Arbeitslosigkeit jeglichen Vorteil eines Preisrückgangs bei Nahrungsmitteln zunichte machen können. Sie sollten die Ökonomie der Weltwirtschaftskrise studieren, um Einblicke zu gewinnen, wie deflationäre Prozesse wirklich funktionieren.

Wie die Tabelle 11 zeigt, lebte 1999-2000 in mindestens fünf Bundesstaaten ein Drittel oder mehr der Bevölkerung mit einer Zufuhr von weniger als 1.800 Kalorien, und in drei weiteren Bundesstaaten nahm zwischen 1983 und 1999-2000 der prozentuale Anteil der Personen mit einer Zufuhr unterhalb 1.800 Kalorien zu, obwohl er 1999-2000 noch nicht ein Drittel überstieg. (Man beachte, dass Meenakshi und Viswanathan 2003 eine größere Anzahl als wir angeben, nämlich acht Bundesstaaten mit mehr als einem Drittel der Bevölkerung unterhalb 1.800 Kalorien für die 55. Runde – aber ihre Benutzung der Kern-Dichte-Funktionen zum Erhalt der Häufigkeitssummenkurve (Ogive) zur Kalorienverteilung führt möglicherweise zur Überbewertung der Zahlen zur Ernährungsarmut, weil ihre Methode auch alle einkommensstarken Personen mit Kalorienmangel einschließt.)

Dass die Situation auf dem Grundniveau schlechter wird, spiegelt sich in den Angaben zur Ernährung wider, und es wäre wirklich äußerst traurig, wenn die gegenwärtige Planungskommission trotzdem versucht wäre, sobald die nächsten umfangreichen NSS-Angaben über den Verbrauch verfügbar sind weiterhin nicht gerechtfertigte Behauptungen über einen „Armutsrückgang" aufzustellen, wie es die vorhergegangenen getan haben. Ihre indirekte Methode, die die Daten selektiv nutzt, indem sie den Ernährungsanteil ausklammert, muss 2005-06 zwangsläufig einen weiteren jähen und nicht gerechtfertigten „Rückgang" der ländlichen Armut auf ungefähr 18-19 Prozent der ländlichen Bevölkerung im Vergleich zu 27,4 Prozent im Jahre 1999-2000 ausweisen. Das ist deshalb so, weil sich der Preisanstieg – wegen der beispiellosen, die Einkommen drosselnde Lage an sich – zwischen 2000 und heute auf einem historischen Tiefstand befindet. Der Consumer Price Index for Agricultural Labourers/CPIAL (Verbraucherpreisindex für Landarbeiter) sank de facto 2000-01 verglichen mit dem Vorjahr und nahm im folgenden Jahr nur um 1 Prozent zu. Bei einer niedrigen Inflationsrate belief sich die mit dem CPIAL bereinigte offizielle Armutsgrenze für 2004 nur auf 354 Rupien, lediglich 26 Rupien mehr als die 328 Rupien von 1999-2000. (Im Gegensatz dazu war der CPIAL zwischen 1993-94 und 1999-2000 um 60 Prozent gestiegen.)

So kann es nicht überraschen, dass die unlängst veröffentlichten NSS-Angaben der 60. Runde, die sich auf Januar bis Juni 2004 beziehen, zeigen, dass nur 22 Prozent der ländlichen Bevölkerung in ganz Indien mit weniger als 354 Rupien auskommen müssen, der offiziellen preisbereinigten Armutsgrenze, wenn man Modell 1 benutzt, und nur 17,5 Prozent liegen darunter, wenn man Modell 2 benutzt.[17] Das ist ein Anteil, der allein deshalb jedes Jahr geringer wird, weil wenige Menschen unterhalb eines derart niedrigen Ausgabenniveaus überleben können. Tatsächlich ist es erstaunlich, dass es Menschen gibt, die überhaupt mit weniger als 12 Rupien pro Tag existieren können. Man kann sich vorstellen, wie schlecht es um ihre Größe, ihr Gewicht, ihre Erkrankungen und ihre Lebenserwartung im Vergleich zum Durchschnitt bestellt ist.

Natürlich wird dieser angebliche „Rückgang an Armut" notwendigerweise verbunden sein mit einem weiteren Sinken des der offiziellen Armutsgrenze entsprechenden Kalorienzufuhrniveaus von 1.890 Kalorien auf in etwa 1.800 Kalorien, kurz gesagt, mindestens 600 Kalorien unterhalb dem BTB. Diese Information über

---

[17] Zum ersten Mal wurden in der 60. Runde zwei Modelle für unterschiedliche Haushaltsgrößen geprüft. Modell 2 unterscheidet sich von Modell 1, weil es eine Abruffrist von 7 und nicht von 30 Tagen für eine Reihe von Konsumgütern benutzt.

einen sinkenden Ernährungsstandard, der mit der offiziellen Schätzung einhergeht, wird wahrscheinlich, wie in der Vergangenheit auch, still und heimlich unterdrückt werden. Die Regierung sollte jedoch berücksichtigen, dass irgendwelche Behauptungen von „Armutsrückgang", die sie törichterweise aufstellen könnte, nicht mehr glaubhaft sind, weil das willkürliche und unlogische Wesen ihrer Berechnungsmethode heute viel besser begriffen wird. Und der Gegensatz solcher Aussagen zu all den anderen widrigen Tendenzen in der Landwirtschaft ist zu offenkundig, um ignoriert zu werden.

Da ein so großer Teil der Bevölkerung sich bereits auf einem sehr niedrigen Niveau der Energiezufuhr befindet, hat er versucht, den Verbrauch aufrechtzuerhalten, indem er Schulden mit Vermögenswerten beglichen hat. Auf diese Weise kommt es nicht nur zu einer ungünstigen Anpassung von Flussvariablen (gesenkte Ernährungsniveaus), sondern auch Bestandsveränderungen gehen weiter, die sich in jüngsten Angaben über eine zunehmende Landlosigkeit widerspiegeln. Wir können einen Anstieg der bereits hohen Konzentration von Vermögenswerten in ländlichen Gebieten erwarten. In einem solchen Szenario könnte wahrscheinlich auch die Schuldknechtschaft zunehmen.

Die offizielle Weigerung, den Ernst der Krise auf der theoretischen Ebene anzuerkennen, die sich daraus ergebende Weigerung, verlorene Kaufkraft mit einer sofort umgesetzten allgemeinen Beschäftigungsgarantie wiederherzustellen, und die Weigerung, die Produzenten wirksam zu unterstützen, indem die staatliche Beschaffung zu angemessenen Preisen unbefristet weitergeführt wird, all das sind Zeichen dafür, dass nichts gegen die Agrarkrise getan wird. Vielmehr hat der Finanzminister gleich im ersten Haushaltsplan der UPA-Regierung wieder den Deflationshammer gegen die Landbevölkerung in Anwendung gebracht. Der zehnte Plan von 2002 bis 2007 hatte für das Centre on Rural Development Expenditures (Zentrum für Ländliche Entwicklungsausgaben) mit den genannten fünf Bereichen[18] 3.000 Milliarden Rupien vorgesehen. Drei Jahre des Plans oder zwei Drittel der Periode sind vergangen. Nur 1.000 Milliarden Rupien oder ein Drittel der geplanten Aufwendungen wurden ausgegeben. Davon entfielen 850 Milliarden Rupien auf die letzten beiden Jahre der NDA-Regierungszeit von Mitte 2002 bis Mitte 2004, während es 2004-05 eine einschneidende Kürzung auf nur 150 Milliarden Rupien gab. Wie 1991 nutzte eine neoliberale Lobby in der neuen Regierung, die die Finanzen kontrolliert, die ersten Jahre nach einer allgemeinen Wahl, um eine sinnlose Deflation durchzusetzen, obwohl heute, anders als 1991, eine tiefe Agrarkrise herrscht. Dieser zynische Schritt, angesichts wachsender Arbeitslosigkeit und agrarischen Elends die ländlichen Entwicklungsausgaben zu kappen, dient nur dazu, internationale Finanzinstitutionen zufrieden zu stellen und den willkürlichen Regeln des Fiscal Responsibility and Budget Management/FRMB-Gesetzes (Gesetz zum verantwortungsvollen Umgang mit Finanz- und Haushaltsmitteln) nachzukommen.

Um das Ziel des 10. Planes zu erreichen, müssen jetzt in den beiden Jahren 2005-06 und 2006-07 jeweils wenigstens 1.000 Milliarden Rupien ausgegeben werden, von denen 250 bis 300 Milliarden Rupien für die allgemeine Beschäftigungsgarantie und 700 bis 750 Milliarden Rupien für ländliche Entwicklungsausgaben eingesetzt werden sollten. Dieses Niveau geplanter Ausgaben würde nur etwa 2,5 Prozent des Nettosozialprodukts/NSP ausmachen, und es muss in den kommenden Jahren stufenweise bis auf die 4 Prozent des NSP angehoben werden, die es in den späten 1980er Jahren während des 7. Planes gab, vor Beginn der Wirtschaftsreformen.

Die gesamte falsche Analyse, die den zunehmenden Hunger als „freiwillige Entscheidung" neu erfindet, soll heute durch fingierte Armutsschätzungen und nicht stichhaltige Behauptungen über einen Rückgang an Armut gestützt werden. In einer solchen Situation

---

[18] Nämlich Landwirtschaft, ländliche Entwicklung, Bewässerung und Hochwasserschutz, besondere Regionalprogramme, Dorf- und Kleinindustrie.

haben alle Wissenschaftler und Aktivisten, die ihren Verstand nicht verloren haben, die Pflicht zur Kritik der offiziellen Analyse und der Rezepte, welche im Falle ihrer Verwirklichung die schon jetzt bedauernswerte Lage der Mehrheit der ländlichen Bevölkerung unermesslich verschlechtern werden.

Öffentlicher Vortrag in der Reihe „Freisein von Hunger", India International Centre, Neu-Delhi, 12. April 2005; überarbeitet im November 2005.

Literaturhinweise

D. Baker/G. Epstein/R. Pollin (Hg.), *Globalization and Progressive Economic Policy* (Cambridge 1998).
D. Coondoo/A. Majumdar/G. Lancaster/R. Ray, *Alternative Approaches to Measuring Temporal Changes in Poverty with Application to India*, Working Paper, December 2004.
G. A. Cornia/ R. Jolly/F. Stewart (Hg.), *Adjustment with a Human Face*, Bd. 1 (Oxford 1987).
Deaton, 2003a, Adjusted Indian Poverty Estimates for 1999-2000.
– – 2003b, Prices and Poverty 1987-2000, beide Aufsätze in: *Economic and Political Weekly*, Bd. 38, 25.-31. Januar, 2003.
J. Halevy/J.-M.Fontaine (Hg.), *Restoring Demand in the World Economy* (Cheltenham 1998).
C. P. Kindleberger, *The World in Depression 1929-1939* (Pelican Books 1987).
J. V. Meenakshi/B. Viswanathan, Calorie Deprivation in Rural India, in: *Economic and Political Weekly*, Bd. 38, 25.-31. Januar, 2003.
J. Mehta/S. Venkataraman, Poverty Statistics – Bermicide's Feast, in: *Economic and Political Weekly*, Bd. 35, 1. Juli, 2000.
R. Nayyar, *Rural Poverty in India* (Oxford 1991).
P. Patnaik/C. P. Chandrasekhar, The Indian Economy under Structural Adjustment, in: *Economic and Political Weekly*, 25. November, 1995.

P. Patnaik, Capitalism in Asia at the end of the Millennium, in: *Monthly Review*, Bd. 51, No. 3, Juli-August, Special Number, 1999.

— —2000, The Humbug of Finance, *Chintan Memorial Lecture*, vorgetragen am 8. Januar 2000 in Chennai, Indien. Zu finden auf der website (www.macroscan.org), auch enthalten in P. Patnaik, *The Retreat to Unfreedom* (Delhi 2003).

U. Patnaik, Export-Oriented Agriculture and Food Security in Developing Countries and India, in: *Economic and Political Weekly*, Bd. 31, No. 35-37, Special Number 1996, nachgedruckt in *The Long Transition – Essays on Political Economy* (Delhi 1999).

— — 2002, Deflation and Deja-Vu, in: Madhura Swaminathan/V.K. Ramchandran (Hg.), *Agrarian Studies – Essays on Agrarian Relations in less Developed Countries* (Delhi 2002).

— — 2003a, On the Inverse Relation between Primary Exports and Domestic Food Absorption under Liberalized Trade Regimes, in: J. Ghosh/C. P. Chandrasekhar (Hg.), *Work and Welfare in the Age of Finance* (Delhi 2003).

— — 2003b, Food Stocks and Hunger – Causes of Agrarian Distress, in: *Social Scientist*, Bd. 31, No. 7-8, Juli-August, 2003.

— — 2003c, Global Capitalism, Deflation and Agrarian Crisis in Developing Countries, Social Policy and Development Programme Paper Number 13, United Nations Research Institute for Social Development (UNRISD), Oktober 2003.

— — 2004a, The Republic of Hunger, in: *Social Scientist*, Bd. 32, No. 9-10, September-Oktober, 2004.

— — 2004b, Alternative Ways of Measuring Poverty and Implications for Policy – A Critical Appraisal from the Indian Experience, Draft paper presented at Conference on „The Agrarian Constraint and Poverty Reduction – Macroeconomic Lessons for Africa", Addis Ababa December 17-19, organized by The Ethiopian Economic Association and International Development Economics Associates; www.networkideas.org, 2004.

2005a, Ricardo's Fallacy, in: K. S. Jomo (Hg.), *Pioneers of Development Economics* (Delhi, London & New York 2005).

— — 2005b, The Nature of Fallacies in Economic Theory, Satyendranath Sen Memorial Lecture delivered at The Asiatic Society, Kolkata, 10. August, 2004, forthcoming in the Journal of the Asiatic Society.

R. Ram, *Poverty Estimates in India: A Critical Appraisal*, M. Phil Dissertation submitted to Jawaharlal Nehru University, Juli 2004.

R. Ray/G. Lancaster, On Setting the Poverty Line Based on Estimated Nutrient Prices: Condition of Socially Disadvantaged Groups During the Reform Period, in: *Economic and Political Weekly*, Bd. XL, No. 1, 1.-7. Januar, 2005.

A. Sen/Himanshu, Poverty and Inequality in India: Getting Closer to the Truth, in: *Economic and Political Weekly*, Januar, 2004.

S. Subramanian, Unraveling a Conceptual Muddle – India's Poverty Statistics in the Light of Basic Demand Theory, in: *Economic and Political Weekly*, Bd. XL, No. l, 1.-7. Januar, 2005.

P. V. Sukhatme, Incidence of Undernutrition, in: *Indian Journal of Agricultural Economics*, Juli-September, 1977.

K. Sundaram/S.D. Tendulkar, Poverty *Has* Declined in the 1990s – A Resolution of Comparability Problems in NSS Consumer Expenditure Data, in: *Economic and Political Weekly*, Bd. XL, No. l, 1.-7. Januar, 2003.

M. Swaminathan, *Weakening Welfare – the Public Distribution of Food in India* (Delhi 1999).

— — 2002, Excluding the Needy – the Public Provisioning of Food in India, in: *Social Scientist*, Bd. 30, No. 3-4, März-April, 2002.

Die Agrarkrise in der Zeit des neuen Imperialismus und die Rolle bäuerlichen Widerstands

Einführung

Es ist eine große Ehre, diesen Vortrag zur Erinnerung an Genossen A. K. Gopalan anlässlich seines 100. Geburtstages halten zu dürfen. Im Leben des Genossen Gopalan spiegelt sich jede Phase der sozialen Bewegungen unseres Landes und dessen Kampf für die Befreiung vom Imperialismus wider. Wo immer Menschen in Kämpfe verwickelt waren, Genosse Gopalan war dabei – beginnend in den frühen Jahren mit der berühmten Bewegung für den Tempelzutritt in Guruvayur, über sein Engagement in der Partei der Kongresssozialisten in Kerala bis hin zu seiner hingebungsvollen Arbeit als Kommunist. Wäre Genosse Gopalan heute am Leben, dann wäre er sicherlich erschüttert und erzürnt, dass die Unabhängigkeit vom Imperialismus, für deren Erringen er mit seinen Genossen so hart gekämpft hatte, von den neuen Kompradoren preisgegeben wird, die dieses Land in dieser Zeit des neuen Imperialismus anführen.

Während der letzten fünfzehn Jahre sind unsere Wirtschaft und Gesellschaft den Kräften der sogenannten „Globalisierung" unterworfen worden, was allerdings nur eine beschönigende Beschreibung der angestrebten Rekolonialisierung der Entwicklungsländer seitens der Industriestaaten darstellt, indem diese neue Formen der Kontrolle durch globale Finanzinstitutionen, durch eine neue globale Handels- und Investment-„Disziplin" und durch intellektuelle Hegemonisierung nutzen. Die Kräfte der imperialistischen Globalisierung haben einen Prozess der raschen Veränderung des Charakters der Widersprüche in der indischen Wirtschaft und Gesellschaft eingeleitet. Dieser Vortrag beschäftigt sich hauptsächlich mit der Frage der sich wandelnden Widersprüche im landwirtschaftlichen Bereich, der vielleicht am heftigsten betroffen ist. Heute nehmen wir dort eine tiefgreifende Agrarkrise wahr. Die Gründe für solch eine beispiellose Krise, wie wir sie seit der Unabhängigkeit nicht erlebt haben, können ohne Verständnis für das Problem der sich verändernden Widersprüche in der Agrarökonomie nicht erfasst werden.

Für Marxisten ist der Begriff „Widerspruch" ein unerlässliches analytisches Instrument für das Begreifen der sich wandelnden Wesensart der sozialen Wirklichkeit. Es gibt zu jedem beliebigen Zeitpunkt in einer sozialen Formation eine Vielzahl, ja eine verwirrende Fülle sowohl von Klassenwidersprüchen als auch von Widersprüchen zwischen Produktivkräften unterschiedlichen Entwicklungsniveaus in Bezug auf verschiedene Produktionsverhältnisse. Besonders in einem so großen und regional vielgestaltigen Land wie Indien kann es nur allzu leicht geschehen, den zentralen Gegenstand der Analyse aus dem Auge zu verlieren und im beschreibenden Detail zu versinken. Empirismus oder allein das Betrachten von Fakten reicht nicht aus. Tatsächlich kann Empirismus dazu führen, die entscheidenden „Tatsachen" zu übersehen und zu einer völlig falschen Beurteilung der gegebenen Krise zu kommen und demzufolge zu einer fehlerhaften Auffassung, wie der Kampf gegen die imperialistische Globalisierung zu führen ist. Die Fähigkeit, aus dem Allerlei der zahlreichen Widersprüche den *Hauptwiderspruch* herauszufinden und zu analysieren sowie die sekundären Widersprüche und ihre Beziehung zum und ihr Einwirken auf den Hauptwiderspruch genau zu bestimmen, ist wichtig, um zu einem Konzept für den richtigen Kurs des Kampfes und der politischen Aktion im Interesse der ausgebeuteten Klassen zu gelangen.

Unser Verständnis des Begriffs „Hauptwiderspruch" im agrarwirtschaftlichen Bereich kann durch ein Studium der Schriften W. I. Lenins und Mao Zedongs erweitert werden. In seiner Klassenanalyse der Landwirtschaft Russlands um die Wende vom 19. zum 20. Jahrhundert hat Lenin eine klare Vorstellung von dem sich verändernden Wesen der Widersprüche vermittelt, ohne in jedem

Fall ausdrücklich den Terminus „Widerspruch" zu verwenden. In „Die Entwicklung des Kapitalismus in Russland" legte er dar, dass der agrarische Bereich rasch von Kräften durchdrungen und verändert wurde, die zum Wachstum kapitalistischer Beziehungen sowohl hinsichtlich der Wirtschaftsweise der Bauernschaft als auch der Gutsherren führten, obwohl die Reste des alten feudalen Leibeigenschaftssystems noch stark waren. Die Gewichtung der Entwicklung kapitalistischer Beziehungen als der dominierenden Tendenz führte zur Verankerung der Nationalisierung des Bodens im Agrarprogramm der Sozialdemokratischen Arbeiterpartei Russlands/SDAPR „im Falle eines siegreichen Verlaufs der Revolution". Bald darauf wurden praktische Erfahrungen in Bezug auf den Charakter des Hauptwiderspruchs von der Revolution 1905-07 in Russland vermittelt, in deren Verlauf die revolutionäre Bauernschaft feudalen Landbesitz mit dem Ziel angriff, sich feudaler Ländereien zu bemächtigen und den Boden an die Bauernschaft zu verteilen.

Es ist kennzeichnend, dass Lenin aus der Erfahrung heraus, was die Bauernschaft selbst wollte, und das war Grund und Boden als privates Eigentum, an diesem Punkt seine eigene frühere Beurteilung in „Die Entwicklung des Kapitalismus in Russland" modifizierte. In einer wichtigen Passage schrieb er, obwohl seine frühere Analyse der kapitalistischen Entwicklung der Landwirtschaft „die Tendenz" der Veränderung in den Produktionsverhältnissen richtig erfasst habe, bedeute das nicht, dass sich „die Wesensart" der Produktionsverhältnisse verändert hätte. Ich habe das in meinen früheren Schriften zum Thema so interpretiert, dass die dominierende Tendenz, die tatsächlich in Richtung auf sich herausbildende kapitalistische Beziehungen und den wachsenden Widerspruch zwischen Lohnarbeit und Kapital in der russischen Landwirtschaft verlief, ein sekundärer Widerspruch blieb und den Hauptwiderspruch, der zwischen der ehemaligen leibeigenen Bauernschaft und dem einstigen feudalen Adel und den Gutsherren bestand, noch nicht abgelöst hatte. Die Vorstellung vom Bündnis der Arbeiter und Bauern, eine entscheidende Innovation in der marxistischen Theorie, wurde von Lenin auf der Basis seiner Analyse der sich entwickelnden Produktionsverhältnisse in der russischen Landwirtschaft einerseits und der praktischen Erfahrung der ersten russischen Revolution (1905-07) andererseits erarbeitet. Auf der Grundlage dieses Verständnisses von „Tendenz" versus „Wesensart", von Richtung der Veränderung des Widerspruchs versus Charakter des Hauptwiderspruchs, wurde das damalige Programm der SDAPR während der Revolution von 1917 verändert, wobei die Nationalisierung des Bodens durch die Umverteilung der konfiszierten feudalen Ländereien an die Bauernschaft ersetzt wurde.

In dem berühmten 1937 verfassten Essay „Über den Widerspruch" von Mao Zedong finden wir eine explizite Diskussion von Widersprüchen. „In jedem komplizierten Prozess der Entwicklung der Erscheinungen existieren eine ganze Reihe von Widersprüchen, unter denen es stets einen Hauptwiderspruch gibt; seine Existenz und seine Entwicklung bestimmen die Existenz und die Entwicklung der übrigen Widersprüche und wirken auf diese ein."[1] Er wies darauf hin, dass der Hauptwiderspruch eines Zeitabschnitts, wie der Widerspruch zwischen der „Feudalordnung und den Volksmassen", sekundäre Bedeutung annehmen kann, wenn ein direkter imperialistischer Angriff stattfindet. „Im Falle eines aggressiven Krieges der Imperialisten gegen ein solches Land können sich seine verschiedenen Klassen, mit Ausnahme einer Handvoll nationaler Verräter, zeitweilig zusammenschließen, um einen nationalen Krieg gegen den Imperialismus zu führen. In diesem Falle wird der Widerspruch zwischen dem Imperialismus und dem betreffenden Lande zum Hauptwiderspruch, während alle Widersprüche zwischen den verschiedenen Klassen innerhalb dieses Landes (einschließlich des Hauptwiderspruchs, des Widerspruchs zwischen der Feudalordnung und den Volksmassen) zeitweilig auf

---

[1] Mao Tse-Tung, „Über den Widerspruch" in: Ausgewählte Schriften, Bd. 1, Berlin (Dietz Verlag) 1956, S. 379. (Heute wird der Name des Autors gewöhnlich Mao Zedong geschrieben.)

den zweiten Platz rücken und eine untergeordnete Stellung einnehmen."[2]

Mao Zedong verdeutlichte den Gedanken des „Hauptaspekts eines Widerspruchs" auch in dem Sinne, dass eines der beiden sich widersprechenden Elemente (ob in einem Haupt- oder in einem zweitrangigen Widerspruch), das zu einem gegebenen Zeitpunkt dominiert, sekundär werden kann. Wenn zum Beispiel im Zusammenhang mit dem siegreichen Kampf des Volkes der ehemals dominierende Widerspruch nun den Aspekt des Imperialismus wieder überdeckt. Eine konkrete Anwendung der Idee von den wechselnden Widersprüchen finden wir in seinem Aufsatz „Über die neue Demokratie", in dem die breiteste Einheit „des Proletariats, der Bauernschaft, der Intelligenz und der anderen Schichten der Kleinbourgeoisie" ins Auge gefasst wurde und die Rolle der Kommunistischen Partei darin bestand, „das Volk zum Kampf für den Sturz des Imperialismus und der feudalen Kräfte zu führen."[3]

Der Hauptwiderspruch in Indien vor und nach der Unabhängigkeit

Während der Kolonialzeit bestand der Hauptwiderspruch zwischen dem indischen Volk als Ganzem und dem Imperialismus und dessen hiesigen kompradorischen Verbündeten. Nach der Unabhängigkeit veränderte sich der Hauptwiderspruch zum Widerspruch zwischen der Masse der arbeitenden Bauernschaft und der Arbeiter auf der einen Seite und der Minderheit von Grundherren, Händlern und Geldverleihern, die die Kontrolle über den Boden und das Geldkapital monopolisiert hatten und die Bauernschaft durch Pacht, Zinsen und überzogene Handelsspannen ausbeuteten, auf der anderen Seite. Zwar war der Imperialismus keineswegs tot, aber er

---

[2] Mao Tse-Tung, „Über den Widerspruch" in: a.a.O., S. 380.
[3] Mao Tse-Tung, „Über die neue Demokratie" in: a.a.O., Bd. 3, Berlin (Dietz Verlag) 1956, S. 140.

war im Zusammenhang mit dem Nachkriegschaos, in dem sich die Industriestaaten befanden, auf dem Rückzug, und die Entkolonialisierung ließ Ländern der Dritten Welt wie Indien Raum für Bestrebungen, sich von der früheren internationalen Arbeitsteilung abzukoppeln, in der sie völlig offene und liberalisierte Volkswirtschaften gewesen waren, die auf das Wachstum der Metropolen und nicht auf nationales Wachstum ausgerichtet waren. Sie konnten jetzt ihre Wirtschaft schützen und im Interesse der nationalen Entwicklung staatliche Eingriffe vornehmen – wobei sie durch die Existenz und die Hilfe des sozialistischen Lagers unterstützt wurden. Die alten Liberalisierer waren zum Schweigen gebracht worden, und die neuen Liberalisierer waren noch nicht zum Vorschein gekommen.

Die Lösung des Hauptwiderspruchs im indischen Agrarbereich, nämlich zwischen den Grundherren und der Masse der Bauernschaft, war eng mit der Lösung einer Anzahl anderer wichtiger sekundärer ökonomischer und sozialer Widersprüche verknüpft. Dem Hauptwiderspruch entsprechend, war es das Erfordernis der Zeit, das Landmonopol durch Maßnahmen der effektiven Umverteilung des Bodens von den Grundherren an die Landarmen und Landlosen sowie das Kredit- und Marktmonopol zu brechen: sowohl durch genossenschaftliche Institutionen der Bauern selbst als auch durch staatliches Eingreifen, um Kreditbedürftigen Kredite zuzuleiten und gemeinnützige Vermarktungseinrichtungen zwischen dem Produzenten und dem Verbraucher mit dem Ziel zu schaffen, für beide die Preise zu stabilisieren. Der Hauptwiderspruch musste mutig angepackt werden, um die anderen wichtigen und zugeordneten Widersprüche zu lösen.

Es gab viele andere wesentliche und miteinander verknüpfte Widersprüche, deren Lösung davon abhing, wie mit dem Hauptwiderspruch verfahren wurde. Da war der Widerspruch zwischen einerseits dem Mangel an produktiver Kapitalanlage und dem daraus resultierenden niedrigen Niveau der Produktivkräfte in der Landwirtschaft – nicht weil der wirtschaftliche Überschuss unzureichend war, sondern weil er nicht produktiv genutzt wurde – und andererseits der unumgänglichen Notwendigkeit, die gesamte

Getreideproduktion zu steigern, um die ländliche Bevölkerung selbst auf höherem Niveau zu ernähren, und den für den Markt bestimmten Teil des Getreides zu vergrößern, der für den täglichen Bedarf von Lohnempfängern für den neuen industriellen Schub gebraucht wurde. Es gab ebenfalls den Widerspruch zwischen der unzureichenden Zunahme von Rohstoffen und der Notwendigkeit, einige Exporte weiterzuführen zum einen und dem Rohstoffbedarf der wachsenden einheimischen Industrie zum anderen. Es gab den Widerspruch zwischen der tiefen Armut – überwiegend ländlichen Charakters – und dem niedrigen materiellen Lebensstandard in den Dörfern einesteils und dem Erfordernis, den Binnenmarkt zu erweitern und ein industrielles Wachstum sowie eine nachhaltige allumfassende Entwicklung zu erreichen, anderenteils, was nur durch Maßnahmen zur Hebung der Massenkaufkraft möglich war.

Es gab den Widerspruch zwischen der fortdauernden Kasten-, Klassen-, Geschlechter- und anderen Arten sozialer Unterdrückung, die in ländlichen Gegenden besonders stark auftraten, einerseits, und der verfassungsmäßigen Grundlage des indischen Gemeinwesens, die jeden Bürger für gleich erachtete und ihm gleiche Möglichkeiten unabhängig von Kaste, Klasse, Geschlecht usw. zusprach andererseits. Wenn wir diese Widersprüche aufzählen, erkennen wir sofort die vielfältigen Verbindungen zwischen den Haupt- und anderen Widersprüchen, zwischen der Agrarfrage und der Frage einer nationalen Entwicklung frei von imperialistischem Druck.

Die nicht zur Linken gehörenden politischen Kräfte, Wirtschaftswissenschaftler und Planer in Indien haben die Rolle von effektiven umverteilenden Bodenreformen für das Brechen der ökonomischen und sozialen Macht der über Landbesitz verfügenden Minderheit und die daraus folgende Erweiterung der sozialen Grundlage für ländliche Investitionen und für die Steigerung der Wachstumsraten sowohl des einbehaltenen wie des vermarkteten Ertrags jedoch durchweg unterschätzt; ebenso deren Bedeutung für die Schaffung der Voraussetzungen von Maßnahmen, um die Massenarmut einzuschränken und einen expandierenden Markt für die

Industrie zu fördern, sowie deren Stellenwert für den Abbau der alten, auf der Zugehörigkeit zu Klasse, Kaste oder Geschlecht basierenden Formen von Ungleichheit, die sich ihrerseits in einem hohen Maß von Analphabetentum, einem zunehmend verzerrten Zahlenverhältnis der Geschlechter, Grausamkeiten gegenüber *Dalits* und dem Fortbestand von Kinderarbeit widerspiegeln. Nur in den Bundesstaaten, in denen die linke Bewegung einflussreich war, konnten ein paar Maßnahmen einer Bodenreform durchgeführt werden, die trotz ihres relativ begrenzten Charakters sehr positive Auswirkungen hatten.

Obwohl die Ergebnisse von vierzig Jahren geplanter Entwicklung in Indien in vielem beträchtlich waren, sind die ökonomischen und sozialen Misserfolge gleichermaßen offenkundig. Sie bestanden in der Unfähigkeit, die Massenarmut wesentlich zu reduzieren, die in ländlichen Gebieten besonders konzentriert ist; einem unzulänglichen Wachstum des internen Massenmarkts und dem daraus resultierenden Aufkommen eines Drucks, in Kollaboration mit Fremdkapital externe Wachstumsquellen zu suchen.

Internationale Entwicklungen führten seit den späten 1970er Jahren in den Industriestaaten zum Wiedererstehen des Finanzkapitals als einer das Industriekapital beherrschenden Kraft. Die relative politische Einheit, die von den nationalen Basen dieses Finanzkapitals erreicht wurde (durch Unterordnen innerimperialistischer Rivalität zu gemeinsamen Zielen gegenüber der Dritten Welt), die aggressive Nutzung der übernationalen Bretton-Woods-Institutionen (Internationaler Währungsfonds und Weltbank) für die Durchsetzung seiner Ziele und der Zusammenbruch der Sowjetunion haben zu einer höchst vorteilhaften Konstellation für den Imperialismus geführt, der einmal mehr energisch versucht, die Dritte Welt zu rekolonisieren, und in vielen kleineren Ländern im Wesentlichen erfolgreich war. In den letzten Jahren sind allerdings auch unterschiedliche Tendenzen des Widerstands gegen die Dominanz des Finanzkapitals in Erscheinung getreten.

Die neuen Liberalisierer sind vor vielen Jahren in Lateinamerika und Afrika auf der Bildfläche aufgetaucht; sie haben die Theorien und Praktiken der neuen Liberalisierung in Indien seit dem Beginn der 1990er Jahre deutlich vorangetrieben. Der alte Imperialismus war durchschaubar, weil es eine direkte politische Kontrolle gab, während der neue Imperialismus weniger durchsichtig und deshalb in vielem gefährlicher ist. Die neue Liberalisierung unterscheidet sich von der alten kolonialen Liberalisierung mindestens in zweierlei Hinsicht. Sie verfolgt die Strategie, die ökonomische Position der Reichen der Dritten Welt auf Kosten ihrer Mitbürger zu stärken, was die Elite unseres Landes materiell korrumpiert hat; und sie verfügt über ideologische Stoßkraft in Form falscher Theorien, was die gleichen Persönlichkeiten des öffentlichen Lebens und Intellektuellen geistig beeinflusst hat, die früher Anhänger des unabhängigen Wachstums waren, jetzt aber gedankenlos das *Mantra* (formelhafte Wortfolge) der Liberalisierung nachplappern, das sie von ihren Mentoren aus den Industriestaaten gelernt haben. Die neuen Kompradoren folgen antinationalen Theorien und Praktiken nicht weniger, als es die alten Kompradoren getan haben. Für diejenigen, die zur linken Bewegung gehören, ist es überaus wichtig, die revisionistischen Tendenzen zu bekämpfen, die sich in die Bewegung einschleichen und zu einer „weichen" Haltung gegenüber der Liberalisierung führen. Die Unterstützung irgendeines Aspekts der Liberalisierung selbst aus pragmatischen Gründen läuft auf politisches Liquidatorentum hinaus.

Ursprünge und Merkmale der Agrarkrise in Indien

Indien richtete sich seit 1991 auf gesamtwirtschaftlicher Ebene nach genau demselben Paradigma der Deflationspolitik, an das sich in den 1980er Jahren bereits etwa 80 verschuldete Länder unter der Führung des Internationalen Währungsfonds/IWF gehalten hatten. Diese makroökonomischen Deflationsstrategien enthielten die Verringerung von Entwicklungsausgaben seitens der Zentral- und Staatenregierungen, hohe Realzinssätze namentlich knappes Geld, die Senkung des Verhältnisses des Haushaltsdefizits zum Bruttoinlandsprodukt/BIP, die Deckelung der Löhne im organisierten Sektor und Abwertung (vgl. Tabelle 1 in „Theoretische Überlegungen zu Ernährungssicherheit und Armut in der Ära ökonomischer Reformen" in diesem Band, die diese Strategien zusammenfasst).

Die nützlichen Aufsätze in dem von Cornia, Jolly und Stewart herausgegebenen zweiteiligen Sammelband *Adjustment with a Human Face* (1987) haben die Auswirkungen des neoliberalen Politikpakets in denjenigen Entwicklungsländern ausführlich dargestellt, die dieses ein Jahrzehnt oder früher vor Indien übernahmen. Das Bild, das sich hier zeigte, war wirklich beunruhigend: die Drosselung von Investitionsraten, die Abnahme von Wachstumsraten sowie in einer Anzahl von Fällen der absolute Rückgang bei Produktion und Einkommen, eine Umkehr des Fortschritts auf den Gebieten der Alphabetisierung, der Säuglingssterblichkeit und anderer Indikatoren des Gesundheitswesens, scharfe Einschnitte bei Löhnen und Beschäftigung und eine Zunahme der Armut. Dies alles war genau so, wie es eine vernünftige gesamtwirtschaftliche Theorie vorhersagen würde. Wenn beständig ein deflationärer und restriktiver Kurs verfolgt wird, sind die Ergebnisse zwangsläufig so wie die beobachteten, und nur jene Leute können anders denken, die einer logisch falschen Theorie anhängen, welche den engen Interessen des Finanzkapitals dient.

Die Tatsache, dass neoliberale Politik einen Angriff auf die Produktivkräfte in Entwicklungsländern darstellt, wird immer noch von den meisten Leuten trotz der im letzten Vierteljahrhundert zutage getretenen überwältigenden theoretischen und empirischen Beweise für diese Schlussfolgerung weder verstanden noch geglaubt. Viele Personen werden von der Behauptung, dass Indien nach China die zweithöchste BIP-Wachstumsrate der Welt hat, nämlich jährlich 7 bis 8 Prozent, zu der Annahme verführt, dieses Wachstum finde in jedem Sektor statt. Richtig ist das Gegenteil, denn insbesondere seit Mitte der 1990er Jahre befanden sich die beiden materiell produktiven Sektoren – die Industrie und die Landwirtschaft – im Abschwung, wobei die Landwirtschaft stärker betroffen war als die Industrie. Der einzige Sektor, der sich rasch ausgedehnt hat, ist der

Dienstleistungssektor. In der Wirtschaft hat es eine widernatürliche strukturelle Verschiebung gegeben, noch bevor irgendein wesentliches industrielles Wachstum stattgefunden hat.

Der Kurs, den die Länder in den 1980er Jahren unter der Führung des IWF verfolgten, beinhaltete Absenken der öffentlichen Ausgaben, knappes Geld, restriktive Finanzpolitik, Deckelung von Löhnen und Abwertung. Dies alles läuft eindeutig auf ein Politikpaket hinaus, das Ausgaben erheblich reduziert. Weil neoliberale Politik in Indien ebenfalls die Ausgaben für die materiell produktiven Sektoren drosselte, und das besonders stark in Bezug auf die Landwirtschaft, kann es nicht verwundern, dass sich zusehends eine Agrarkrise entfaltet, während zur gleichen Zeit alles darauf hinweist, dass die absolute Armut zunimmt.

In den fünfzehn Reformjahren haben sich die Zusammensetzung des BIP und die Beschäftigung in den hauptsächlichen Wirtschaftssektoren deutlicher verändert als in den vorangegangenen dreißig Jahren. In den 1980er Jahren ist der Beitrag des sekundären Sektors zum Nationaleinkommen gestiegen, aber in den 1990er Jahren bis 2003-4 hat er im Zuge der Wirtschaftsreformen bei etwa einem Viertel stagniert. Der Anteil der Landwirtschaft am BIP, der in den 1980er Jahren langsam abnahm, ist steil von etwa 36 Prozent zu Beginn der 1990er Jahre auf unter 25 Prozent in dem Dreijahreszeitraum mit Ende 2003-04 gefallen, während der Anteil der Dienstleistungen dementsprechend von etwa zwei Fünfteln auf über die Hälfte des BIP gestiegen ist, wobei Handel, Hotels, Transport- und Kommunikationswesen am stärksten zunahmen, gefolgt vom Finanzwesen, Immobilien und Dienstleistungen für die Wirtschaft (Tabelle 1).

Tabelle 1
Prozentsatz des Anteils von Wirtschaftssektoren am Bruttoinlandsprodukt zum Kostenfaktor, 1980-81 bis 2003-04 (konstante Werte zu Preisen von 1993-94)

Dreijahresdurchschnitt bezogen auf das Jahr	Landwirtschaft Forstwirtschaft Fischerei, Bergbau, Steine & Erden	Verarbeitende Industrie, Bauwesen, öffentliche Versorgungsbetriebe	Alle Dienstleistungen	Handel, Hotels, Transport- & Nachrichtenwesen	Finanzen, Immobilien, Geschäftswesen
1.	2.	3.	4.	5.	6.
(vor den Reformen)					
1987-8	36,4	23,2	40,3	19,2	8,8
(nach den Reformen)					
1993-4	33,5	23,9	42,5	19,4	11,2
1996-7	30,2	25,4	44,5	21,1	11,6
1999-0	27,5	24,6	47,9	22,3	12,5
2002-3	24,7	24,6	50,6	24,6	12,8
Prozentuale Veränderung 2000-3 zu 1987-8	-11,7	1,4	10,3	5,4	4,0

Quelle: Government of India, Ministry of Finance, *Economic Survey 2005-06*. Berechnet auf der Grundlage jährlicher konstanter Wertangaben. (Gegenwärtige Werte zeigen ein steileres Fallen des Anteils der Landwirtschaft, weil die Preise für die Ernteprodukte schneller gesunken sind als andere Preise). Man bemerke, dass die Spalten 2, 3 und 4 100 ergeben, während die Spalten 5 und 6 sich auf Untergruppen von allen Dienstleistungen beziehen.

Es gibt Anlass zur Sorge, dass eine „Tertiarisierung" der indischen Wirtschaft stattfindet, noch bevor sie eine wesentliche industrielle Entwicklung durchlaufen hat. Eine ähnliche Verschiebung in Richtung auf Dienstleistungen, die von einem Niedergang der Landwirtschaft und einer Stagnation der verarbeitenden Industrie begleitet war, wurde zuletzt in der Kolonialzeit zwischen 1891 und 1931 beobachtet.

Tabelle 2
Anteil der Arbeitskräfte nach Beschäftigung

	Landwirtschaft und ähnliche Tätigkeiten	Bergbau und verarbeitende Industrie	Öffentliche Versorgungsbetriebe	Handel, Hotels, Transport	Andere Dienstleistungen	Gesamt
Ländlich						
männlich						
1987-8	74,5	8,1	4,0	7,1	6,2	100
1993-4	74,1	7,7	3,5	7,7	7,0	100
1999-00	71,4	7,9	4,7	10,0	6,2	100
weiblich						
1987-8	84,5	7,3	2,7	2,2	3,0	100
1993-4	86,2	7,4	1,0	2,2	3,4	100
1999-00	85,4	7,9	1,1	2,1	3,7	100
Städtisch						
männlich						
1987-8	9,1	27,0	7,0	31,2	25,2	100
1993-4	9,0	24,8	8,1	31,6	26,4	100
1999-00	6,6	23,3	9,5	39,8	21,0	100
weiblich						
1987-8	29,4	27,8	3,9	10,7	27,8	100
1993-4	24,7	24,7	4,4	11,3	35,0	100
1999-00	17,7	24,4	5,0	18,7	34,2	100

Quelle: NSSO, große Befragungsrunden. Man bemerke, dass die Zahlen wegen Aufrundens nicht genau 100 ergeben können.

Die Berufszusammensetzung der Arbeiterschaft (Tabelle 2) zeigt, dass der Anteil der Landwirtschaft am männlichen ländlichen Arbeitskräftepotential sehr wenig abgenommen hat, von 74,5 Prozent auf 71,4 Prozent, wenn man 1999-2000 mit 1987-88 vergleicht, obwohl der Anteil der Landwirtschaft am BIP innerhalb dieser Periode um 11 Prozentpunkte zurückgegangen ist, während für das ländliche weibliche Arbeitskräftepotential die Abhängigkeit von der Landwirtschaft in dieser Periode leicht von 84,5 auf 85,4 gestiegen ist. Das deutet darauf hin, dass die tatsächliche Pro-Kopf-Produktion in der Landwirtschaft unter den Wirtschaftsreformen und der Handelsliberalisierung gesunken ist. Der Anteil der von Bergbau, verarbeitender Industrie und Versorgungseinrichtungen abhängigen männlichen städtischen Arbeitskräfte, der 1977-78 29,5 Prozent betragen hatte und 1987-88 leicht um einen Punkt zurückgegangen war, fiel seit diesem Zeitpunkt steil auf nur 24,1 Prozent 1999-2000 ab, während städtische weibliche Arbeitskräfte in diesen Aktivitäten einen ähnlich abnehmenden Anteil von 28 auf 24,6 Prozent aufweisen. Der Anteil der Beschäftigung in allen Dienstleistungen zusammengenommen verbucht eine große Zunahme in städtischen Gebieten sowohl für Männer als auch für Frauen, aber mehr noch für letztere. Diese Angaben beziehen sich auf die Anzahl von Arbeitskräften und spiegeln den Rückgang der Arbeitstage pro Arbeiter nicht wider, der eine wesentliche Größenordnung der Arbeitslosigkeit darstellt. Auf Grund des Arbeitsplatzkriteriums lässt sich eindeutig sagen, dass sich während der Reformperiode eine beträchtliche Deindustrialisierung verbunden mit der Tertiarisierung der Wirtschaft vollzogen hat.

Das beunruhigende Merkmal, das diesen relativen Verschiebungen zu Grunde liegt, besteht darin, dass seit der Mitte der 1990er Jahre sowohl die Anzahl der beschäftigten Arbeiter als auch der Arbeitstage in der Landwirtschaft, im Berg- und Tagebau und in öffentlichen Dienstleistungen *absolut zurückgegangen* ist (Tabelle 3). Der Anteil der organisierten Industrie (in der die Arbeitsbedingungen besser sind) an der Gesamtbeschäftigung im produzierenden Gewerbe hat auch abgenommen. Das Beschäftigungswachstum im ländlichen Indien von 2,4 Prozent war während der 1980er Jahre stabil, wohingegen es in der Reformzeit auf nur 0,7 Prozent eingebrochen ist. Dieser Kollaps der ländlichen Beschäftigung ist besonders signifikant, weil sieben Zehntel der Gesamtbevölkerung von einem ländlichen Lebensunterhalt abhängen.

Tabelle 3
Beschäftigungstendenzen in Wirtschaftssektoren

Sektor	Veränderung der Anzahl von Beschäftigten, Mio		jährliche Wachstumsrate, %		Anpassungsfähigkeit der Beschäftigung in Bezug auf BIP	
	1983 bis 93-4	1993-4 bis 99-0				
	Periode 1	Periode 2	Periode 1	Periode 2	Periode 1	Periode 2
1. Landwirtschaft	35,23	-4,90	1,51	-0,34	0,5	0,00
2. Bergbau, Steine und Erden	0,94	-0,43	4,16	-2,85	0,69	0,00
3. produzierendes Gewerbe	8,47	5,51	2,14	2,05	0,33	0,26
4. Strom, Gas und Wasser	0,50	-0,07	4,50	-0,88	0,52	0,00
5. Bauwesen	4,90	5,54	5,32	5,04	0,63	0,55
6. Handel, Hotels usw.	8,56	9,54	3,57	5,04	0,63	0,55
7. Verkehrs- und Nachrichtenwesen, Lagerhaltung	2,94	4,36	3,24	6,04	0,49	0,69
8. Finanzwesen	1,82	1,53	7,18	6,20	0,92	0,73
9. Staatliche und persönliche Dienstleistungen	8,33	1,07	2,90	0,55	0,50	0,07
10. Gesamt	71,69	22,55	2,04	0,98	0,41	0,15

Beschäftigtenzahlen in Millionen

	1983	1993-4	1999-0
1. Landwirtschaft	207,23	242,46	237,56
2.+3. Bergbau und produzierendes Gewerbe	35,79	45,20	50,28
4. öffentliche Versorgung	0,85	1,35	1,28

5.+6.+7. Bauwesen, Handel, Hotels, Verkehrs- & Nachrichtenwesen, Lagerhaltung

	33,39	49,79	69,63
8. Finanzwesen			
	1,70	3,52	5,05
9. Staatliche und persönliche Dienstleistungen			
	23,80	32,13	33,20
Gesamt	**302,76**	**374,45**	**397,0**

Quelle: Planning Commission, 2002

Der einzige Wirtschaftssektor, der sich rasch erweitert hat, ist der Dienstleistungssektor, wovon ein kleines Teilstück die hohe Einkommen erzielende Softwaretechnik und die finanziellen Dienstleistungen darstellen, die beide schnell gewachsen sind. Das Gros der Dienstleistungen bleiben die mit niedrigem Einkommen verbundenen häuslichen und Versorgungsdienstleistungen für eine kleine Minderheit von reichen Indern, etwa ein Sechstel der Gesamtbevölkerung, die sich unter den Wirtschaftsreformen eines raschen Anstiegs ihres Realeinkommens erfreuen durfte. Das Nationaleinkommen war schon in den 1990er Jahren sehr ungleichmäßig verteilt, aber dann ist es zu einer weiteren Zunahme der Einkommensungleichheit einer ganz besonderen und beunruhigenden Art gekommen, nämlich zu einem absoluten Rückgang des Realeinkommens für die große Mehrheit der Bevölkerung verbunden mit einem äußerst raschen Wachstum des Realeinkommens für eine kleine Minderheit. Dies hat einerseits wegen der alten reichen plus der sprießenden neureichen Minderheit, die danach strebt, einem westlichen Lebensstil nachzueifern, einen deutlich sichtbaren Immobilien- und Bauboom in städtischen Gebieten und einen schnell expandierenden Markt für hochwertige und langlebige Konsumgüter und elektronische Geräte mit sich gebracht. Andererseits hat es für die Mehrheit der Bevölkerung höhere Arbeitslosigkeit, Verschuldung, Vermögensverlust und Hunger bedeutet, kurz gesagt – zunehmende Verelendung.

Eine neue Stufe des Angriffs auf Land-, Wald- und Wasserressourcen von Kleinproduzenten

Das Programm der ökonomischen Reformen und der Privatisierung wird vom Staat unter ständigem Druck seitens internationaler Finanzinstitutionen vorangetrieben, und das spiegelt sich darin wider, dass es in den letzten Jahren im Namen von „Entwicklung" und unternehmerischer Übernahme von Land- und Wasserressourcen zu einer neuen Runde von Angriffen sowohl auf das Kleineigentum der Bauernschaft als auch auf das Gemeineigentum der Stammesbevölkerung gekommen ist. Gleichzeitig stoßen die Folgen der Globalisierung auf wachsenden Widerstand. Die Polarisierung der indischen Gesellschaft schafft neue Muster der Umgruppierung von Klassen, wobei sich ein sowohl komplexes als auch in gewisser Hinsicht zunehmend deutliches Bild herauskristallisiert.

Karl Marx hat im Zusammenhang mit Darlegungen zur Grundrente im *Kapital* darauf hingewiesen, dass in allen „zivilisierten" kapitalistischen Gesellschaften die herrschenden Klassen zahllose Kleinproduzenten rücksichtslos landwirtschaftlicher Anbauflächen und natürlicher Ressourcen beraubt haben, aus denen diese ihren Lebensunterhalt bezogen, nur um große Landsitze zu errichten. Sie verwandelten Ackerland in Wälder, bestückten sie mit Rotwild für die Jagd und reservierten Flüsse allein zum Angeln, Sportarten, die sie nur wenige Wochen im Jahr betrieben. Das Streben der indischen herrschenden Klassen (insbesondere der Unternehmenssektor und die Reichen), diese Art eines „zivilisierten" Status zu erlangen, zeigt sich heute darin, wie sie sich unverfroren daranmachen, Land-, Wald- und Wasserressourcen von Kleinproduzenten, die von Landwirtschaft, Fischfang oder Walderzeugnissen abhängen, an sich zu reißen, alles im Namen der „Entwicklung" – die richtiger als mehr Reichtum und Genuss für die Reichen auf Kosten des Rechtes der Armen auf Arbeit und Nahrung interpretiert werden sollte. Für „Landhäuser und Wildgehege" stehen heute Farmhäuser, Ferienanlagen an Stränden, Vergnügungsparks, Luxuswohnsiedlungen und Golfplätze, und die Situation ist in der

Gegenwart die gleiche, wie Marx sie beschrieben hat. In unserem Fall wie in allen anderen Entwicklungsländern gibt es jedoch ein zusätzliches Element, den Einzug ausländischer transnationaler Konzerne, denen es darum geht, Kleinproduzenten dem weltweiten Kapital entweder mittels Vertrag oder durch direkten Erwerb von Land und Wasserressourcen zu unterwerfen. Das Ziel ist nicht nur der einzelne Unternehmensgewinn – in seiner Gesamtheit dient das System dazu, den hohen Lebensstandard in den Kernländern des Kapitalismus auf Kosten der hiesigen Bevölkerung, deren Lebensstandard gedrückt wird, aufrecht zu erhalten. Das führt auch zur Verdrängung von Erzeugern, weil die Arbeitsintensität einer solchen Produktion niedriger ist als in bisherigen Produktionssystemen, und Land wird ebenfalls direkt von Unternehmen erworben. Das Problem der Verdrängung kleiner Erzeuger ist wegen der fortwährenden und zunehmend auf breiter Front erfolgenden Angriffe auf Eigentumsrechte von Kleinproduzenten wie nie zuvor in den Vordergrund gerückt.

Die meisten der von einheimischen und ausländischen Unternehmen vorgeschlagenen Projekte, bei denen die Regierung oder die Unternehmen direkt, mit Förderung seitens der Regierung, Land für einen Spottpreis von Bauern übernehmen, sind nichts anderes als Grundstücksspekulationen, obwohl der Boden dafür beansprucht worden war, dort Industrien aufzubauen, die Arbeitsplätze schaffen würden. Dasselbe trifft auf Hunderte von „Sonderwirtschaftszonen" zu, die häufig willkürlich auf bestem Agrarland eingerichtet werden, wohin die Wohlhabenden eilen, um Steuervergünstigungen zu erhalten und mit Grundstücken für die Versorgung der städtischen Reichen zu spekulieren.

Die politischen Entscheidungsträger in der indischen Regierung, die diese Strategie verfolgen, und die Wirtschaftswissenschaftler, die sie opportunistisch rechtfertigen, ziehen es vor zu vergessen, dass die Hunderttausende europäischer Kleinproduzenten, die in dem westlichen Kerngebiet des Kapitalismus während der Phase der ursprünglichen Akkumulation im 18. und 19. Jahrhundert im Laufe der Zeit durch einen ähnlichen Landraub verdrängt wurden, zusammen mit den unter Umständen explosiven sozialen und politischen Problemen, die ihre Enteignung mit sich brachte, ins Ausland exportiert wurden. Fünfzig Millionen Europäer wanderten allein im 19. Jahrhundert aus und ließen sich auf ausgedehnten Landflächen nieder, die sie den einheimischen Einwohnern in den beiden Amerikas und auf anderen Kontinenten entrissen hatten. Wenn unsere Kleinerzeuger heute vertrieben werden, können sie nirgendwohin gehen, und die Verdrängung wird einfach sozialen und politischen Aufruhr verursachen. Das 21. Jahrhundert ist nicht das 19., und Angriffe auf die Kleinproduktion sollten und werden erbitterten Widerstand hervorrufen. Es ist bemerkenswert, dass Dorfbewohner kürzlich in Maharashtra, als eine landwirtschaftliche Fläche für die Übernahme durch eine Unternehmensgruppe vorgesehen war, Widerstand leisteten und versicherten, sich nunmehr nicht auf Selbsttötung oder Selbstmord (*atmahatya*) zu verlegen, sondern auf Töten (*hatya*).

Mehr als fünftausend verschuldete Landwirte, hauptsächlich Baumwollbauern, haben allein in Andhra Pradesh seit 1998 Selbstmord begangen, weil die dortige Regierung, die mit der Weltbank ein Programm struktureller Anpassungen auf Landesebene vereinbart hatte, die Strompreise fünfmal erhöht hat, selbst als der Baumwollpreis um die Hälfte fiel. Über tausend Selbstmorde von Bauern haben sich auch im Punjab und eine ähnliche Anzahl in der Vidarbha-Region von Maharashtra ereignet, wo die Selbsttötungen gegenwärtig andauern. Während der vier Jahre seit 2001 sind über 1.250 Selbstmorde in Wayanad und Palakkad in Kerala dokumentiert worden, da die Preise, die die dortigen Pflanzer von Kaffee, Tee und Gewürzen erhielten, noch steiler abstürzten als die Weltmarktpreise, sobald große Firmen Kauf und Vermarktung übernommen hatten. So betrug der Kaffeepreis, den der Erzeuger bekam, 2003 nur ein Viertel und der für Tee und Pfeffer nur ein Drittel der Preise, die 1999 galten. Der Kaufpreis für ungeschälten Reis sank ebenfalls.

Die Agrarkrise war der Hauptgrund für die entschiedene massenhafte Ablehnung neoliberaler Politik und für die Wahlniederlage der NDA-Koalition im Mai 2004 im Zentrum wie auch der TDP-Regierung in Andhra Pradesh. Angesichts der Beschäftigungskrise hatte die neue United Progressive Alliance/UPA versprochen, ein Employment Guarantee Act (Gesetz zur Beschäftigungsgarantie) in Kraft zu setzen, das jedoch schon ausgehöhlt ist, weil kein Zeitrahmen für seine Umsetzung im ganzen Land festgelegt wurde.

Indien hat in den letzten sechs Jahren Rekordmengen Weizen und Reis ausgeführt, und sein Anteil am globalen Export von Reis und Weizen hat sichtlich zugenommen. Trotz der einschneidenden Verlangsamung des Produktionswachstums exportierte Indien in den beiden Jahren 2002 und 2003 22 Millionen Tonnen Nahrungsgetreide, und der Anteil der Getreideausfuhr am gesamten Export ist von unter einem Fünftel auf fast ein Viertel angestiegen. Indien ist in höherem Maße in den weltweiten Handel eingebunden, und das spiegelt sich in einem wachsenden Anteil des Handels am BIP wider. Während des schweren Dürrejahrs, das mit dem Monsun 2002 begann, und obwohl die Getreideproduktion um 30 Millionen Tonnen geringer war als im vorangegangenen Jahr, von Juni 2002 bis November 2003, hat die NDA-Regierung eine Gesamtmenge von 17 Millionen Tonnen Nahrungsgetreide exportiert. Vordergründig sieht es aus, als ob die Politik der Handelsliberalisierung „funktioniert" hätte.

Die entscheidende Tatsache, die in offiziellen Veröffentlichungen und in den Schriften von Pro-Reform-Wirtschaftswissenschaftlern verdrängt wird, und das trifft sogar nach den Wahlen und dem Regierungswechsel zu, besteht darin, dass der bedeutend gestiegene Getreideexport das Resultat von immer mehr leer gebliebenen Mägen war, weil Millionen Landarbeiter und Bauern Arbeitsplatzverluste und Einkommenseinbußen erleiden mussten. Der Verzehr von Nahrungsgetreide hat heute in Indien im Ergebnis eines massiven Rückgangs der Kaufkraft insbesondere in den Dörfern infolge einer Kombination von steigender Arbeitslosigkeit, zunehmenden Investitions- und Kreditkosten für die Bauern sowie fallenden Weltmarktpreisen ein historisches Tief erreicht. Der Kaufkraftverlust ist weit verbreitet, er betrifft sowohl die 158 Millionen lohnabhängigen Arbeiter als auch die 120 Millionen Arbeitskräfte und ihre Familien, die Land bewirtschaften. Die Zielgruppenorientierung der Nahrungsmittelsubvention von 1997-8 beschränkt die Versorgung mit billigerem Nahrungsgetreide auf jene, die offiziell als „unter der Armutsgrenze" lebend anerkannt wurden, was ebenfalls dazu beigetragen hat, den Armen kostengünstiges Nahrungsgetreide institutionell zu verweigern, und zwar nicht nur durch versehentlich falschen Ausschluss aus den Kreis der offiziell Armen, sondern auch wegen der krassen offiziellen Unterschätzung der Anzahl der tatsächlich in Armut Lebenden.

1993-4 machte die tatsächlich in Armut lebende ländliche Bevölkerung (gemäß der offiziellen Definition Personen mit einer Zufuhr von weniger als 2.400 Kalorien nach NSS-Daten) 75 Prozent aus, sie stieg 1999-2000 auf mindestens 78 Prozent an, und die Armutstiefe veränderte sich, weil mehr Menschen unter die 1.800-Kalorien-Marke, das nackte Überlebensminimum, fallen. 1983 kam nur in drei Bundesstaaten Indiens (Westbengalen, Tamil Nadu und Kerala) ein Drittel oder mehr der ländlichen Bevölkerung zu weniger als 1.800 Kalorien. Die Angaben von 1999-2000 zeigen, dass Westbengalen und Kerala sich sehr verbessert haben, Westbengalen gehört nicht mehr zu dieser Gruppe, aber vier neue große Bundesstaaten (Andhra Pradesh, Assam, Karnataka und Madhya Pradesh) haben einen starken Rückgang der Ernährung zu verzeichnen, und ein Drittel oder mehr ihrer Bevölkerung liegt unter der Zufuhr von 1.800 Kalorien. Die Lage nach 1999-2000 bis zur Gegenwart dürfte noch schlimmer sein, denn seit 1998 beobachten wir einen steilen Absturz des Pro-Kopf-Verzehrs von Nahrungsgetreide, worauf ich wiederholt aufmerksam gemacht habe. Tatsächlich ist die Situation noch schlechter, als die Angaben zur Ernährung zeigen, weil die Armen Vermögenswerte veräußert und infolge von Schulden Land verloren haben, um auf diesem niedrigen Niveau zu überleben. (Die Schätzung einer „abnehmenden" Armut seitens der Planungskommission ist ein Märchen, denn sie basiert auf der Anwendung eines logisch falschen Verfahrens, das im zeitlichen Verlauf ein kontinuierliches Herabsetzen der Verbrauchsnorm enthielt, auf deren Grundlage die Armut gemessen wurde.)

In Indien ist die Pro-Kopf-Verfügbarkeit oder der Verzehr von Nahrungsgetreide in dem Jahrzehnt der deflationären neoliberalen Wirtschaftsreformen erschreckend auf nur 153 Kilogramm jährlich gefallen, wenn man den Dreijahresdurchschnitt nimmt, der 2002-03 endete. Dieses gegenwärtige Niveau ist dasselbe wie das während der ersten Planperiode vor 50 Jahren und es liegt unter den 157 Kilogramm, die in der Kolonialzeit zwischen 1937 und 1941 dokumentiert wurden. Der in vier Jahrzehnten des Protektionismus, bis zum Jahre 1991, erzielte Gewinn an Ernährungssicherheit ist also vollständig rückgängig gemacht worden. Diese wichtige Feststellung und die Gründe für das gegenwärtige Debakel sind in den Aufsätzen „Die Hungerrepublik", „Theoretische Überlegungen zu Ernährungssicherheit und Armut in der Ära ökonomischer Reformen" und „Lebensmittelreserven und Hunger – Ursachen der landwirtschaftlichen Misere", die in diesem Band enthalten sind, detaillierter behandelt worden.

Zusammenfassung der Erörterung

Kurz gesagt, beruhen die Ursachen der Agrarkrise, der alle Entwicklungsländer gegenüberstehen, darauf, dass diese folgende politische Maßnahmen umsetzen, die sie unter der Vormundschaft der internationalen *Sahukars* (Geldverleiher) und der Regierungen der Industriestaaten übernommen haben, Maßnahmen, die vom Internationalen Währungsfonds, der Weltbank, von Satellitenbanken wie der Asian Development Bank, über Hilfspakete von Industrieländern zu deren eigenen Bedingungen und über die WHO-Disziplin vorangetrieben werden. Diese Politik und ihre Wirkungen in Indien lassen sich wie folgt zusammenfassen:

1. Auf gesamtwirtschaftlicher Ebene wird ein Einkommen mindernder restriktiver Kurs befolgt. Es gibt enorme Kürzungen der Regierungsinvestitionen in Bewässerung und Infrastruktur sowie

große Einschnitte in öffentliche ländliche Entwicklungsausgaben einschließlich der Pflanzenforschung und -entwicklung. Das trifft die Produktivkräfte unmittelbar und führt zu einer Verringerung des Produktionswachstums und infolgedessen zu einem Anstieg der Arbeitslosigkeit. Der Lebensunterhalt und das Einkommen von Bauern und Arbeitern sind auch auf andere Weise davon betroffen. Pro 100 Rupien, die von der Regierung weniger für ländliche Entwicklung ausgegeben werden, kommt es durch den Multiplikatoreffekt zu mindestens 400 Rupien Einkommenseinbußen und zu erheblichen Arbeitsplatzverlusten. Diese beiden Faktoren zusammen haben die Kaufkraft von Bauern und Arbeitern stark geschmälert. *Um sich greifende Verarmung und zunehmender Hunger sind die Folge.* Der jährliche Nahrungsgetreideverzehr ist von 178 Kilogramm pro Kopf im Dreijahreszeitraum mit Ende 1991 auf 154 Kilogramm im Triennium mit Ende 2003 gefallen. Weil die Massenkaufkraft abgenommen hat und der einheimische Nahrungsgetreidemarkt zusammengebrochen ist, werden unser Land und unsere Ressourcen von Nahrungsgetreide auf Exporterzeugnisse umgestellt, und Nahrungsgetreide wird auch direkt ausgeführt.

2. Subventionen werden reduziert und damit die Wettbewerbsfähigkeit unserer Bauern eingeschränkt, während gleichzeitig in Industriestaaten umfangreiche Zuschüsse erhalten bleiben. *Es gibt systematische Angriffe auf Beihilfen für Düngemittel und Elektroenergie, auf kostengünstige Bankkredite für Bauern und auf öffentliche Beschaffungs- und Vermarktungseinrichtungen. Dies alles erhöht die Kostenstruktur für unsere Bauern und schränkt ihre Wettbewerbsfähigkeit ein, was im Interesse der Industrieländer liegt, die versuchen, in unsere Märkte einzudringen.* Zur selben Zeit bewahren und erhöhen diese Industriestaaten die direkten Subventionen für ihre eigenen bäuerlichen und agrarwirtschaftlichen Unternehmen, um globale Märkte zu beherrschen und zu kontrollieren.

3. Über die Welthandelsorganisation/WHO werden die zu den Signatarstaaten gehörenden Entwicklungsländer gezwungen, quantitative Einschränkungen des Handels abzubauen, auf Zölle umzuschwenken und Zölle auf sehr niedrige Niveaus abzusenken; damit

werden Importe ermöglicht, die den Lebensunterhalt unserer Bauern untergraben. *Im Agreement on Agriculture/AoA (Abkommen über Landwirtschaft) werden von den reichen industrialisierten Ländern Vorkehrungen für umfangreiche direkte Zahlungen aus ihrem Staatshaushalt an ihren Agrarsektor getroffen, der weniger als 5 Prozent ihres Bruttoinlandsprodukts/BIP und ihrer Beschäftigten ausmacht.* Diese Option bleibt Entwicklungsländern wie Indien mit großen landwirtschaftlichen Sektoren, die 60 Prozent zur Beschäftigung und ein Viertel zum BIP beitragen und die in ihrem Haushalt über geringe Ressourcen verfügen, verwehrt.

4. Exporte landwirtschaftlicher Produkte, für den Bedarf von Industrieländern, werden gefördert, und es werden den Anbau regelnde Kontraktsysteme eingeführt, um unsere Bauern den riesigen Agrobusiness-Unternehmen zu unterwerfen. Zeitgleich werden Entwicklungsländer aus Gründen der Konkurrenz untereinander zur Deflation ermuntert, so dass *die Menge ihrer agrarischen Exporte rasch wächst, die Gewinne aus diesen Ausfuhren aber nicht zunehmen, sondern sogar nachgeben können, weil der Dollarwert pro Einheit ununterbrochen fällt.*

5. *Das Öffentliche Verteilungssystem/ÖVS für Nahrungsgetreide ist Angriffen ausgesetzt,* weil es im Interesse der Industrieländer liegt, hiesige Ernährungssicherungssysteme zu demontieren, damit sie Nahrungsgetreide zu uns ausführen können. Der Nahrungsmittelzuschuss wird zuerst gekürzt, indem man den Preis für die Abgabe von Nahrungsgetreide über die Zuteilungsläden erhöht, wodurch ärmere Verbraucher ausgeschlossen werden. Zur gleichen Zeit verursacht die deflationäre Politik durch die Reduzierung der Kaufkraft, dass der Verkauf über die Zuteilungsläden drastisch zurückgeht. Vorräte an Nahrungsgetreide bauen sich auf, wodurch die Kosten für die Vorratshaltung anwachsen. *Nachdem sie selbst die Probleme der nachlassenden Kaufkraft, des zunehmenden Hungers und riesiger Reserven geschaffen haben, behaupten die Neoliberalen dann, das ÖVS funktioniere nicht, und fordern seine Demontage.*

6. Nicht nur die Masse der normalen kleinen und armen Bauern und Arbeiter wird hart davon getroffen, dass Beschäftigung und Einkommen schrumpfen. Der Zusammenbruch der ländlichen

Binnenmärkte trifft auch die Überschüsse von Nahrungsgetreide produzierenden Erzeugern und führt zu einer Krise in ihrem produktiven System. Im Falle Indiens hatte der Verlust des Binnenmarktes in einer Größenordnung von 26 Millionen Tonnen Nahrungsgetreide eine Krise in der Landwirtschaft Nordindiens (insbesondere im Punjab und in Haryana) zur Folge.

7. Auf internationaler Ebene sind sogar Industrieländer mit Konjunkturschwäche und Arbeitslosigkeit konfrontiert, weil sie einen deflationären Kurs verfolgen. Sie verwenden die Preise gegen die Entwicklungsländer. Die Preise für Feldfrüchte sind während der letzten zehn Jahre stetig gefallen – ausgehend von einem Index von 100 im Jahre 1993 liegen sie 2004 bei nur 53. Das ist die gleiche Absturzrate wie während der Weltwirtschaftskrise, und sie ist ein Hauptbestandteil der Agrarkrise. Seit 1998 wurden amtlich mehr als 9.000 Selbstmorde von Bauern auf Grund von Schulden registriert. Die tatsächliche Zahl liegt jedoch höher, und die Selbsttötungen gehen weiter. Bauern haben in großem Maßstab Land an Gläubiger verloren, und der prozentuale Anteil an Landlosen ist gestiegen. Demgegenüber behaupten die Industriestaaten ihre globale Konkurrenzfähigkeit, wenn die Preise fallen, indem sie auf sich erweiternder Grundlage direkt Milliarden Dollar an ihre Bauern und Agrobusiness-Konzerne zahlen.

8. Die vielfältigen pflanzlichen und biogenetischen Ressourcen der Entwicklungsländer werden ohne Vergütung ausgeplündert; der Erlass rückschrittlicher Saatgut- und Patentgesetze sichert den transnationalen Konzernen das Monopol am finanziellen Gewinn der Forschung, wobei unsere Bauern ihres Rechts beraubt werden, Saatgut auszutauschen und aus ihrem traditionellen Wissen vollen Nutzen zu ziehen. Internationale Konzerne eignen sich gemeinschaftliche Wasserressourcen an. Das trägt auch zur Umweltverschmutzung bei. *Die Privatisierung von Wasserressourcen ist ein Hauptschwerpunkt der andauernden privaten Aneignung von öffentlichen Ressourcen.*

Es ist eindeutig, dass der Angriff auf die Bauernschaft der Dritten Welt mehrgleisig und systematisch mit dem Ziel erfolgt, den Industrieländern und ihren transnationalen Konzernen die Kontrolle über unsere Ressourcen zu verschaffen. Da die Bauernschaft als ein Hemmnis betrachtet wird, sucht man sie zu vernichten. Das stellt sicher eine neue Phase des Imperialismus dar.

Diese Entwicklungen haben die Natur des Hauptwiderspruchs in Indien in den letzten Jahren verändert, und er bewegt sich abermals rasch auf den Widerspruch zwischen der Masse des indischen Volkes und dem neuen Imperialismus zu. Im agrarischen Bereich muss dieser im Entstehen begriffene neue Hauptwiderspruch als *Prozess* betrachtet werden, der nun der Widerspruch *zwischen allen bäuerlichen Klassen auf dem Lande einerseits und dem Imperialismus mit seinen grundbesitzenden Kollaborateuren andererseits* ist. Das bedeutet nicht, dass die früheren Widersprüche nicht mehr wichtig sind, sondern nur, dass sie einen untergeordneten oder sekundären Rang einzunehmen beginnen, *in dem Sinn, dass das Wesen des entstehenden neuen Widerspruchs den Charakter und den Weg der Agrarfrage und aller anderen Widersprüche bestimmt*. Die Art und Weise, in der der Hauptwiderspruch von der fortschrittlichen Bewegung angepackt wird, entscheidet jetzt den Verlauf der Lösung aller anderen Widersprüche.

Die Agrarfrage in der gegenwärtigen Konstellation

Wenn wir sagen, dass sich im agrarischen Bereich der Widerspruch rasch zwischen der Bauernschaft und den Arbeitern auf der einen Seite und dem Imperialismus mit den lokalen Grundherren und seinen anderen Kollaborateuren auf der anderen Seite verschiebt und zum Hauptwiderspruch wird, sind viele Leute in der linken Bewegung, die nicht mit dem Gedanken oder der Analyse von Widersprüchen vertraut sind, beunruhigt, weil sie meinen, dass „die Agrarfrage" auf Eis gelegt wird. Nichts ist weniger der Fall. Sie sollten sich daran erinnern: Wenn der Widerspruch zwischen den arbeitenden Massen und dem Imperialismus zum Hauptwiderspruch wird, bedeutet das, dass „dessen Existenz und Entwicklung die Existenz und Entwicklung aller anderen Widersprüche bestimmt und beeinflusst", einschließlich des früheren Hauptwiderspruchs.

Das kann man in unserem Land heute sehr deutlich sehen. Im Ergebnis der imperialistischen Globalisierung wurden Millionen Bauern in Schulden verstrickt, und sie haben Vermögenswerte und Boden an ihre Gläubiger verloren, und es gibt bereits einen Angriff von Agrobusiness-Unternehmen, darunter auch ausländischen transnationalen Konzernen, auf Bauernland und Wasserressourcen, der sich wahrscheinlich noch verstärken wird. Die Beschränkungen von Grundbesitz für Personen, die den Boden nicht selbst bearbeiten, sind dort, wo es sie gab, von den Länderregierungen abgeschafft worden, und Höchstgrenzen für Grundbesitz sind in vielen Bundesstaaten rückgängig gemacht worden, um den Zugang von Agrobusiness-Unternehmen zu ermöglichen. Die Bauernschaft verliert Land in großem Ausmaß, und sie wird trotz der Besitzeinbuße immer tiefer in die Hungerfalle hineingestoßen. Selbst die ehemals reichen Bauern und Überschuss produzierenden Erzeuger sind mit der Situation einer steil fallenden Rentabilität konfrontiert und haben begonnen, Land zu Hungerbedingungen an enteignete Bauern zu verpachten. Die frühere Phase kapitalistischer Entwicklung in der Landwirtschaft, die durch das Zunehmen von kapitalistisch betriebenem Landbau aus den bäuerlichen Klassen heraus sowie durch das Entstehen von Grundherrenkapitalismus gekennzeichnet war, ist praktisch zum Erliegen gekommen, weil sich die direkte kapitalistische Bewirtschaftung immer weniger lohnt. Die Rückkehr zum Erzielen von Mehreinnahmen durch Verpachten von Land und Wucherzinsen ist abermals an der Tagesordnung, und wir beobachten einmal mehr die Verarmung der Bauernschaft.

Praktisch sind alle Vorteile aus der früheren Landumverteilung an Landarme und Landlose in vielen Bundesstaaten rückgängig gemacht worden. In einer solchen Situation kann der Kampf für Land nicht vom Kampf gegen den Imperialismus getrennt werden. Im Augenblick ist es ein defensiver Kampf, den die arme und mittlere Bauernschaft verliert, weil es an einer richtigen Analyse der Grundrealität hinsichtlich der Agrarkrise und der Übertragung von Boden mangelt. Die Selbstgefälligkeit auch unter der fortschrittlichen Intelligenz ist weiterhin stark ausgeprägt. Einige lautstarke Verteidiger der imperialistischen Globalisierung, Vertreter der Ideologie von IWF und Weltbank, beanspruchen, die Interessen der Bauern zu repräsentieren und deren „Führer" zu sein, aber in Wirklichkeit sind sie einfach extrem reaktionäre Ideologen ohne jede soziale Basis. Dennoch gelingt es ihnen häufig, sogar fortschrittliche Teile der Intelligenz irrezuführen, und sie tragen zu deren Selbstzufriedenheit bei, weil sie das tatsächliche Vorhandensein der Agrarkrise leugnen.

Was sowohl diese selbsternannten Bauernführer als auch Angehörige der herrschenden Klassen propagieren, ist die Linie von IWF und Weltbank, unsere Bauernschaft durch Schuldvertragssysteme den ausländischen transnationalen Konzernen zu unterwerfen. Die Corporatisation der Landwirtschaft, die man voranzutreiben sucht, stellt die Kontrolle des transnationalen Kapitals über unsere bäuerliche Produktion dar und nicht „die Entwicklung des Kapitalismus in der Landwirtschaft", die in der marxistisch-leninistischen Literatur einen völlig anderen Begriffsinhalt hat. Die „Entwicklung des Kapitalismus in der Landwirtschaft" fand statt, als in Indien zwischen 1950 und 1990 eine expansive Politik der autonomen nationalen Entwicklung verfolgt wurde, die auf einen wachsenden Binnenmarkt ausgerichtet war. Das führte zu etwas Wohlstand im agrarischen Bereich, der allerdings sehr ungleich verteilt war. Im Gegensatz dazu ist die unternehmerische oder die sogenannte korporative Unterwerfung der bäuerlichen Produktion nichts anderes als die imperialistische Beherrschung unserer Bauernschaft zum Zweck der Exportproduktion, und sie macht unsere Bauern und Arbeiter arm.

Wenn die Rentabilität im Allgemeinen fällt, weil die Preise auf den globalen Märkten niedrig sind, dringen die riesigen transnationalen Unternehmen heutzutage in die Landwirtschaft ein, binden Bauern mit Vorschüssen in Gestalt von genetisch verändertem Hightech-Saatgut und Inputs an Schuldverträge und legen die

Vertragsbedingungen so fest, dass die Bauern auf einen menschenunwürdigen Lebensstandard heruntergedrückt werden, weil sie skrupellos ihre eigenen Profite zu maximieren suchen. Die Erfahrung anderer Länder in Lateinamerika und Afrika hat das deutlich bewiesen.

Somit besteht die Agrarfrage jetzt darin, das Recht der Bauern einschließlich der Stammesbevölkerung auf ihr Land und ihre Lebensgrundlagen zu verteidigen. Man darf sie überhaupt nicht vom Kampf gegen die imperialistische Globalisierung trennen, dieser Kampf ist eine wichtige Vorbedingung für jeglichen Fortschritt in der Agrarfrage. Es ist beschämend, dass von Seiten der liberalen Intelligenz und politischer Bewegungen kein Widerstand laut wird gegen die Änderungen der Gesetze zur Beschränkung des Grundbesitzes oder zur Erlaubnis für Leute, die den Boden nicht selbst bearbeiten, Land zu erwerben, alles zu Gunsten von Unternehmen. Es gibt keinen Aufschrei gegen unverfrorenen Wucher und gegen den Verlust von Land auf Grund von Schulden, während es sogar in der Kolonialzeit Gesetze gegen Zinswucher und Verordnungen gegen die Übertragung bäuerlichen Besitzes auf Grund von Schulden gab.

Ein paar kleinbürgerliche Intellektuelle üben ständig nörgelige Kritik an der linken Bewegung, dass sie „die Kaste nicht berücksichtigt" und „die Forderungen der *Dalits* nicht in Betracht gezogen" habe usw. Sie zeigen sich sehr von den oberflächlichen parlamentarischen Erfolgen der Identitätspolitik beeindruckt, versäumen aber, sich klarzumachen, dass die Führer der Rückständigen Kasten und der *Dalits* ohne Ausnahme in die ausbeuterischen herrschenden Eliten eingebunden wurden und für ihre Wählerschaft nichts außer nutzlosen symbolischen Gesten getan haben. Diese opportunistischen Führer sind auch nicht fähig, irgend etwas für die ausgebeuteten Massen der Rückständigen Kasten und der *Dalits* unserer Gesellschaft zu tun, weil ihre Ideologie selbst rückwärts gerichtet ist und auf den gleichen Ausschlussprinzipien beruht, die ihnen gegenüber angewandt wurden; sie stellt deshalb nur eine umgekehrte Form und nicht eine Überwindung dieser Ausschlussprinzipien dar. Das oberste Erfordernis ist jedoch die revolutionäre Mobilisierung der *Dalits*, die im Allgemeinen die ärmsten Arbeiter und Bauern sind, zusammen mit allen anderen ausgebeuteten Menschen und Klassen in einem gemeinsamen Kampf gegen den Imperialismus, der zwangsläufig den Kampf gegen alle Formen sozialer Diskriminierung einschließt.

Das deutlichste Anzeichen dafür, dass sich der Hauptwiderspruch verändert, liefert die Tatsache *der Agrarkrise* selbst, die wegen ihres Umfangs, ihres die gesamte Bauernschaft betreffenden generalisierten Charakters und ihrer Tiefe völlig beispiellos ist. Diese andauernde Agrarkrise ist das direkte Ergebnis der oben ausführlich behandelten Durchführung neoliberaler Reformpolitik und Handelsliberalisierung, kurz gesagt, *der Auswirkung der imperialistischen Globalisierung auf unsere Landwirtschaft.*

Außerdem werden die schlimmsten Auswirkungen erst noch sichtbar werden, denn die Industriestaaten sind derzeit entschlossen bemüht, unterstützt von den hiesigen Kompradoren, mittels Vertragsbewirtschaftung und Corporatisation der Landwirtschaft die direkte Kontrolle über unsere Landressourcen zu erlangen, unsere Bauern durch genetisch manipulierte Hightech-Saatgüter und -Pflanzen in Schulden zu verstricken und die direkte Kontrolle über die genetische Basis unserer Sortenvielfalt zu erwerben. Dabei helfen ihnen kompradorische Elemente in der Regierung, die Schlüsselpositionen der Entscheidungsfindung besetzen, und sie verfügen über die Unterstützung der kompradorischen Elemente der einheimischen Grundherren.

Unsere Bauernschaft und unsere Arbeiter wanken unter den Attacken, denen sie ausgesetzt sind und kämpfen heute lediglich ums Überleben. Ihre Qual richtet sich in Form von Selbstmorden destruktiv gegen sie selbst. Die Qual muss zu Zorn werden und sich gegen ihre Unterdrücker richten. Nur die kämpferische Einheit aller bäuerlichen Klassen und Arbeiter gegen den Angriff des Imperialismus und seiner einheimischen Kollaborateure, samt der mit ihnen zusammenarbeitenden Grundbesitzer, kann unsere Bauernschaft jetzt retten. Tatsächlich ist diese Einheit unerlässlich, um den imperialistischen Angriff auf allen Gebieten, nicht nur im agrarischen Bereich, zurückzuschlagen, denn mit ihrem rein zahlenmäßigen Gewicht hat die Bauernschaft das Potential, als eine revolutionäre Kraft zu handeln, wohingegen die Arbeiterklasse das für sich allein nicht kann. Natürlich kann nur die Ideologie der Arbeiterklasse die Grundlage für eine erfolgreiche antiimperialistische Mobilisierung liefern. Diese Kampfeinheit von Bauern und Arbeitern wird nicht spontan und automatisch von den Millionen Menschen kommen, die mit zunehmender Verarmung, Hunger und dem Verlust von Vermögenswerten konfrontiert sind. Sie muss geduldig, aber nachdrücklich von der linken und fortschrittlichen Bewegung geschmiedet werden. Dafür ist ein klares theoretisches Verständnis vom Charakter des Hauptwiderspruchs verbunden mit dem Bewusstsein der Dringlichkeit der gegenwärtigen Konstellation erforderlich. Sonst wird der Imperialismus unsere Massen wie ein riesiger Panzer überrollen und unseren werktätigen Millionen das Rückgrat brechen, während Intellektuelle und Aktivisten ohnmächtig zusehen.

Die wirksamste Methode, diesem Angriff auf der lokalen Ebene entgegenzuwirken, ist es für Kleinproduzenten – ob sie mit dem Anbau für den Markt, Viehzucht oder anderen Tätigkeiten beschäftigt sind –, sich direkt zum Zweck der Produktion und Vermarktung zu Vereinigungen zusammenzuschließen. Die Erfahrungen der letzten fünfzehn Jahre haben gezeigt, dass es die einzelnen Kleinbauern mit der tödlichen neoliberalen Verbindung von Angriffen auf Subventionen, Belastung durch globale Preisschwankungen, Zurücknahme staatlicher Beschaffung und an vielen Orten auch Angriffen auf ihre Eigentumsrechte nicht aufnehmen können. Auf der Ebene nationaler Politikgestaltung muss man diese hirnlose Politik anfechten, und sie wird angefochten; die Notwendigkeit einer wirksamen öffentlichen Intervention zur Stabilisierung der Preise macht sich wieder bemerkbar. Aber Initiativen zur Überwindung der Agrarkrise sind auch auf lokaler Ebene notwendig.

Der Kleinproduzent dieses Landes gehört zu den mit niedrigsten Kosten produzierenden Erzeugern der Welt, und die Kleinproduktion hat gute Aussichten, sich zu festigen und der internationalen Konkurrenz standzuhalten, vorausgesetzt, die Vorteile der Massenfertigung werden von Produktionsgenossenschaften genutzt. Obwohl Investitions- und Kreditgenossenschaften in diesem Land eine lange Geschichte haben und ihre Erweiterung erforderlich ist, können sie höchstens eine unterstützende Rolle spielen. Weil Rentabilität und Lebensfähigkeit der landwirtschaftlichen Produktion selbst stark zurückgegangen sind, können sie das gegenwärtige Problem nicht angehen, dass der Anreiz zu produzieren und zu investieren insgesamt abnimmt. Um das auszugleichen, ist der Zusammenschluss der Kleinerzeuger in Verbänden direkt zum Produzieren notwendig.

Es gibt verschiedene Beispiele, wenn auch nur vereinzelt, dass freiwillige Vereinigungen von Kleinbauern zum Zwecke der Produktion erfolgreich waren. Sie haben Investitionsgüter en gros billiger gekauft, konnten wegen der gemeinsamen Verantwortung Kredit zu niedrigeren Kosten erhalten, waren fähig, Probleme mit dem Arbeitskräfteangebot in den Spitzenzeiten der Nachfrage durch die Bündelung von Arbeitskräften vieler Familien zu bewältigen, sie haben bessere Bedingungen für den Verkauf von Erzeugnissen bekommen und haben sich in einigen Fällen selbst in die Verarbeitung und den Absatz ihrer Produkte eingeschaltet. Bekannt sind auch Vereinigungen von Arbeitern, die die kleinen, ihnen nach der Grundbesitzbegrenzung zugeteilten Parzellen erfolgreich zusammengelegt und gemeinsam bestellt haben. Das lässt sich verallgemeinern, wenn bereits verdrängte landlose Kleinbauern und Arbeiter gemeinsam Land von großen Eigentümern pachten, die es zunehmend für unrentabel halten, den Boden selbst zu bewirtschaften.

Wo es fortschrittliche Länderregierungen gibt, können sie eine wichtige Hilfestellung leisten und die Überlebensfähigkeit der Bauern absichern, indem sie ein System staatlicher Verträge mit längeren Laufzeiten von drei bis fünf Jahren mit bäuerlichen Gruppierungen oder Vereinigungen aufbauen, wobei die Vereinbarungen die freiwillig von den Bauern gelieferte Menge und den Preis für den Ertrag festlegen. Das ist wichtig für Feldfrüchte, die der Ernährung dienen und deren Ertrag während der letzten fünf Jahre stagniert hat, und besonders wichtig für Exporterzeugnisse, bei denen Preisschwankungen schweren Schaden in Bezug auf die Überlebensfähigkeit angerichtet, zu Produktionsrückgang und zu Selbstmorden von Bauern geführt haben. In Zeiten rasch steigender Weltmarktpreise werden die Bauern mit solchen Abmachungen auf unverhoffte Gewinne verzichten müssen, aber während des unausweichlich folgenden Verfalls der Weltmarktpreise wird ihnen ein höherer als der Weltmarktpreis sicher sein, und sie werden nicht durch sich anhäufende Schulden ruiniert werden, wie es jetzt der Fall ist.

Ohne nachdrückliche und aktive Eingriffe dieser Art und eine aktive Opposition gegen Versuche, die bäuerliche Produktion dem globalen Kapital unterzuordnen, wird der Kurs einer echten, den Menschen zugute kommenden Entwicklung zwangsläufig vom Kurs sogenannter „Entwicklung" abgelöst werden, die gar keine Entwicklung ist, weil sie das Volk zum Vorteil der einheimischen Reichen und des Weltmarktes ins Elend stürzt. Angesichts der hochgradigen Anfälligkeit der Agrarwirtschaft infolge der öffentlichen Strategien in den letzten fünfzehn Jahren sowie der Stagnation und der Drosselung der effektiven Nachfrage für eine solch große Menschenmasse, was sich in dem erschreckenden Rückgang des Pro-Kopf-Nahrungsgetreideverzehrs auf Niveaus wie vor dem Zweiten Weltkrieg widerspiegelt, ist es durchaus möglich, dass irgendeine künftige Erschütterung des Systems, etwa eine rasche Inflation oder eine anhaltende Dürre, eine Hungersnot auslösen kann. Die weitere Rekolonialisierung der indischen Wirtschaft muss verhindert werden. Wenn die Herrscher über dieses Land dazu nicht fähig sind und uns de facto in Richtung Zerstörung führen, dann muss das Volk eingreifen und den komatösen kompradorischen Führern sanft politische Sterbehilfe leisten.

Gedenkvorlesung zu Ehren des 100. Geburtstages von A. K. Gopalan, organisiert von Jansanskriti, 13. Juli 2005, Neu-Delhi.

Es ist Zeit, dass Kumbhakarna[1] aufwacht

Die Argumente sowohl für einen umfassenden, nicht nach Zielgruppen eingeteilten National Rural Employment Guarantee Act/NRGEA (Gesetz zur Beschäftigungsgarantie auf dem Lande) als auch für ein allgemein zugängliches Public Distribution System/PDS (Öffentliches Verteilungssystem/ÖVS) sind viel zwingender, als den meisten Menschen bewusst ist. Das ländliche Indien befindet sich in einer schweren und andauernden Misere. Die Arbeitslosigkeit nimmt immer mehr zu. Der Produktionsanstieg wird ständig geringer. Der Bruttoertrag an Nahrungsgetreide betrug im letzten Jahr 205 Millionen Tonnen, das waren nur 162 Kilogramm Nettoertrag pro Kopf der Bevölkerung. Der Kaufkraftverlust infolge drastischer Kürzungen der staatlichen Ausgaben für die ländliche Entwicklung während des vergangenen Jahrzehnts setzt sich fort und spiegelt sich in einem steilen Abfall des Pro-Kopf-Verbrauchs von Nahrungsgetreide wider. Er ist jetzt einer der niedrigsten der Welt und beträgt etwa 154 Kilogramm im gesamtindischen Maßstab. Das sind 20 Kilogramm weniger als vor sechs Jahren, und er ist im dörflichen Indien, wo die Kalorienzufuhr stetig sinkt, noch niedriger. Zum Vergleich: Chinas Pro-Kopf-Nahrungsgetreideverzehr liegt bei über 300 Kilogramm. Vierzig Jahre erfolgreicher Anstrengungen in Indien, den Nahrungsgetreideverbrauch durch die Grüne Revolution und eine planmäßige Entwicklungspolitik anzuheben, sind in einem einzigen Jahrzehnt deflationärer Wirtschaftsreformen zunichte gemacht worden. Indien befindet sich wieder auf dem Niveau der

---

[1] Kumbhakarna ist eine Gestalt aus dem Epos Ramayana. Es wird erzählt, dass er unter einem Baum sechs Monate lang schlief, dann blieb er einen Tag wach, um wieder in Schlaf zu fallen, und so fort für viele Hunderte Jahre. – Gewöhnlich ist Kumbhakarna eine Person, die gern schläft.

Verfügbarkeit von Nahrungsgetreide von vor fünfzig Jahren. Die Bauern im Punjab und in Haryana stecken in einer Krise, weil sie auf dem Binnenmarkt Einbußen in Höhe von 26 Millionen Tonnen Nahrungsgetreide erlitten haben – wenn der Getreideverzehr wenigstens auf dem Niveau von 1991 von 178 Kilogramm pro Kopf hätte gehalten werden können anstatt zu fallen, dann wäre der Binnenbedarf um 26 Millionen Tonnen höher, als er heute ist.

Während es in den frühen 1990er Jahren, als die Wirtschaftsreformen begannen, drei Bundesstaaten waren, in denen ein Drittel oder mehr der ländlichen Bevölkerung eine tägliche Energiezufuhr von unter 1.800 Kalorien hatte, zeigen die jüngsten NSS-Daten weitere fünf große Bundesstaaten, die auf dieses Niveau gesunken sind. Es gibt bereits ein subsaharisches Afrika in Indien – die Hälfte unserer ländlichen Bevölkerung oder über 350 Millionen Menschen liegen unter der durchschnittlichen Nahrungsenergiezufuhr subsaharischer afrikanischer Länder. Im Jahre 1999-2000 waren 75 Prozent der ländlichen Bevölkerung de facto arm, denn sie nahmen weniger als den täglichen Bedarf von 2.400 Kalorien zu sich, aber die Planungskommission vermittelte uns eine unrealistische Schätzung von nur 27 Prozent, weil sie von einer viel zu niedrigen Armutsgrenze von weniger als 11 Rupien täglich ausging, die nur einen Zugriff auf weniger als 1.900 Kalorien erlaubte.

Bauern, die wegen des Freihandels dem globalen Preisverfall ausgesetzt wurden, während Investitions- und Kreditkosten wuchsen, mussten sich tief verschulden und verlieren Vermögenswerte einschließlich Land. Seit 1998 bis 2005 haben über neuntausend Bauern Selbstmord begangen. Diese verzweifelten Akte der Selbstzerstörung gehen unvermindert weiter – nachdem der Congress an die Macht gekommen war, wurden im vergangenen Jahr in Andhra Pradesh 780 Selbstmorde verzeichnet. Im Laufe der letzten drei Jahre haben sich neue Krisenzentren in Karnataka und Vidarbha herausgebildet; fast 1.300 Selbstmorde wurden allein im Distrikt Wayanad (Kerala) registriert. Hochrechnungen internationaler Gremien zufolge werden die realen Preise für landwirtschaftliche Produkte bis zum Jahr 2010 weiter fallen. Deshalb besteht kein Trost darin,

Zugang zu Außenmärkten zu suchen. Die Monopolisierung des Aufkaufs von Tee, Kaffee und Gewürzen seitens transnationaler Konzerne, die auf den Rückzug der staatlichen Vermarktungsbehörden folgte, hat die Erzeugerpreise auf Niveaus gedrückt, die weit unter den globalen Preisen liegen.

Das ländliche Indien schreit nach Arbeit und Nahrung. Die NDA-Regierung hat von Juni 2002 bis Oktober 2003 trotz der schlimmsten Dürre seit 15 Jahren eine Rekordmenge von 17 Millionen Tonnen Nahrungsgetreide aus Reserven exportiert. Anstatt „Nahrung-für-Arbeit"-Projekte in einem größeren Ausmaß ins Leben zu rufen, um Beschäftigung zu schaffen, benutzte sie Exporte und Verkäufe auf dem freien Markt, um den größten Teil der 40 Millionen Tonnen Überhangsvorräte loszuwerden; sie hatten sich aufgebaut, weil immer mehr Mägen während der vier vorangegangenen Jahre leer geblieben waren, da die sinkende Kaufkraft die Armen hinderte, ausreichend Nahrung zu kaufen, und weil den de facto Armen Berechtigungsscheine der „unter-der-Armutsgrenze"-Kategorie des ÖVS verweigert wurden, da sie offiziell nicht als arm galten. Diese Erfahrung hat gezeigt, dass höhere Exporte leicht zu erzielen sind – indem man eine das Einkommen schwächende gesamtwirtschaftliche Politik befolgt und das ÖVS in Zielgruppen einteilt, lässt man die eigene Bevölkerung einfach hungern, und automatisch taucht ein scheinbarer „Überfluss" für den Export auf. Die Ausfuhrpreise waren niedriger als jene, die für Menschen „unter der Armutsgrenze" festgelegt waren, und die Exporte wurden im Ausland hauptsächlich als Viehfutter verwendet.

Es waren die Agrarkrise und die zutiefst mitleidlose Politik der NDA, die ihr in den Wahlen von 2004 Prügel eintrugen und den Congress, der eine Beschäftigungsgarantie auf dem Lande versprach, an die Macht katapultierten. Aber die Euphorie war von kurzer Dauer. Schon im 7. Plan, 1985-90, war der durchschnittliche Anteil der ländlichen Entwicklungsausgaben am Nettosozialprodukt/NSP auf fast 4 Prozent angehoben worden, was sich sehr positiv auf eine zunehmende Beschäftigung und wachsende Reallöhne ausgewirkt hatte. Ich ordne ländlichen Entwicklungsausgaben fünf Gruppen zu

– Landwirtschaft, ländliche Entwicklung, Programme für besondere Gebiete, Bewässerung und Hochwasserregulierung, sowie Dorf- und Kleinindustrie.

Es könnte Sonia Gandhi interessieren zu erfahren, dass im ersten Jahr der UPA-Herrschaft die ländlichen Entwicklungsausgaben für die genannten Gruppen auf einen historischen Tiefstand von 0,6 Prozent des Nettosozialprodukts/NSP zusammengestrichen wurden. Die absoluten Vorgaben (Haushaltsplanung) betrugen armselige 135 Milliarden Rupien, wie jeder im letzten *Economic Survey* 2004-05 nachprüfen kann, und diese Summe stimmt genau mit jener überein, sogar ohne jegliche Anpassung auf Grund von Preiserhöhungen, die vor fünfzehn Jahren 1990-91 ausgegeben wurde. Diese brutale Ausgabenschrumpfung im vergangenen Jahr hat die gegenwärtig anhaltende Jobkrise verstärkt und den Hunger vermehrt. Sehr selten hat eine neu gewählte Regierung ihrer Wählerschaft einen solchen Schlag ins Gesicht versetzt. Mit der Dürre konfrontiert, hatte die NDA für dieselben Gruppen 420 Milliarden Rupien im Finanzjahr 2002-03 ausgegeben und diese Summe 2003-04 auf 510 Milliarden Rupien aufgestockt, wobei der letztgenannte Betrag immer noch weniger als 2,5 Prozent des NSP ausmachte. Wer hätte sich vorstellen können, dass die neue Regierung, die aus dem Leiden des Volkes erwachsen war, den in den Haushalt eingeplanten Aufwand für ländliche Entwicklung auf weniger als ein Drittel der bereits unzureichenden Ausgaben der NDA zusammenstreichen würde.

Der Finanzminister der Zentralregierung P. Chidambaram hat so getan, als ob es die Agrarkrise einfach nicht gebe, und hat denselben Kniff angewandt wie Manmohan Singh, der 1991 Finanzminister war – er hat das erste Jahr seiner Amtszeit genutzt, um die Entwicklungsausgaben stark zu beschneiden und eine Deflation herbeizuführen, ein Rezept ohne irgendeinen vernünftigen Grund, aber von globalen Finanzinteressen immer dogmatisch verordnet. Er hat klar zu erkennen gegeben, dass seine Priorität darin besteht, die Finanzlage zu beruhigen und sich an die willkürlichen Ausgabenkürzungen zu halten, die im Fiscal Responsibility and Budgetary

Management Act (Gesetz zum verantwortungsvollen Umgang mit Finanz- und Haushaltsmitteln) festgelegt sind, und nicht, gegen Arbeitslosigkeit und Hunger anzugehen. Der Kontrast zu den Maßnahmen der Regierungen Frankreichs und Deutschlands, die ihre Normen finanzieller Sparsamkeit kürzlich gelockert haben, um mit viel einfacheren Problemen von Arbeitslosigkeit fertig zu werden, als wir sie heute in Indien vor uns haben, könnte nicht deutlicher sein.

Aber diejenigen, die für die Finanzen der Nation verantwortlich sind, sollten sich daran erinnern, dass 2005 nicht 1991 ist. Das ländliche Indien befindet sich in einer akuten Notlage, und die Not muss zu Aufruhr werden, wenn nichts gegen diese Krise getan wird. Es ist nicht zu spät. Die Not der Stunde bedarf der sofortigen und ernsthaften Verwirklichung einer am Bedarf orientierten allgemeinen Beschäftigungsgarantie und zur gleichen Zeit der Abschaffung der willkürlichen Aufteilung der Bevölkerung in „über" und „unter der Armutsgrenze" Lebende, um den Armen Zugang zu bezahlbarer Nahrung zu ermöglichen. Der für den NREG-Entwurf zuständige Parlamentsauschuss hat einen äußerst positiven Bericht vorgelegt, der ein umfassendes Gesetz ohne Kategorien befürwortet, und Sonia Gandhis jüngste Zusicherung, dass das NREG-Gesetz nach seiner Verabschiedung ohne Kategorisierung anwendbar sein wird, ist auch ermutigend.

Jeder Einwand, der vorgebracht werden könnte, dass keine Mittel vorhanden seien, ist einfach falsch. Alle im Etat vorgesehenen Aufwendungen für ländliche Entwicklung des gesamten zehnten Plans von 2002 bis 2007 betragen etwas über 3.000 Milliarden Rupien. Drei Jahre der Planperiode sind vorüber, und nur ein Drittel davon, etwa 1.000 Milliarden Rupien, wurde ausgegeben, 87 Prozent von der NDA und 13 Prozent im vergangenen Jahr von der UPA. Um das gesamte Ausgabenziel des 10. Planes zu erreichen, müssen während jedes der beiden noch verbleibenden Jahre, aus fiskalischer Sicht 2005-06 und 2006-07, wenigstens 1.000 Milliarden Rupien verbraucht werden. Davon sollten bis zu 300 Milliarden Rupien auf die NREG und der Rest auf dringende Erfordernisse der

Landwirtschaft, der ländlichen Entwicklung, der Bewässerung und dörflichen Industrie entfallen. Die Summe von 1.000 Milliarden Rupien pro Jahr hört sich groß an. Sie macht dennoch weniger als 4 Prozent des geplanten NSP aus und ist viel zu gering für den Bedarf von 700 Millionen Menschen.

Obwohl sie es noch nicht bemerkt haben mögen, stehen der Premier- und der Finanzminister heute vor einer historischen Entscheidung. Wie wird sich die Geschichte ihrer erinnern? Werden sie den verhängnisvollen Weg von Brünings Deflation oder den vortrefflichen Weg von Roosevelts New Deal einschlagen? Kanzler Heinrich Brüning, der zum Spott der „Hungerkanzler" genannt wurde, hatte – auch als die Arbeitslosigkeit schon beträchtlich war – in Deutschland die deflatorische Politik fortgesetzt, um die internationalen Finanzinteressen zu befriedigen. Die sich daraus ergebende noch höhere Arbeitslosigkeit machte die Weimarer Republik unglaubwürdig und sicherte dem Faschismus den Aufstieg zur Macht. Präsident Roosevelt andererseits folgte der als keynesianisch bekannt gewordenen Politik und ergriff umfassende gesamtwirtschaftliche Maßnahmen, um die USA aus der Depression herauszuholen. Was Indien heute braucht, ist ein echter New Deal für die Armen auf dem Lande. All jene, die die Dringlichkeit des Problems der heutigen landwirtschaftlichen Misere in diesem Land erkennen, möchten der Regierung ein Gespür dafür vermitteln. Es ist Zeit, dass Kumbhakarna aufwacht.

The Hindu, 5. August 2005.

Neoliberale Ursachen

Die Agrarkrise kann auf eine Politik zurückgeführt werden, die vom Internationalen Währungsfonds und der Weltbank verordnet und von aufeinander folgenden Regierungen getreulich realisiert wurde. Die Beurteilung dessen, was der Haushaltsplan des laufenden Jahres den Bauern bringen wird, hängt davon ab, ob seine Bestimmungen als Anstrengung *sui generis* betrachtet oder in eine längerfristige Perspektive eingeordnet werden, ob dabei der kontinuierliche und erbarmungslose Drang seitens des Triumvirats, bestehend aus dem Premierminister Manmohan Singh, dem Finanzminister P. Chidambaram und dem stellvertretenden Vorsitzenden der Planungskommission M. S. Ahluwalia, wahrgenommen wird, neoliberale Politik zur Anwendung zu bringen – genau die Politik, die überhaupt erst die landwirtschaftliche Depression hervorgerufen hat.

Diejenigen, denen eine langfristige Perspektive fehlt, dürften der auf einen Schuldenerlass abzielenden Maßnahme unkritisch zujubeln, aber eine richtige Sicht auf die Ursachen der landwirtschaftlichen Depression führt dazu, den Schritt als einseitig und schamlos verspätet zu bewerten, als einen, der wahrscheinlich mehr dem Banksektor als den Bauern zugutekommt.

Die wichtigste Bestimmung betrifft einen Posten von 600 Milliarden Rupien für einen einmaligen Erlass von Bankschulden solcher Bauern, die weniger als zwei Hektar Land haben, was genau genommen gar nicht im Etat enthalten ist, sondern als Teil der Haushaltsrede angekündigt wurde. Das bedeutet, dass die Regierung den Banksektor von problematischen Krediten an Bauern entlastet, die sowieso kaum hätten zurückgezahlt werden können. Höchstwahrscheinlich wird das durch die altehrwürdige Methode geschehen, dass die Regierung zinsbringende Papiere (Bonds) an die Banken vergibt, die die faulen Darlehen in den Kreditvolumen der Banken ersetzen und ihnen einen gesicherten Zinsertrag einbringen werden. Die Verpflichtung der Regierung besteht nur in der Zahlung der jährlichen Zinsen – von etwa 40 Milliarden Rupien, wenn man von einem Zinssatz von 6 bis 7 Prozent für ein staatliches Wertpapier ausgeht, das nominell 600 Milliarden Rupien wert wäre.

Nutzen für Banken

Der Nutzen für die Banken ist offensichtlich. Sie werden ein garantiertes Zinseinkommen anstelle der keinen Gewinn bringenden faulen Kredite der Bauern haben. Bauern mit weniger als zwei Hektar Land werden ein wenig Seelenfrieden finden, wenn sie einen Teil ihrer Schulden bei Banken haben, weil sie nicht mehr von deren Inkassobeauftragten bedrängt werden. Aber sie werden immer noch von privaten Geldverleihern gejagt, weil Landwirtschaft nach wie vor nicht überlebensfähig ist, und sie werden weiterhin höchstwahrscheinlich neue Darlehen, die sie aufnehmen, nicht zurückzahlen können.

Der Schuldenerlass betrifft nicht die etwa drei Fünftel aller offenen bäuerlichen Schulden, die bei privaten Geldverleihern und nicht beim Bankwesen anstehen. Und sie schließt die große Anzahl armer Bauern mit über zwei Hektar trockenen Bodens in den niederschlagsarmen Regionen wie Vidarbha, Telengana, Gujarat usw. völlig aus, die immer tiefer in Verschuldung und Verzweiflung versinken.

Die Abschreibung der faulen Kredite der kleinen Bauern ist für die Regierung so einfach und verursacht so geringe Kosten, dass sie schon längst hätte veranlasst werden müssen, unmittelbar nachdem die Vereinigte Progressive Allianz/UPA 2004 durch die Wahlstimmen von Millionen Bauern und Arbeitern, die auf ein wenig Abhilfe und auf Maßnahmen hofften, um mit ihren Schulden bei privaten Geldverleihern zu Rande zu kommen, an die Macht gebracht wurde.

Das hätte man im Laufe der nächsten drei Jahre schrittweise vornehmen müssen.

Weit davon entfernt, Schuldenerleichterung zu verschaffen oder die Probleme der Krise und der Selbstmorde von Bauern anzugehen, die schon sieben lange Jahre seit 1998 andauerten, bestand die unmittelbare Handlung der UPA-Regierung darin, den Fiscal Responsibility and Budgetary Management Act (Gesetz zum verantwortungsvollen Umgang mit Finanz- und Haushaltsmitteln) zu verkünden, der auf Geheiß des Internationalen Währungsfonds von ihrer Vorgängerin, der Nationalen Demokratischen Allianz/ NDA, im Parlament vorgelegt worden war. Und der neue Finanzminister machte sich sofort daran, den Anteil des Finanzdefizits am Bruttoinlandsprodukt/BIP zu verringern, wie es das Gesetz verlangt, und zwar vor allem durch die Beschneidung realer Ausgaben für ländliche Entwicklung und für die Schaffung von Arbeitsplätzen. Damit verletzte er den klaren Auftrag der Wähler, verriet ihre Hoffnung auf eine Verbesserung und vertiefte die landwirtschaftliche Depression noch mehr.

Dank der Beharrlichkeit der Linken und anderer progressiver Kräfte wurde der National Rural Employment Guarantee Act/ NREGA (Nationales Gesetz zur Gewährleistung von Beschäftigung auf dem Lande) erlassen, und seine Umsetzung begann im Februar 2006. Die Haushaltsmittel, die der Finanzminister dafür zur Verfügung stellte, waren jedoch unbedeutend – nur ein Zehntel mehr, als die NDA-Regierung für Arbeitsplatz schaffende Programme ausgegeben hatte – und die Zentralregierung erließ keine Direktive, die ein Gespür für die Dringlichkeit der Durchführung des Programms vermittelt hätte.

Selbst als das NREG-Programm im Staatshaushalt 2007 nominell auf weitere Bezirke ausgedehnt wurde, kürzte der Finanzminister die Mittel dafür sogar – im Vergleich zu den Zuweisungen des vorangegangenen Jahres – um ein Zehntel auf 120 Milliarden Rupien. So signalisierte er, dass es nicht wirklich ernst genommen werden musste. Auch noch so viele ganzseitige Regierungsanzeigen in den Zeitungen mit der Losung „Lasst uns Indien zu einer Republik der Arbeit machen" können nichts an der Tatsache ändern, dass das NREGP in Wirklichkeit weder mit den notwendigen Finanzen ausgestattet noch zum Bestandteil eines ehrlichen und dringenden Politikschubs seitens der Zentralregierung gemacht wurde. Derartiger Presserummel einschließlich der kürzlichen ganzseitigen Anzeige, die den Erlass der Bankschulden bejubelte, ruft nur unangenehme Erinnerungen an die NDA-Kampagne „Strahlendes Indien" zu Beginn des Jahres 2004 wach.

Auf zunehmende Forderungen hin Mittel für das NREGP zu versprechen, wie es der Finanzminister getan hat, ist eine ganz andere Sache, als vorher ausreichende Haushaltsmittel bereitzustellen. Die Anfangszuweisung für das Jahr 2004 selbst hätte in einer Höhe von mindestens 160 Milliarden Rupien ausfallen und dann Jahr für Jahr bis jetzt auf eine Summe von 220 Milliarden Rupien erhöht werden müssen.

Verbunden mit einer dringenden Direktive an alle Bezirksverwaltungen, das NREGP in die Tat umzusetzen, hätte das erheblich geholfen, die Gesamtnachfrage in der Landwirtschaft wiederherzustellen. Stattdessen ist das Pro-Kopf-Realeinkommen der mehr als zwei Drittel unserer Gesamtbevölkerung, die von der Landwirtschaft und verwandten Tätigkeiten abhängen, heute beträchtlich niedriger als vor fünf Jahren.

Daten der 61. Runde (2004-05) der National Sample Survey Organisation/NSSO zum Kostenaufwand zeigen, dass der ländliche und städtische Pro-Kopf-Verbrauch von Stoff, die realen Ausgaben für Nahrungsmittel und die Kalorienzufuhr noch weiter unter ihr bereits niedriges Niveau von 1993-94 gesunken sind. Dieses Land bleibt eine Hungerrepublik, in der ein immer größerer Teil der einfachen Menschen unerbittlich auf ein schlechteres Ernährungsniveau herabgedrückt wird. Wie die Tabellen zeigen, stieg der Anteil der ländlichen Bevölkerung, die außerstande war, täglich auf 2.400 Kalorien zu kommen, von 75 Prozent 1993-94 auf den Rekordstand von 87 Prozent 2004-05.

Neues Tief im Lebenshaltungsstandard

Die entsprechenden Zahlen für das städtische Indien, wo die Ernährungsnorm weniger als 2.100 Kalorien beträgt, sind 57 und 64,5 Prozent. Die Situation in den Hauptmetropolen ist noch viel schlechter – bemerkenswert ist zum Beispiel die Zunahme der Unterernährung in Maharashtra, die vor allem die Lage in Mumbai widerspiegelt, wo 85 Prozent der Menschen unter einer Zufuhr von 2.100 Kalorien liegen, verglichen mit 52,5 Prozent vor einem Jahrzehnt. Der Anteil derjenigen, die in äußerster Armut leben – sie nehmen weniger als 1.800 Kalorien zu sich – hat sich auf 52 Prozent verdoppelt.

In seiner letzten Haushaltsrede verkündete der Finanzminister stolz, dass das Finanzdefizit auf 2,5 Prozent des Bruttoinlandsprodukts gesunken war. Es gibt in der ökonomischen Theorie keine Begründung für Ausgaben dämpfende Maßnahmen und finanzpolitischen Konservatismus dieses Typs, wenn die landwirtschaftliche Depression, die Arbeitslosigkeit und der Hunger zunehmen. Im Gegenteil, was erforderlich wäre, ist eine stark auf Wachstum ausgerichtete finanzpolitische Haltung, um insbesondere den Agrarsektor aus der Depression herauszuholen.

Aber solch eine Haltung ist für den Internationalen Währungsfonds und die Weltbank ein Gräuel, und unsere sogenannten Führungskräfte haben nicht den Mumm, sich den globalen Geldverleihern zu widersetzen; vielmehr ist es ihr loyaler Vollzug des neoliberalen Programms, der zur gegenwärtigen einheimischen Agrarkrise geführt hat.

Die seit 1991 nacheinander folgenden Finanzminister – Manmohan Singh im Kabinett von P. V. Narasimha Rao, P. Chidambaram in der Regierung der Vereinigten Front, Yashwant Sinha in der NDA-Regierung und wieder Chidambaram für fünf Haushaltspläne in der UPA-Regierung – haben unerbittlich den vom Währungsfonds vorgegebenen Deflationismus durchgedrückt und den Angriff auf den riesigen unorganisierten Sektor einschließlich der Bauern konzentriert. Dieser Sektor ist ein leichtes Ziel für die unsinnige

Ausgabendämpfung, weil seine ureigene Beschaffenheit Organisierung und Widerstand schwer macht. Ein bis zu den frühen 1990er Jahren relativ gut funktionierender landwirtschaftlicher Sektor versinkt im Chaos – vor unseren Augen stagniert die Nahrungsmittelproduktion und Bauern begehen in großer Anzahl Selbstmord.

Jede einzelne der genannten Personen ist unmittelbar für die gegenwärtige Katastrophe verantwortlich, weil ihre systematisch und bewusst betriebene Durchsetzung der vom Internationalen Währungsfonds vorgegebenen Politik zu dem Ergebnis geführt hat, vor dem wir jetzt stehen.

Bis zu diesem Tag wurden keine Schritte unternommen, den grundsätzlichen politischen Vorstoß in Richtung auf die Dämpfung der Ausgaben und die Liberalisierung des Handels rückgängig zu machen – sie werden ganz im Gegenteil noch immer als "Lösung" gerade für die Probleme verkauft, die sie hervorgebracht haben. Warum sind die Kredite der Bauern bei den Banken überhaupt erst zu faulen Krediten geworden? Sind institutionelle Schulden (Schulden bei Banken und Genossenschaften) die Hauptform der Verschuldung, die Bauern immer noch zum Selbstmord treiben?

Die Erbsünde

Die Geschichte fängt 1991 an, als der damalige Finanzminister Manmohan Singh begann, die Bauern zu bedrängen, indem die Subventionen für Düngemittel gekürzt und die Entwicklungsausgaben so stark verringert wurden, dass das Pro-Kopf-Bruttoinlandsprodukt innerhalb eines Jahres fiel und die Sterberate in einem Bundesstaat anstieg. Der Abgabepreis für Nahrungsgetreide aus dem Public Distribution System/PDS (Öffentlichen Verteilungssystem/ÖVS) wurde im Laufe von drei Jahren quasi verdoppelt, um die Nahrungsmittelsubventionen zusammenzustreichen (was vorhersehbarerweise wie ein Bumerang zurückkam, weil die Armen die Preise nicht bezahlen konnten und bis 1995 die erste Phase der

Anhäufung von 32 Millionen Tonnen unverkaufter Nahrungsmittelvorräte stattfand).

Indem er die vorrangigen Sektoren bei der Kreditgewährung neu definierte, setzte der Bericht des M. Narasimham-Komitees den erbarmungslosen Angriff auf Bauern und Kleinproduzenten fort.

Tabelle 1
Die Armen auf dem Lande in Prozent zur gesamten Landbevölkerung in Indien

	1973-74	1993-94	2004-05
NSS-Runde:	28.	50.	61.
LÄNDLICH			
Direkte Schätzung			
Monatliche Pro-Kopf-Ausgaben/MPKA			
benötigte Rupien			
1. 2400 Kalorien	56	325	790
2. 2200 Kalorien	49	260	695
Prozent der Personen darunter			
1. 2400 Kalorien	72,0	74,5	87,0
2. 2200 Kalorien	56,4	58,5	69,5
Offizielle Schätzung			
Offizielle Armutsgrenze/OPL			
MPKA Rupien	69	206	356
2. Armutsquote	56,4	37,3	28,3
3. Kalorienzufuhr			
entsprechend der OPL	2200	1970	1820

Quelle: Vereinfacht von Patnaik 2007. MPKA sind die monatlichen Pro-Kopf-Ausgaben, die nach Angaben in NSS Reports 402, 405, 422 für die 50. Runde 1993-94 und Reports 508, 513, 514 für die 61. Runde 2004-05 berechnet sind. Die offiziellen Schätzungen sind über einen längeren Zeitverlauf nicht mehr vergleichbar, weil die Ernährungsnorm gesenkt wurde. OPL (Official Poverty Line) ist die offizielle Armutsgrenze.

Nach dem mutigen Schritt Indira Gandhis zur Verstaatlichung der Banken im Jahre 1969 waren die Landwirtschaft und die Kleinindustrie als vorrangige Sektoren behandelt worden, die institutionelle Kredite zu geringeren Zinssätzen erhielten. All das wurde 1994 über Bord geworfen, weil die Neudefinition der „Prioritätssektoren" große institutionelle Darlehensnehmer einschloss. Das führte dazu, dass Bauern und Kleinproduzenten ausreichende Bankkredite verweigert und sie zunehmend in die Arme von Geldverleihern getrieben wurden, die zwischen 3 und 5 Rupien Zinsen pro Monat für 100 Rupien berechnen, was zur Folge hat, dass die Zinsen im Laufe von zwei bis drei Jahren die Kreditsumme überschreiten.

Bis 1996 war es Manmohan Singh gelungen, die Ausgaben für ländliche Entwicklung auf 2,6 Prozent des Nettonationalprodukts zu senken, verglichen mit fast 4 Prozent während des siebenten Plans vor den Reformen. Durch Multiplikatoreffekte hatte der Rückgang der ländlichen Beschäftigung und des Einkommens auf Grund der Ausgabendämpfung diesen Sektor bereits schwer beeinträchtigt. Als die Vereinigte Front während einer kurzen Periode an der Macht war, wurde sie von der Propaganda des Internationalen Währungsfonds und der Weltbank zur Einführung der verhängnisvollen Politik verleitet, die Nahrungsmittelsubventionen durch die willkürliche Einteilung der Bevölkerung in solche, die „über" und „unter der Armutsgrenze" leben, zu kategorisieren. Dies schloss Millionen tatsächlich Armer davon aus, an Nahrungsgetreide zu erschwinglichen Preisen heranzukommen.

Unterwerfung unter den Druck der USA

Während der NDA-Periode setzten die völlige Unterwerfung der Regierung unter den Druck der USA und die rasche Aufhebung des Schutzes für die Landwirtschaft zwischen 1996 und 2001 – noch vor Ablauf des von der Welthandelsorganisation festgelegten Termins – die Bauern dem Wüten des weltweiten Preisverfalls aus. Zwischen 1996 und 2001 fielen die Preise für alle Rohstoffe (Baumwolle, Jute, Nahrungsgetreide und Zucker) um 40 bis 60 Prozent, und Bauern, die vor allem private Kredite vereinbart hatten, wurden zahlungsunfähig. Das Syndrom, dass hoffnungslos verschuldete Bauern in Andhra Pradesh und dem Punjab Selbstmord begingen, zeichnete sich 1998 ab und sprang schnell auf andere Gebiete über, in denen der Anbau für den Verkauf und den Export bestimmter Feldfrüchte vorherrschte. Der Absturz der Preise für Pfeffer, Kaffee und Tee kam ein paar Jahre später nach 1998, und die Selbstmorde von Bauern in Kerala und der Ruin von Teegärten in Westbengalen begannen um 2002.

Die UPA-Regierung hat die Probleme der Erzeuger von Exportprodukten auch verschlimmert, indem sie Regional Trade Agreement/RTA (Regionale Handelsabkommen) einging, ohne die Bundesstaaten zurate zu ziehen, die davon am meisten betroffen waren. Das RTA mit Sri Lanka bedeutete zum Beispiel, dass Kaffee und Kokosnussprodukte aus Indonesien und Vietnam durch die offene Tür Sri Lanka hereinströmten.

Mittlerweile haben die sinkenden ländlichen Einkommen zu dem heftigen Rückgang der Gesamtnachfrage nach wesentlichen Nahrungsgetreidesorten beigetragen. Da die Massenkaufkraft fiel, kam es zu der zweiten Phase des Anhäufens unverkaufter öffentlicher Nahrungsmittelreserven, die bis Juli 2002 die gewaltige Menge von 64 Millionen Tonnen erreichten.

Die NDA-Regierung exportierte während der schlimmsten Dürreperiode von 2002 und 2003, als eine durchschnittliche indische Familie 120 Kilogramm weniger Getreide pro Jahr verbrauchte, 22 Millionen Tonnen aus Vorräten zu hoch subventionierten Preisen, um damit europäisches Vieh zu füttern. Es überrascht kaum, dass die NSS-Daten der 61. Runde im Vergleich zu 1993-94 einen jähen Anstieg des Anteils unterernährter Menschen nicht nur in ländlichen Gebieten, sondern auch im städtischen Indien zeigen. Höchst besorgniserregend ist die Lage der Scheduled Castes and Tribes (amtlich erfasste Kasten und Stämme), bei denen äußerste Armut während des Reformjahrzehnts dramatisch zugenommen hat und mehr als drei Fünftel im städtischen Indien bis 2004-05 unter den niedrigsten Wert der Kalorienzufuhr, nämlich 1.800 Kalorien, gefallen sind.

Tabelle 2
Direkte und indirekte Armutsschätzungen für ausgewählte Staaten, städtisches Indien, 50. Runde 1993-94 und 61. Runde 2004-05

Kalorien	<2100 2004-05	<2100 1993-94	<1800 2004-05	<1800 1993-94
Staat				
Direkte Armutsschätzung				
1. Für die Kalorienzufuhr notwendige monatliche Pro-Kopf-Ausgaben(MPKA) (Armutsgrenze, Rupien)				
Delhi	1150	445	710	330
Maharashtra	1750	558	885	295
Tamil Nadu	1180	440	680	308
Westbengalen	1165	365	515	230
Gesamtindien	1000	395	510	253
2. Prozent der Armen				
Delhi	57,0	35,0	24,0	19,5
Maharashtra	85,0	52,5	52,0	27,0
Tamil Nadu	70,5	69,0	39,0	42,5
Westbengalen	68,5	49,0	21,5	18,0
Gesamtindien	64,5	57,0	22,5	25,0
Indirekte Armutsschätzung				
3. Offizielle Armutsgrenze, Rupien		2004-05		1993-94
Delhi		612,9		n.v.
Maharashtra		665,9		335
Tamil Nadu		547,4		300
Westbengalen		449,3		255
Gesamtindien		538,6		285
4. Offizielle Armutsquote (Prozent)		2004-05		1993-94
Delhi		15,2		n.v.
Maharashtra		29,0		35,0
Tamil Nadu		22,2		39,9

Westbengalen	14,8	23,0
Gesamtindien	25,7	33,2

5. Kalorienzufuhr
entsprechend der offiziellen

Armutsgrenze	2004-05	1993-94
Delhi	1710	n.v.
Maharashtra	1725	1865
Tamil Nadu	1685	1785
Westbengalen	1735	1850
Gesamtindien	1835	1885

Quelle: Vereinfacht von Patnaik 2007. MPKA sind die monatlichen Pro-Kopf-Ausgaben, die nach Angaben in NSS Reports 402, 405, 422 für die 50. Runde 1993-94 und Reports 508, 513, 514 für die 61. Runde 2004-05 berechnet sind. OPL (Official Poverty Line) ist die offizielle Armutsgrenze.

Statistische Trickserei

Wie sehr sich die Regierung der Ernährungssicherung verpflichtet fühlt, kann anhand der Tatsache beurteilt werden, dass sie das Öffentliche Verteilungssystem systematisch reduziert hat und die Getreidekontingente aus der zentralen Reserve für die Bundesstaaten kürzte; das geschah in hohem Maße im Falle der Bundesstaaten mit linken Regierungen. Die theoretische Grundlage für die Verminderung der Kontingente ist die Behauptung, dass sowohl die ländliche wie die städtische Armut abgenommen habe. Aber diese Behauptung beruht auf statistischer Trickserei und hat nichts mit der Wirklichkeit zu tun. Vielmehr ist zwischen 1993-94 und 2004-05 die Armut stark angewachsen.

Das Verfahren der Planungskommission zur Einschätzung der Armut ist inakzeptabel, weil es seinen eigenen Maßstab zum Ermitteln der Armut – die Ernährungsnorm – aufgegeben hat. Dieser Maßstab wurde nur einmal innerhalb von drei Jahrzehnten, nämlich 1973-74, angewandt, als die Armutsgrenzen auf 49 und 56 Rupien (Verbrauchsausgaben) für das ländliche bzw. das städtische Indien festgelegt wurden. Über dreißig Jahre hinweg wurden sämtliche

NSS-Daten, die alle fünf Jahre erstellt werden und die den realen Kostenanstieg für die Ernährungsnorm anzeigen, überhaupt nicht zur Kenntnis genommen. Stattdessen wird die 1973-74 festgelegte Armutsgrenze einfach aktualisiert, indem man Preisindizes anlegt, das bedeutet, dass diese Grenzen mit einem Faktor, der zwischen sieben und 10 liegt, multipliziert werden. Für 2004-05 ergibt das 356 und 539 Rupien als die offiziellen Armutsgrenzen für ländliche bzw. städtische Gebiete. Weder erfasst diese Methode die wirkliche Veränderung der Kosten für den Zugang zum Ernährungsminimum, noch sind die Regierung oder der Finanzausschuss jemals nur von einer auf einem Preisindex beruhenden Anpassung ausgegangen, um die Gehälter der öffentlichen Angestellten festzulegen.

Um den Tagesbedarf von 2.400 bzw. 2.100 Kalorien zu decken, musste ein Mensch – das zeigen die Ernährungsangaben der 61. Runde des NSS (2004-05) – monatlich 795 Rupien im ländlichen und 1.000 Rupien im städtischen Indien ausgeben, wohingegen die stark unterbewerteten Armutsgrenzen im gleichen Jahr bei nur 356 bzw. 539 Rupien lagen; das ist die Hälfte oder sogar weniger als der wirkliche Bedarf, was aber nur für 1.800 Kalorien ausreichte. Man kann leicht behaupten, dass die Armut zurückgegangen sei, indem man einfach den Konsumtionsstandard verringert, aber das ist eine fadenscheinige Methode.

Das ist so ähnlich, als würde man behaupten, dass sich die wissenschaftliche Leistung verbessert hätte, weil der Prozentsatz des Scheiterns in Universitätsexamen im Laufe von dreißig Jahren etwa von einem Drittel auf null gefallen ist, nachdem man den Bewertungsmaßstab von 40 auf 10 innerhalb desselben Zeitraums herabgesetzt hat. Die bizarrste Behauptung einiger Wissenschaftler ist wohl, dass die „extreme Armut", per Definition auf Personen bezogen, die weniger als die Hälfte des Betrages der offiziellen Armutsgrenze ausgeben, seit 1999-2000 verschwunden sei. Wenn wir uns die Daten ansehen, stellen wir fest, dass kein Haushalt bei einem Ausgabenniveau, das nur etwa 1.000 Kalorien oder weniger täglich ermöglicht, überleben könnte – gerade so, wie es null

Fehlschläge bei Prüfungen gäbe, nachdem man den Bewertungsmaßstab auf null reduziert hat.

Angesichts der Realität einer zunehmenden Unterernährung, hätte der Haushaltsplan sich mit dieser Wirklichkeit auseinandersetzen und für höhere Nahrungsmittelsubventionen sorgen müssen, um die Aktivitäten des Öffentlichen Verteilungssystems/ÖVS auszuweiten. Stattdessen sind genau die entgegengesetzten Schritte unternommen worden. Effektiv stagnieren die Nahrungsmittelsubventionen, und der Vorschlag, die sogenannten „über der Armutsgrenze" lebenden Personen, die faktisch sehr arm sind, aus dem Geltungsbereich des ÖVS herauszunehmen, wird das Problem des zunehmenden Hungers einfach verschlimmern.

Frontline, Band 25, Nummer 6, 15.-28. März 2008.

Kein Mechanismus, um die Armen zu schützen

Interview mit Utsa Patnaik

In einer Periode, die durch eine Rundumpreiserhöhung gekennzeichnet ist, gewinnt die Frage der Ernährungssicherung besonders für die ländlichen und städtischen Armen höchste Bedeutung. Zu einer Zeit, in der ein umfassendes öffentliches Verteilungssystem immer dringender wird, hat die Einstufung eines sehr kleinen Prozentsatzes von Menschen in die Kategorie „unter der Armutsgrenze" lebend und „zum Empfangen von Rationen berechtigt" viel Kritik hervorgerufen. Utsa Patnaik gehört zu jenen, die der Armutseinschätzung der Regierung nicht zustimmen. Sie meint, dass die gegenwärtige Preisschraube die Leiden einer viel größeren Anzahl von Menschen verschlimmert hat, als wahrgenommen wird.

T. K. Rajalakshmi: Für wie wichtig halten Sie in dieser Situation beispielloser Preiserhöhung das Problem der Ernährungssicherung?

Utsa Patnaik: Der politische Haupttenor der vergangenen 15 Jahre, der sich erst in den letzten Monaten langsam geändert hat, war, dass Ernährungssicherung gar nicht so wichtig sei. Es wurde für selbstverständlich erachtet, dass wir in der Lage seien, unsere Ernährungssicherung aufrechtzuerhalten. Diese politische Ausrichtung hat vor allem die Kürzung der Lebensmittelsubventionen nach sich gezogen und das Öffentliche Verteilungssystem/ÖVS heruntergewirtschaftet.

Die Wurzeln der gegenwärtigen Inflation liegen nicht in der globalen Inflation, wie vom stellvertretenden Vorsitzenden der Planungskommission behauptet wird. Ich bin mit dieser Ansicht nicht einverstanden, weil das, was wir in Indien miterleben, kein kurzfristiges Phänomen ist. Im Hinblick auf Nahrungsgetreide stellen wir fest, dass das Funktionieren des ÖVS zwischen 1964 und 1990 durch den phänomenalen Ausbau der Nahrungsgetreideproduktion im Lande möglich wurde. Sobald unsere ganze ökonomische Strategie von neoliberalen Paradigmen bestimmt wurde, war eine der Hauptentscheidungen, die Subventionen zu kürzen.

In den frühen 1990er Jahren gab es schon einmal einen Versuch, die Subventionen zu reduzieren, denn der Preis für die Abgabe von Nahrungsgetreide über das ÖVS wurde fast verdoppelt, während der Beschaffungspreis für die Bauern nur sehr wenig zunahm. Das klammerte eine einfache Tatsache der gesamten Volkswirtschaft aus. Wenn das geschähe, hätten die Armen überhöhte Preise zu zahlen und sie wären außerstande, das Nahrungsgetreide zu kaufen. So legte man Vorräte an, deren Lagerhaltungskosten die Lebensmittelsubventionen steigerten.

Das Erstellen von Zielgruppen wurde 1997 eingeführt, von der Propaganda damit begründet, die Subventionen auf die Armen zu konzentrieren. Wir gerieten in ein verhängnisvolles System der Einteilung: die Unterscheidung „unter der Armutsgrenze", „über der Armutsgrenze" usw. Wenn wir uns die Geschichte der Kategorisierung in anderen Ländern ansehen, wird klar, dass ein solches Vorgehen immer der Auftakt zur Abwicklung staatlichen Eingreifens in das Beschaffungswesen war. Das ist das Endziel des Internationalen Währungsfonds, der Weltbank und der Welthandelsorganisation/WHO. Sie sagen ausdrücklich, dass der Staat sich nicht einschalten soll, um zu anderen als Weltmarktpreisen zu kaufen und zu verkaufen.

Das Agrarabkommen der WHO legt fest, dass eine Regierung zum Zweck der Ernährungssicherung Nahrungsmittelreserven anlegen kann, aber es sagt gleichzeitig, dass eine Regierung den Bauern keine Preise bieten darf, die über den Weltmarktpreisen liegen. Weltmarktpreise sind sehr veränderlich. Die Rolle der Regierung sollte es hierbei sein, sowohl die Bauern als auch die Verbraucher zu schützen. Darin besteht das Grundprinzip des ÖVS.

Bis Ende der 1980er Jahre hat die Food Corporation of India/FCI erheblich interveniert. Meine Berechnungen zeigen, dass 45 Prozent aller Verkäufe von Nahrungsgetreide in der Wirtschaft an die FCI gingen. Das bedeutete, dass der Mindeststützpreis für Bauern und der Abgabepreis wirksam umgesetzt wurden. Private Händler waren nicht in der Lage, die Preise zu stark über das Niveau der Fair-Price-Shops zu erhöhen. Das alles wurde rasch über Bord geworfen, als der Wandel hin zum neuen Paradigma einsetzte. Fast 8 Millionen Hektar unserer landwirtschaftlich genutzten Fläche wurden auf Gartenbauprodukte, Baumwolle, Zuckerrohr usw. umgestellt. Die Bauern, die sich diesen Kulturen zuwandten, haben letztlich nicht profitiert. Sie wurden – von heftigem Preisverfall getroffen – ruiniert, weil die Protektion abgeschafft wurde.

So wurde einerseits das ÖVS zur Strecke gebracht, und andererseits lief ein Wandel der Anbaustruktur an. Bauern wurden von zeitweilig hohen Weltmarktpreisen buchstäblich verlockt, anstatt Hirse Baumwolle anzupflanzen oder den Anbau von Kaffee oder Pfeffer auszudehnen. Praktisch wurde der Schutz unserer Bauern bis 2001 beseitigt. Die quantitativen Beschränkungen hörten auf und die Zölle wurden auf sehr niedrige Niveaus gesenkt. Von dem Augenblick an, als die Weltmarktpreise abstürzten, wurden diese Bauern im Laufe von etwa zwei Jahren zahlungsunfähig, und die Selbstmorde setzten ein.

Im Falle der Nahrungsmittelwirtschaft war das Bild ziemlich komplex. Der Grund, warum wir die Inflation nicht früher hatten, lag darin, dass die Kaufkraft der Menschen schneller abnahm als die Pro-Kopf-Nahrungsgetreideproduktion. Aber das hat sich in den letzten Jahren geändert. Die Wachstumsrate der Nahrungsgetreideproduktion begann in den 1990er Jahren zu fallen. Sie sank auf 1,7 Prozent jährlich verglichen mit 2,8 Prozent in den 1980er Jahren, und in den letzten sechs Jahren ist sie weiter auf unter 0,5 Prozent pro Jahr gesunken. Das war eine drastische Verlangsamung, und genau das habe ich vorhergesagt. Ich habe seit langem darauf hingewiesen, dass die Wachstumsrate sinkt, wenn man dem Nahrungsgetreide Flächen und Mittel entzieht. Tatsächlich ist sie unter die Wachstumsrate der Bevölkerung gefallen.

Nach dem Jahr 2000 hat sich der Rückgang sehr schnell vollzogen. Unsere politische Klasse ist in Bezug auf Inflation sehr empfindlich, aber nicht in Bezug auf Bauern und Arbeiter. Die Bauern gerieten immer häufiger in Not, weil die Abgabepreise seit der Mitte der 1990er Jahre fielen. Zweitens nahm, da die Regierung die Ausgaben für die ländliche Entwicklung gedrosselt hat, die Arbeitslosigkeit rasch zu, vor allem im ländlichen Indien, und das hatte eine Verringerung der Kaufkraft zur Folge. Alle diese Faktoren zusammengenommen führten zum Sinken der Pro-Kopf-Nachfrage nach Nahrungsgetreide auf ein Niveau, das wir vor dem Zweiten Weltkrieg hatten. Enorme Vorräte von 64 Millionen Tonnen Nahrungsgetreide bauten sich bis zum Jahr 2002 auf. Zu dieser Anhäufung kam es, weil die Pro-Kopf-Nachfrage schneller fiel als die Pro-Kopf-Produktion.

Unsere Regierung und unsere Wirtschaftswissenschaftler waren völlig blind dafür, weil sie Vorräte nur im Sinne von Überproduktion interpretierten; dass wir sozusagen mehr produzierten, als die Menschen freiwillig brauchten. Aber dieser Ansatz war falsch. Er ignorierte die Tatsache, dass daran nichts freiwillig war. Wenn die Menschen auf Grund von Arbeitslosigkeit, die von der Regierung verursacht wird, weil sie die Entwicklungsausgaben beschneidet, und wegen einbrechender Weltmarktpreise für Baumwolle oder Pfeffer Kaufkraft verlieren, dann ist das kein freier Entschluss; sie müssen ihren Verbrauch einschränken. Die Regierung riet den Bauern, aus dem Nahrungsgetreideanbau auszusteigen, der Beschaffungspreis wurde eingefroren, und der Aufkauf wurde heruntergefahren. Landwirte antworteten auf diese Signale, indem sie die Produktion drosselten, die nach dem Jahr 2002 sieben Jahre lang stagnierte. Jetzt ist die Lage so schlecht, dass unsere höchst begriffsstutzigen politischen Entscheidungsträger, die diese Situation verursacht haben, sich der Wirklichkeit, dass etwas schrecklich falsch gelaufen ist, bewusst werden. Die Wachstumsrate ist in den letzten sechs Jahren so stark gefallen, dass der Pro-Kopf-Ertrag nun unter dem Bedarf liegt, und deshalb wurde die Regierung zu Importen gezwungen. Es gibt einen Aufschrei gegen Importe, aber der hätte früher kommen sollen, denn seit mehr als einem Jahrzehnt sinkt die Produktion. Wenn die Regierung jetzt nicht importiert, wäre sie nicht einmal in der Lage, das Antyodaya- oder ein Mindestwohlfahrtsprogramm durchzuführen.

Die Logik, der diese Leute 15 Jahre lang gefolgt sind, ist, dass Ernährungssicherung nicht wichtig ist, dass Bauern produzieren sollen, um – transnationalen Konzernen vertraglich verpflichtet – Supermärkte in Industriestaaten zu beliefern, und dass wir immer, wenn es nötig ist, Lebensmittel importieren können. Diese Einstellung übersieht völlig die Tatsache, dass wir bei Exportkulturen die Deviseneinnahmen nicht unter Kontrolle haben, falls der Dollarpreis pro Einheit der Exportprodukte fällt. Wir befinden uns zusammen mit 80 Entwicklungsländern, die alle die gleichen Produkte exportieren, in einem Wettrennen nach unten. Jetzt sind wir in der Klemme. Der einzige Grund, warum die Regierung aufgewacht ist, besteht darin, dass der Weltmarktpreis für Weizen sich in weniger als einem Jahr fast verdoppelt hat. Und das liegt am hohen Weltpreis für Öl, der in Industriestaaten eine umfangreiche Umleitung von Getreide in die Äthanolproduktion ausgelöst hat.

Selbst wenn unsere Regierung jetzt auf den Weltmarkt geht und Getreide kaufen will, muss sie einen enormen Preis bezahlen. Sie ist 10 Jahre zu spät aufgewacht. Jetzt hat man die Aufkaufpreise angehoben. Aber nachdem man die Wirtschaft für offen erklärt und den freien Handel zur Norm gemacht hat, warum sollten die Bauern nun für einen niedrigeren Preis an die Food Corporation of India/FCI verkaufen? Sie wollen lieber an Firmen verkaufen oder exportieren und höhere Preise bekommen. Es geschieht schon.

Nicht nur die Getreidepreise steigen. Auch die Preise für tierische Produkte sind gestiegen. Dafür gibt es zwei Gründe. Das Viehfutter ist ein Nebenprodukt der Getreideproduktion. Wenn die Pro-Kopf-Getreideproduktion sinkt, sinkt auch die Futterproduktion. Kleinstbauern sind davon wirklich in Mitleidenschaft gezogen worden, weil sie nicht in der Lage waren, selbst ihren Mindestbestand an Vieh zu behalten. Aus den Daten des National Sample Survey/NSS zu Landbesitz und Viehbestand habe ich entnommen, dass die Landlosigkeit auf die bestellte Fläche bezogen zunimmt. Kleine und Kleinstbauern haben eine riesige Menge Vieh verloren. Ein Teil davon wurde an reichere Bauern verkauft, aber der durchschnittliche Viehbestand ist geringer geworden. Das ist kein Kurzzeitproblem; es ist ein strukturelles Problem, das durch den Angriff auf die Basis unserer Produktion geschaffen wurde. Es erfordert sehr drastische Maßnahmen, um unsere Agrarwirtschaft wieder aufleben zu lassen.

Im Plandokument für 2005-06 stellte die Planungskommission fest, dass das Öffentliche Verteilungssystem/ÖVS das bedeutsamste Instrument war, um die Preise des freien Marktes zu mäßigen und die Ernährungssicherung zu garantierten Preisen zu gewährleisten. Sie haben die Planungskommission dafür kritisiert, dass sie bei der Bestimmung der „unter der Armutsgrenze" lebenden Bevölkerung eine beliebige Methodik angewandt hat, um die Armutsgrenze herabzusetzen.

Zwei Dinge sind dazu zu sagen. 1997 begann die Regierung, die Nahrungsgetreidekontingente der Bundesstaaten zu kürzen. Bei der Bemessung der Kontingente ging man von einem Durchschnitt der vorangegangenen 10 Jahre aus. Nun haben die Menschen in den letzten 10 Jahren weniger Nahrungsmittel gekauft, weil die Arbeitslosigkeit gestiegen ist und die Kaufkraft abgenommen hat. Wenn die Kontingente auf dieser Basis gekappt werden, dann wäre es, als ob die Regierung den Verlust an Kaufkraft rechtfertigen würde. Das würde darauf hinauslaufen zu sagen, dass wir einen Kaufkraftverlust und permanenten Hunger in unserem Land haben sollten.

Die Leute, die im Yojana Bhavan, dem Gebäude der Planungskommission, sitzen, sind von der Kürzung der Nahrungsgetreidekontingente nicht betroffen. Sie kaufen sowieso auf dem freien Markt, aber ihre Entscheidungen haben Auswirkungen auf das

Leben von Millionen armer Menschen in diesem Land. Wenn sie das unbewusst tun, dann sind sie als Ökonomen einfach unfähig; wenn sie es bewusst tun, verdienen sie nicht, eine solche Stellung einzunehmen. Der Absatz über das ÖVS ging deshalb zurück, weil die Schicht der Bevölkerung, die die „Fair-Price-Shops" am meisten brauchte, mit zunehmender Arbeitslosigkeit, Verlust an Kaufkraft und höheren Preisen konfrontiert wurde. Letzteres geschah auf Grund der gestiegenen Abgabepreise, weil die Regierung versuchte, die Lebensmittelsubventionen zu kürzen.

Zweitens verschärfte die Kategorisierung das Problem. Die Regierung ordnete eine ganze Menge Menschen, die wirklich arm waren, in die Gruppe „über der Armutsgrenze" ein und erschwerte damit die Lage. Vorher wurden sie vermittels überteuerter Preise ferngehalten; jetzt wurden sie institutionell ausgegrenzt. Es wurde ein neues Genehmigungssystem eingeführt, und die Menschen mussten ihren Status „unter der Armutsgrenze" belegen.

Man hört das Argument, dass die Menschen nicht in der Lage seien, wegen zu großer Verluste und wegen undichter Stellen zum freien Mark hin Lebensmittel vom Öffentlichen Verteilungssystem/ÖVS zu erhalten. Und nicht, weil sie keine Kaufkraft haben.

Gewisse Verluste sind zu verzeichnen, aber sie können durch bessere Transportsysteme und bessere Methoden der Lagerung von Nahrungsgetreide verringert werden. Auch der Privathändler hat ein gewisses Maß an Verderb von Lebensmitteln zu gewärtigen. Aber wird das dadurch besser, indem man die Food Corporation of India abwickelt und alles Privathändlern überlässt? Das ist überhaupt kein logisches Argument. Möglich auch, dass es Unehrlichkeit in gewissem Umfang gibt, wenn die Spanne zwischen den ÖVS-Preisen und den Marktpreisen sehr groß ist. Das schafft einen Anreiz, Nahrungsgetreide abzuzweigen, um höhere Preise zu erzielen. Aber das kann mit jedem System passieren, in dem Missbrauch möglich ist. Dagegen muss man Vorkehrungen treffen.

Den Menschen fehlt die Kaufkraft. Diese willkürliche Unterscheidung zwischen „unter der Armutsgrenze" und „über der Armutsgrenze" muss abgeschafft werden. Nahrungsgetreide muss an jedermann zu den Preisen, die für die Gruppe „unter der Armutsgrenze" gelten, verkauft werden. Um die Kaufkraft wiederherzustellen, müssen weitere Dinge gemacht werden – wie die Ausgaben für ländliche Entwicklung erhöhen und den National Rural Employment Guarantee Act/NREGA (Nationales Gesetz zur Gewährleistung von Beschäftigung auf dem Lande) ernstlich verwirklichen. Warum konnte es die Regierung nicht 1994 anlaufen lassen? Warum wacht man plötzlich auf und beginnt, die Kontingente zu erhöhen? Ich habe mir den NREGA angesehen und habe festgestellt, dass die Regierung der Nationalen Demokratischen Allianz bereits eine gewisse Summe für alle Arbeitsbeschaffungspläne bereitgestellt hat.

Diese Regierung hat die Kontingente nur um 10 Prozent auf 129 Milliarden Rupien in den Bezirken erhöht, in denen das Programm gestartet wurde. Und dann wurden die Kontingente im Haushaltsplan 2007 auf 120 Milliarden Rupien gekürzt. Erst im derzeitigen Haushaltsplan wurden die Kontingente wieder erhöht, aber sie sind immer noch sehr gering. Adäquate Haushaltsvorkehrungen sollten getroffen werden.

Regierungsangaben zeigen, dass der Verbrauch von Hülsenfrüchten bei Armen sehr niedrig ist; dass der Pro-Kopf-Getreideverbrauch in den letzten zwei oder drei Jahrzehnten abgenommen hat, dass 2004-05 in ganz Indien nur 28 Prozent der Bevölkerung berechtigt waren, am Öffentlichen Verteilungssystem teilzuhaben. Der Bericht des Arjun-Sengupta-Komitees über die Arbeits- und Lebensbedingungen der Arbeiter im nichtorganisierten Sektor stellt fest, dass 77 Prozent der Bevölkerung mit weniger als 20 Rupien pro Tag auskommen müssen.

Diejenigen, die von der Regierung als „nicht arm" bezeichnet werden, sind in Wirklichkeit arm. Die Regierung schätzt, dass es

2004-05 nur 28 Prozent ländliche Arme gab (die weniger als 12 Rupien pro Tag zur Verfügung hatten), obwohl der Prozentsatz derjenigen, die unter der von der Regierung selber festgesetzten Ernährungsnorm liegen, 87 Prozent beträgt, d. h. sie geben weniger als 26 Rupien pro Tag aus. Die Grundlage, auf der die Planungskommission die Anzahl der Armen einschätzt, ist völlig unzureichend, weil man die Armen nicht zählen und Armut nicht über einen zeitlichen Verlauf durch die Reduzierung des Konsumtionsniveaus vergleichen kann. Sie wendet eine falsche Methode an. Sie hat ihre eigene Ernährungsnorm aufgegeben. Sie nimmt die 1973 von den Menschen konsumierte Menge und aktualisiert die damaligen Kosten mit einem Preisindex, um die Armutsgrenze für die jüngere Vergangenheit zu erhalten. Aber das erfasst die Veränderung der wirklichen Lebenshaltungskosten nicht.

Ich habe 1973 an meiner Universität als Dozentin angefangen, und mein monatliches Bruttogehalt betrug damals 1.000 Rupien; wenn ich den Lebenshaltungskostenindex auf einen städtischen nicht körperlich arbeitenden Angestellten anwende, dann würde ein Dozent, der heute anfängt, weniger als 5.000 Rupien verdienen. Wenn die Regierung die Gehälter ihrer Angestellten oder Universitätslehrer festsetzt, dann berücksichtigt sie nicht nur den Preisindex. Wenn sie das täte, dann würde man absurd niedrige Gehälter beziehen. Sie benutzen diese Methode nur beim Zählen der Armen.

Die wirkliche Armutsgrenze kann leicht aus NSS-Daten ermittelt werden. Die Planungskommission hat das nur einmal 1973-74 getan, als sie die Ernährungsnorm anwandte, d. h., wie viel ein Mensch jeden Monat ausgeben muss, um ein gewisses Quantum an Ernährung zu sichern. Danach hat sie die Definition der Armutsgrenze völlig aufgegeben. Sie hat die Ernährungsnorm 30 Jahre lang nicht berücksichtigt. Die Armutsgrenze, von der sie jetzt ausgeht, ist verrückt. Die gesamtindische offizielle Armutsgrenze ergibt nur 1.800 Kalorien und nicht die Ernährungsnorm von 2.400 Kalorien, deren Kosten um mehr als das doppelte über der offiziellen Armutsgrenze liegen. Außerdem ist sie in einigen Bundesstaaten viel niedriger und in anderen höher.

Die Armutsgrenze ist in Bundesstaaten wie Andhra Pradesh und Tamil Nadu so niedrig angesetzt worden, damit man dort sagen kann, dass nur sehr wenige Menschen arm seien. Aber es wird nicht erwähnt, dass die Menschen bei dieser Armutsgrenze nicht einmal auf 1.600 Kalorien kommen können. Diese fingierten Armutsgrenzen werden als Richtschnur für die Nahrungsmittelzuteilungen benutzt. Die wirklich armen Bundesstaaten werden abgehängt. Der Regierungspolitik liegt jetzt eine Reihe von Vorstellungen zu Grunde, die der Wirklichkeit diametral entgegengesetzt ist. Die NSS-Daten wurden selektiv benutzt. Kein Wissenschaftler hat ein Recht, nur die Ausgabenseite zu betrachten und nicht den entsprechenden Kalorienwert. Das ist gewissermaßen ein Zurückhalten von Information und wissenschaftlich nicht zu rechtfertigen. Selbst wenn ich die niedrigere Ernährungsnorm von 2.200 Kalorien ansetze, und nicht die offizielle Norm, befinden sich 70 Prozent der Menschen unter der Armutsgrenze; wenn ich die eigentliche Ernährungsnorm von 2.400 Kalorien berücksichtige, dann liegen 87 Prozent unter der Armutsgrenze. Die Armut ist, verglichen mit 1993-94, enorm angewachsen. Weil die Armen nunmehr fast neun Zehntel der ländlichen Bevölkerung ausmachen, ist nur ein umfassendes Öffentliches Verteilungssystem sinnvoll.

Man meint, dass es schon genügt, gegen die Krise der landwirtschaftlichen Produktion anzugehen, damit das Problem behoben wird. Setzt sich das automatisch in mehr Kaufkraft um?

Die neoliberale Politik hat sowohl die Produktion als auch die Konsumtion attackiert. Diese Fragen sind eng miteinander verbunden, weil für Landwirte ein Angriff auf ihre Produktion auch ein Angriff auf ihr Einkommen ist, und mit dem Rückgang des Wachstums werden auch die Arbeiter arbeitslos. Verspätet wurden ein paar Maßnahmen ergriffen, um die landwirtschaftliche Produktion zu beleben, aber es ist noch viel mehr zu tun. Die Regierung muss die Konsumgüterbehörden zu neuem Leben erwecken, damit sie wieder ihrer Aufgabe nachkommen und für den Markt bestimmte Feldfrüchte beschaffen können. Das Eingreifen des Staates in den Markt ist gänzlich unerlässlich, um sowohl die Verbraucher wie die Produzenten vor Schwankungen zu bewahren. Es sollte sichergestellt werden, dass die Bauern nicht unter Preisverfall leiden und die Verbraucher nicht unter Preiserhöhungen. Wenn das Beschaffungs- und Verteilungssystem nicht so heruntergewirtschaftet worden wäre, würden wir uns jetzt nicht in einem solchen Schlamassel befinden. Heute haben wir keinen Mechanismus, um die Armen vor der Inflation zu schützen.

Frontline, Band 25, Nummer 8, 12. - 25. April 2008.

Was steckt hinter der dreifachen globalen Krise?

Die Schwierigkeiten nehmen in den drei Bereichen der Ernährung, Finanzen und Realwirtschaft zu, und nichts, so scheint es, kann eine weltweite Depression abwenden.

Wir leben in bewegten Zeiten – ein globaler Ernährungsnotstand geht mit einem beispiellosen finanziellen Einbruch und einer Rezession einher, was leicht zu einer Wirtschaftskrise werden kann. Die Ursachen dieser Konstellation liegen in der deregulatorischen, marktorientierten, die Ausgaben dämpfenden Strategie des vorherrschenden neoliberalen Systems, die vor mehr als einem Viertel Jahrhundert eingeführt wurde. Worin besteht die Verbindung zwischen den verschiedenen Krisen? Die ökonomischen Lehrsätze des Finanzkapitals wirken sich immer, wenn sie die öffentliche Politik bestimmen, hochgradig schädlich auf die Realwirtschaft aus. Die politischen Entscheidungsträger, allesamt durch und durch Deflationsbefürworter, haben 1929 angesichts der landwirtschaftlichen Rezession und der Arbeitslosigkeit mehrmals Runden von Ausgabenkürzungen forciert, um einen ausgeglichenen Haushalt zu erreichen, und damit die Länder in die Weltwirtschaftskrise getrieben. Großbritanniens Fähigkeit, Kredite nach außen zu vergeben, indem es sich Indiens Deviseneinnahmen aneignete, brach zusammen, als diese Einnahmen sanken. Damit ging es mit dem Goldstandard zu Ende. Keynes' These, dass die dem Deflationismus zu Grunde liegende Theorie falsch sei und ein expansiver Kurs verfolgt werden müsste, stieß auf taube Ohren, bis großer Schaden angerichtet worden war.

Der Aufstieg des Finanzkapitals seit den 1970er Jahren war von genau denselben falschen, Ausgaben dämpfenden Praktiken und derselben fehlerhaften Theorie begleitet – dass Kapitalinvestitionen der öffentlichen Hand private Kapitalanlagen „verdrängen" würden

– mit denen der Internationale Währungsfonds/IWF und die Weltbank hausieren gingen, mit weit weniger Rechtfertigung für einen solchen intellektuellen Infantilismus als 1929, sieben Jahrzehnte nach der „Allgemeinen Theorie" von Keynes. Viele Staaten waren ungeachtet der Arbeitslosigkeit von der unvernünftigen Zwangsvorstellung besessen, angestrebte Ziele bei der Inflationsbekämpfung erreichen zu müssen, und haben wiederholt, vom IWF geleitet, öffentliche Ausgaben gekürzt und damit das Konjunkturniveau gesenkt. Die zerstörerische Wirkung wurde durch zusätzliche Maßnahmen verstärkt, z. B. geldpolitische Sparsamkeit üben, den Anteil des Finanzdefizits am Bruttoinlandsprodukt verringern, Löhne deckeln, Arbeitskräfte aus Unternehmen entlassen, Währungen abwerten und Entwicklungsländer für Freihandel und Kapitalflüsse öffnen. Die Wachstumsrate des Bruttoinlandsprodukts von Entwicklungswirtschaften hat sich zwischen den 1970er und den 1990er Jahren halbiert.

Indien erlebte nach 1991 einen Abbau von Investitionen, öffentlicher Ausgaben und von Krediten an Kleinproduzenten. Die Textilindustrie wurde in eine Krise gestürzt, und die Wachstumsrate der Nahrungsgetreideproduktion fiel von 2,8 Prozent in der Zeit vor den Reformen auf 1,7 Prozent in den 1990er Jahren. In den vergangenen acht Jahren ist sie trotz der Rekordernte des letzten Jahres unter 1 Prozent gesunken – die Pro-Kopf-Produktion von Nahrungsgetreide nimmt schneller ab als je zuvor. Marktorientierte Strategien haben weltweit den Kleinproduzenten zugesetzt und zu Verknappung des Notwendigsten wie Nahrung und Bekleidung geführt, während Verbraucherkredite für Autos, Haushaltsgeräte und langlebige Konsumgüter gefördert wurden, weil der Dienstleistungssektor boomte. Die jährliche Getreideproduktion fiel global zwischen 1980-85 und 2000-05 von 335 auf 310 Kilogramm pro Kopf. Ausgaben für Textilien sind, ausgehend von einem schon niedrigen Pro-Kopf-Niveau in den Entwicklungsländern, noch geringer geworden. Diese Länder erlebten die schlimmste Form der wachsenden Einkommensungleichheit, einen absoluten Rückgang des Realeinkommens der Massen. Dagegen blieb trotz lange anhaltenden Sinkens der Lebensmittelproduktion die Inflationsrate bis vor kurzem auf einem historischen Tiefstand. In Indien stieg der Verbraucherpreisindex für Landarbeiter zwischen 2000 und 2005 nur um 11 Prozent, genau zu derselben Zeit, als die Nahrungsgetreideproduktion pro Kopf abnahm und umfangreiche Getreideexporte getätigt wurden. Der Grund dafür liegt in dem drastischen Schrumpfen der gesamtwirtschaftlichen Nachfrage. Weil genau die gleichen, Ausgaben dämpfenden Strategien, die das Produktionswachstum reduzieren, auch durch steigende Arbeitslosigkeit und ein starkes Schröpfen des Masseneinkommens die gesamtwirtschaftliche Nachfrage verminderten, hieß das Ergebnis Nachfrageanpassung an materielle Verknappung. Zur Inflation kam es nicht, weil die Massenkaufkraft schneller fiel als die Produktion, und die Strafe dafür mussten Millionen Bauern und Arbeiter des globalen Südens auf sich nehmen, die im Laufe der Zeit immer hungriger wurden und weniger anzuziehen hatten. Im subsaharischen Afrika hat das abnehmende Pro-Kopf-Einkommen die Nachfrage nach Nahrungsgetreide – unter 135 Kilogramm pro Kopf jährlich mit einer durchschnittlichen Kalorienzufuhr von täglich 1.800 oder weniger – derart reduziert, dass die Bevölkerung bei der gegenwärtigen Preiserhöhung für Lebensmittel jeden Augenblick in eine Hungersnot geraten kann.

In Indien und China ist trotz eines jährlichen Anstiegs des Pro-Kopf-Einkommens von 6 bis 8 Prozent die Nachfrage nach Getreide sowohl für den direkten Verbrauch als Nahrung als auch für den indirekten Verbrauch als Futter drastisch gesunken – in Indien von 178 Kilogramm netto in den frühen 1990er Jahren auf nur 157 Kilogramm in dem Dreijahreszeitraum, der 2004-5 zu Ende ging. Der Nahrungsanteil an der Getreidenachfrage in China brach von 204 auf 166 Kilogramm ein, wenn man den jeweiligen Dreijahresdurchschnitt mit seinem Mittelwert von 1992 und 2002 vergleicht, während die Nahrungs- plus Futternachfrage von 263 auf 230 Kilogramm zurückging. In China sind Getreideanbauflächen auf Baumwollanbau umgestellt worden, und seine unnormal hohe Sparquote spiegelt die Schröpfung des ländlichen Masseneinkommens wider, was man in den letzten beiden Jahren zu korrigieren suchte.

Sowohl der Neokonservative George W. Bush als auch der Progressive Paul Krugman haben folglich nicht Recht, wenn sie sagen, dass die gewachsene Nachfrage der Neureichen in China und Indien nach Getreide für die gegenwärtige Ernährungskrise verantwortlich sei. Im Gegenteil, in beiden Ländern hat die Pro-Kopf-Nachfrage nach Getreide enorm nachgelassen, während die USA mit fast 900 Kilogramm pro Kopf der weltweit größte Getreidekonsument sind. Zweifellos hätte ohne die Nachfragedämpfung und folglich bei einer unveränderten Einkommensverteilung der Bedarf in Indien und China stark zugenommen. Eine Nachfragehochrechnung von Bhalla, Hazell und Kerr, die von der Einkommensverteilung 1993 ausging, weist für Indien im Jahre 2007 eine Gesamtnettonachfrage nach Getreide von 219 Millionen Tonnen aus. Die tatsächliche Nachfrage war 2007 jedoch wegen des Verlustes an Massenkaufkraft um beachtliche 62 Millionen Tonnen niedriger.

Der Auslöser, der die globale Getreideknappheit durch eine starke Inflation seit 2006 deutlich gemacht hat, ist die subventionierte Umlenkung von Getreide in die Äthanolherstellung im Norden. Die USA werden die Umwandlung von Mais in Äthanol von 110 Millionen Tonnen 2009 im Vergleich zu 2003 vervierfachen. Es gibt global kein Getreideüberangebot mehr. Jahrelang wurden die Entwicklungsländer gedrängt, im Austausch für Nahrungsgetreideimporte ihren Boden auf Produkte umzustellen, die in den Industriestaaten die Regale der Supermärkte füllen. Viele Länder von den Philippinen bis Botswana wurden vom Internationalen Währungsfonds überredet, ihre Nahrungsbeschaffungs- und verteilungssysteme abzubauen. In fast vierzig dieser vom Getreideimport abhängigen Länder haben im vergangenen Jahr Hungerunruhen stattgefunden. Die UPA-Regierung hat ebenfalls ihr Bestes getan, die Beschaffung herunterzufahren und die Food Corporation of India auszuhöhlen, bis sie der weltweite Preisanstieg für Lebensmittel im letzten Jahr zwang, vom Rand zurückzuweichen.

Das Gegenstück zur Zunahme von Hunger und Verarmung im globalen Süden sind die sich wiederholenden kreditfinanzierten Verbrauchskonjunkturen im Norden, die von dem künstlichen Anreiz einer fieberhaften spekulativen finanziellen Aktivität hervorgerufen werden. Einer stark anschwellenden Finanzwirtschaft haben die gleichen Zentralbanken in Europa und die Federal Reserve Bank der USA die Freiheit zur Zügellosigkeit eingeräumt, die jetzt, da die Öffentlichkeit das Vertrauen in die Geldinstitute verloren hat, darum kämpfen, ein Abrutschen in den Abgrund zu verhindern. „Liquiditätsspritzen" an sich sind keine Lösung für die drohende Krise – sie müssen ihre deflationären Strategien rückgängig machen. Aber der Internationale Währungsfonds hat, als er Island Kredite gab, knappes Geld und Ausgabenkürzungen zur Bedingung gemacht und wird im Falle von Pakistan, Ungarn und der Ukraine dasselbe tun. Weil in einer weltweiten Rezession Indiens Exporte zurückgehen, nimmt die Arbeitslosigkeit in allen Wirtschaftssektoren zu. Der Abfluss von heißem Geld hat zur Entwertung der Rupie geführt, und höhere einheimische Düngemittel- und Treibstoffpreise machen jeden Nutzen aus dem Preiszuwachs für die Bauern zunichte. Millionen Lohn- und kleine Gehaltsempfänger winden sich unter dem Ansteigen der Lebensmittelpreise.

Unsere Probleme bedürfen einer mehrgleisigen Lösung. Zuerst brauchen wir dringend eine Grow More Food Campaign (Bautmehr-Getreide-an-Kampagne), weil unsere Getreideproduktion pro Kopf drastisch gefallen ist. Zweitens brauchen wir umfangreiche öffentliche Investitionen in Bereichen, wo sie die Bereitstellung von Gütern des täglichen Bedarfs fördern. Der Premierminister liegt weit daneben, wenn er gegenwärtig von infrastrukturellen Investitionen spricht, und damit breite Straßen und große Brücken meint. Das hat denselben Effekt wie die Waffenproduktion, die die finanzielle Belastung vergrößert, ohne die Versorgung mit lebensnotwendigen Gütern zu verbessern, deren Preise explodieren. Drittens müssen die Food Corporation of India und die Konsumgüterbehörden wirksam in den Markt eingreifen, um die Preise sowohl für die Produzenten als auch für die Verbraucher zu stabilisieren. Viertens werden die tatsächliche Durchführung des Nationalen Gesetzes zur Beschäftigungsgarantie auf dem Lande mit einer Zuweisung von mindestens 250 Milliarden Rupien jährlich sowie Projekte zur Sicherstellung der Bewässerung dazu beitragen, die Massennachfrage nach Lebensmitteln und Textilien anzukurbeln und einen geschwächten Außenmarkt durch einen wachsenden Binnenmarkt zu ersetzen.

In Zeiten der Rezession bedurfte die kapitalistische Welt immer eines führenden Landes, das entweder Kredite nach außen vergibt, um die Nachfrage aufrechtzuerhalten, oder seinen Markt für den Zugang von Billigwaren uneingeschränkt offen hält. Weit davon entfernt, Kredite zu gewähren, sind die USA die größten Schuldner der Welt, und sie sind dabei, mit ihren Stahlzöllen und zahlreichen nichttarifären Hemmnissen protektionistisch zu werden. Der neugewählte Präsident hat unter dem Druck zunehmender Arbeitsplatzverluste versprochen, Jobs im Lande zu behalten. Die krisengeschüttelte ehemalige Führungsmacht der kapitalistischen Welt ist nicht fähig zu führen, und es gibt keinen neuen Führer, der ihre Funktionen übernehmen könnte. Nichts scheint eine Weltkrise abwenden zu können. Und die Last der Beilegung kann auch nicht fortwährend dem globalen Süden aufgebürdet werden, dessen Massen schon zu tief zu Boden gedrückt worden sind, um noch mehr Einbußen ohne Hungersnot und Aufruhr hinnehmen zu können.

The Hindu, 4. November 2008.

Anmerkungen des Herausgebers

Antyodaya Anna Yojana/AAY (Programm zur Versorgung Armer mit Nahrungsgetreide): Eine Studie des National Sample Survey hatte darauf hingewiesen, dass etwa 5 Prozent der gesamten Bevölkerung schlafen gehen, ohne zweimal am Tag ausreichend gegessen zu haben. Diesen Teil der Bevölkerung könne man als „hungernd" bezeichnen. Um das Öffentliche Verteilungssystem stärker auf diese Gruppe zu konzentrieren, wurde das AAY im Dezember 2000 für 10 Millionen Menschen in die Wege geleitet. Das Programm stellte zunächst für die Ärmsten der Armen, die sich an der Grenze zur Hungersnot befanden, 25 Kilogramm und ab April 2002 35 Kilogramm Nahrungsgetreide pro Monat zur Verfügung (25 Kilogramm Weizen und 10 Kilogramm Reis); dabei wurden für Weizen 2 Rupien und für den Reis 3 Rupien pro Kilogramm bezahlt. Die Bundesstaaten müssen die Verteilungs- und Transportkosten einschließlich der Preisspanne für die Groß- und Einzelhändler übernehmen. Nach mehrfacher Erweiterung sollte das Programm 2005-06 25 Millionen Menschen vor dem Hungern bewahren.

Arjun Sengupta Commission Report: Die Nationale Kommission zur Untersuchung von Betrieben im nichtorganisierten Sektor unter Vorsitz von Arjun Sengupta hat am 16. Mai 2006 dem Premierminister ihren Bericht zur sozialen Absicherung von Arbeitern im nichtorganisierten Sektor übergeben. Es wurde vorgeschlagen, Beschäftigte im nichtorganisierten Sektor, die 93 Prozent der gesamten Arbeiterschaft ausmachen, in Sozialversicherungs-, Krankenversicherungs- und andere Programme einzubeziehen. Die Durchsetzung von Mindestlohngesetzen auch für Landarbeiter wurde angemahnt. Des weiteren wollte die Kommission ihr übergreifendes Programm der sozialen Absicherung von Arbeitern im nichtorganisierten Sektor, das Altersrente, Lebensversicherung, Mutterschutz, Unfallschutz, Invalidenrente, eine Mindestgesundheitsfürsorge und Krankengeld vorsieht, auch auf Landarbeiter ausdehnen.

Dalit: Zerbrochen, unterdrückt ist die Selbstbezeichnung der Menschen, die als „Unberührbare" aus dem hinduistischen Kastensystem ausgeschlossenen sind oder auf dessen untersten Stufen stehen. In der westlichen Welt, insbesondere im deutschen Sprachraum, werden sie teilweise auch als „Paria" bezeichnet.

Das Gesetz zum verantwortungsvollen Umgang mit Finanz- und Haushaltsmitteln **(Fiscal Responsibility and Budget Management Act/FRBM)** wurde 2003 im Parlament beschlossen. Es erhielt die Zustimmung des Präsidenten im August desselben Jahres. Die Regierung der Vereinigten Progressiven Allianz hat die FRBM-Satzungen im Juli 2004 in Kraft gesetzt.

Food Corporation of India/FCI: Staatliche Behörde, setzt die Mindestaufkaufpreise fest, um die Preise zu stabilisieren und die Getreidebauern zu unterstützen, ist für die Beschaffung und Lagerung von Nahrungsmitteln verantwortlich. Die Lagereinrichtungen sind für die von der Regierung aufgekauften Vorräte an lebenswichtigen Gütern, die für die Versorgung besonders einkommensschwacher Bevölkerungsgruppen bestimmt sind, erforderlich.

Nahrung für Arbeit (**„Food-for-Work"**): Eine besondere Form der Notstandshilfe. Die Begünstigten erhalten Nahrungsmittel nicht umsonst, sondern für Arbeitsleistungen, die oft einer längerfristigen Verbesserung der Infrastruktur, etwa dem Bau von Straßen oder Bewässerungsanlagen, dienen.

Guruvayur: 1931-32 gab es eine gewaltlose Bewegung, die für „Unberührbare" bzw. für Dalits, wie diese außerhalb der hinduistischen Kastenordnung stehenden Gruppen heute genannt werden, das Recht durchsetzen wollte, den Krischnatempel in Guruvayur betreten zu dürfen.

Das Programm zur Entwicklung ländlicher Bereiche (**Integrated Rural Development Programme**) wurde 1978 eingeführt. Sein Ziel ist es, bestimmten Empfängergruppen substantielle Unterstützung bei der Schaffung selbständiger Erwerbsmöglichkeiten zu gewähren und ihnen dadurch eine Existenz „über der Armutsgrenze" zu ermöglichen.

Kongresspartei, auch Indischer Nationalkongress/INK genannt, wurde 1885 gegründet. Er wurde mit mehr als 15 Millionen Mitgliedern zur wichtigsten politischen Kraft der indischen nationalen Befreiungsbewegung. Nach Erlangen der Unabhängigkeit im Jahre 1947 wurde er eine der führenden politischen Parteien Indiens. Seit 2004 ist er das Hauptmitglied der regierenden Koalition der Vereinigten Progressiven Allianz (United Progressive Alliance/ UPA).

Das Projekt **Mid-day Meal** (Mittagessen) ist die populäre Bezeichnung für ein Programm, das für Essen in Schulen sorgt. Schulkinder sollen an allen Werktagen mit einem kostenlosen Mittagessen versorgt werden. Die Hauptziele des Programms sind: Schutz der Kinder vor Hunger während des Unterrichts, steigender Schulbesuch, verbesserter Umgang von Kindern aller Kasten untereinander, die Bekämpfung von Unterernährung und soziale Mitwirkung von Frauen durch Bereitstellen von Arbeitsplätzen.

Der Nationalen Demokratischen Allianz (**National Democratic Alliance**) gehörten zum Zeitpunkt ihrer Formierung 1998 13 Parteien an. Sie wurde von der Bharatiya Janata Party angeführt und bildete bis 2004 mit wechselnden Partnern die Regierung.

Das Nationale Büro zur Ernährungsüberwachung (**National Nutrition Monitoring Bureau/NNMB**) wurde 1972 eingerichtet. Es sammelt kontinuierlich Angaben zur Nahrungsstruktur und zum Ernährungszustand der Bevölkerung in den indischen Bundesstaaten.

Das nationale Gesetz zur Gewährleistung von Beschäftigung auf dem Lande (**National Rural Employment Guarantee Act**), von der UPA-Regierung 2005 verabschiedet, sollte in zunächst 200 ökonomisch rückständigen Bezirken Indiens der ländlichen Bevölkerung an 100 Tagen im Jahr Beschäftigung mit „nichtqualifizierter körperlicher Arbeit" garantieren, und das für mindestens ein Mitglied jedes ländlichen Haushaltes. Die Arbeit soll in einem Radius von fünf Kilometer Entfernung vom Wohnort angeboten werden, und der Tageslohn nicht unter 60 indischen Rupien (ca. 1 Euro) betragen. Das Gesetz sollte in den nächsten fünf Jahren auf sämtliche 600 ökonomisch rückständigen Bezirke des Landes ausgedehnt werden.

National Sample Survey Organisation/NSSO ist die größte datenerhebende Institution in Indien und erfasst regelmäßig statistisches Material zu wichtigen sozialökonomischen Fragen.

Das Öffentliche Verteilungssystem/ÖVS (**Public Distribution System/PDS**) wurde 1965 eingeführt. Zunächst war es allen Bevölkerungsschichten zugänglich, beschränkte seinen Wirkungskreis aber vor allem auf städtische Bereiche. Im Laufe der 1980er Jahre wurde es wesentlich erweitert und erfasst jetzt auch ländliche Gebiete. – Das ÖVS soll vor allem ärmeren Schichten der Bevölkerung bestimmte Mengen an Nahrungsmitteln (Reis, Weizen, Zucker, Speiseöl) und anderen notwendigen Versorgungsgütern (Kerosin, Kohle, Stoffe) zu niedrigeren, d.h. subventionierten Preisen zugänglich machen.

Der Bericht zur langfristigen Getreidepolitik (**Report on Long-Term Grain Policy**) hat im Jahre 2002 Empfehlungen für folgende Bereiche gegeben:
- das Wohlergehen durch Ernährung auf Arbeitslose, Mittellose und Kinder zu konzentrieren;
- das allgemein zugängliche Öffentliche Verteilungssystem/ÖVS mit gleichen Abgabepreisen für Reis und Weizen für alle Verbraucher in allen Teilen des Landes wiederherzustellen;
- die Mindeststützpreise mit Korrekturen beizubehalten;
- Verkäufe auf freien Märkten sowie im Ex- und Import zu regeln;
- den privaten Handel zu fördern;
- die Arbeit der Food Corporation of India zu verbessern.

Rupien: Am 4.5.2009 bekam man für eine indische Rupie 0,015 Euro. Für einen Euro bekam man am selben Tag 66,50 Rupien.

„Strahlendes Indien" („**Shining India**") war ein politisches Motto, das sich nach reichlichem Regen und einem erfolgreichen IT-Boom im Jahr 2003 auf einen wirtschaftlichen Optimismus in Indien bezog. Die damals regierende Bharatiya Janata Party nutzte es als Wahlkampfslogan vor den 2004 stattfindenden allgemeinen Wahlen.

Das **Targeted Public Distribution System** wurde 1997 eingeführt. Es beschränkte den Zugang armer Familien zu subventionierten lebenswichtigen Gütern, indem es Kategorien Berechtigter schuf. Die Differenzierung wurde auf Grund der unterschiedlichen Armutsgrenzen in den einzelnen Bundesstaaten vorgenommen. Die „unter der Armutsgrenze" liegenden Familien erhalten Bezugsscheine, die es ihnen ermöglichen, bestimmte Mengen an Nahrungsmitteln und Dinge des täglichen Bedarfs zu stärker subventionierten Preisen zu erwerben.

Die Vereinigte Progressive Allianz (**United Progressive Alliance**) ist seit 2004 die in Indien regierende Koalition unter Führung des INK mit wechselnden Partnern.

Biografische Angaben

Utsa Patnaik ist Professorin für Ökonomie am Zentrum für Ökonomische Studien und Planung der Jawaharlal-Nehru-Universität, Neu-Delhi. Sie ist Autorin weiterer Bücher, u.a.: The Long Transition: Essays on Political Economy, Tulika, New Delhi, 1999; Peasant Class Differentiation: A Study in Method with Reference to Haryana, Oxford University Press, New Delhi, 1987; The Agrarian Question and the Development of Capitalism in India, Oxford University Press, New Delhi, 1986. Sie war auch als Herausgeberin tätig, z. B. für den Band The Agrarian Question in Marx and His Successors, LeftWord Books, New Delhi, 2007.

Annemarie Hafner, promovierte Indologin und Historikerin, war an der Akademie der Wissenschaft der DDR und später am Zentrum Moderner Orient in Berlin tätig. Sie hat über die Sozial- und Kulturgeschichte Indiens im 19. und 20. Jahrhundert geforscht und vor allem zur Arbeiter- und Filmgeschichte publiziert.

Ujjaini Halim wurde 1972 in Kalkutta geboren. Sie promovierte am Südasien-Institut der Universität Heidelberg in der Abteilung Geografie. Thema der Dissertation: „Political Ecology of Shrimp Aquaculture in India: A Case Study in Orissa" (Saarbrücken 2003). Derzeit arbeitet sie für die Soziale Aktionsgruppe IMSE in Ostindien.